普通高校“十二五”规划教材·旅游管理系列

# 基于综合旅游服务商的旅游电子商务


李云鹏　黄　超◎主　编

王　樊　乔红艳◎副主编

清华大学出版社

北　京

## 内容简介

本书围绕综合旅游服务商的发展定位展开旅游电子商务体系，从旅游电子商务的发展趋势反观旅游电子商务现阶段的现象和问题，由此推出了旅游电子商务全新概念，即围绕旅游信息获取、加工、整合、传播而产生的一系列与网络相关的信息搜索和预订行为的总和。在此概念指引下，本书从住宿、景区、购物、旅行社、目的地、在线旅游服务六个领域介绍了传统旅游服务商向综合服务商的演进，并对移动旅游电子商务的发展以及基于综合旅游服务商的旅游电子商务未来发展趋势进行了预测和展望。

本书面向旅游管理本科生、研究生、MTA(旅游管理在职硕士)及旅游(电子商务)企业、旅游信息中心等机构的读者。



**图书在版编目(CIP)数据**

基于综合旅游服务商的旅游电子商务 / 李云鹏，黄超主编. —北京：清华大学出版社，2015(2020.1重印)
(普通高校"十二五"规划教材·旅游管理系统)
ISBN 978-7-302-41937-2

Ⅰ. ①基…　Ⅱ. ①李…　②黄…　Ⅲ. ①旅游业—电子商务—高等学校—教材　Ⅳ. ①F590.6-39

中国版本图书馆 CIP 数据核字(2015)第 262508 号

**责任编辑**：贺　岩
**封面设计**：王新征
**责任校对**：宋玉莲
**责任印制**：刘祎淼

**出版发行**：清华大学出版社
　　**网　　址**：http://www.tup.com.cn，http://www.wqbook.com
　　**地　　址**：北京清华大学学研大厦 A 座　　**邮　　编**：100084
　　**社 总 机**：010-62770175　　**邮　　购**：010-62786544
　　**投稿与读者服务**：010-62776969，c-service@tup.tsinghua.edu.cn
　　**质量反馈**：010-62772015，zhiliang@tup.tsinghua.edu.cn
**印 装 者**：三河市君旺印务有限公司
**经　　销**：全国新华书店
**开　　本**：185mm×260mm　　**印　　张**：12.5　　**字　　数**：289 千字
**版　　次**：2015 年 10 月第 1 版　　**印　　次**：2020 年 1 月第 3 次印刷
**定　　价**：28.00 元

产品编号：063193-01

# 前言

本书作为编者从事“旅游电子商务”课程教学十年经验的系统总结和集成，在一定程度上反映了十年来旅游电子商务理论和实践的发展变化。本书从综合旅游服务商的角度梳理了旅游电子商务体系，希望能给业界和学习者带来新的思考和学习维度。本书的参与者全部是编者曾指导的本科生和硕士研究生，由他们来负责具体内容的编写，更多地是考虑如何从学习者角度组织每章内容和知识点，并希望学习者能够在理论框架指引下进行自发的学习和深度的探索，这正是他们当年在修读“旅游电子商务”课程时，编者作为他们的老师特别要求的。

本书试图形成独具一格的旅游电子商务思想体系，结合信息技术发展的前沿和趋势更新教学内容。全书共分为9章：从宏观体系框架看，可以划分为4部分。第一部分是第1章，介绍旅游电子商务全新概念、内涵及体系框架；第二部分包含第2章至第6章，从旅游各业态角度详细阐述旅游综合服务商的形成和发展；第三部分包含第7章至第8章，从在线旅游和移动旅游电子商务两个角度进一步探讨旅游综合服务商的内涵；第四部分是第9章，是对未来旅游电子商务发展的展望。

第一部分：第1章，总结归纳了已有旅游电子商务概念的界定与国内外旅游发展的历程，提出基于综合旅游服务商的旅游电子商务基本概念，介绍全书的理论体系和内容框架。

第二部分：第2章从渠道、技术应用和综合服务三个角度对基于住宿业的旅游电子商务进行介绍；第3章从国内外旅游景区电子商务发展中存在的问题入手，探讨基于景区的旅游电子商务基本内涵和特点，介绍景区电子商务关键应用系统和其他商务应用；第4章介绍了基于旅游购物的电子商务模式，并对未来发展前景进行了展望；第5章在归纳旅行社电子商务的基本概念、特点和发展历程基础上，从产品开发与采购，产品营销、促销，旅游接待和客户关系管理等方面介绍基于旅行社的旅游电子商务应用，分析了旅行社电子商务的特征和未来发展趋势；第6章首先介绍了如何认识基于旅游目的地的电子商务；其次介绍了如何构建旅游目的地电子商务网站，以及当前旅游目的地电子商务的运营及面临的问题；最后探讨未来旅游目的地电子商务发展新模式。

第三部分：第7章梳理在线旅游服务发展阶段和运作流程，详细阐述在线旅游服务商务模式，总结和探索未来发展趋势；第8章从移动端电子商务的现状切入，介绍了基于移动终端的旅游服务如何满足游客旅游出发前、旅途中、抵达后、旅游结束后的需求，并对未来应用场景和发展模式进行分析与展望。

第四部分：第9章介绍了移动互联网、云计算、物联网、大数据等新技术在旅游业中的应用，基于综合服务商的旅游电子商务的发展趋势和“互联网＋旅游业”的相关内容。

全书由李云鹏提出写作思路和框架结构，负责修改、总纂定稿以及第1章的编写，孙新艳参与第1章编写工作，第2章由涂婷婷、刘金鑫负责编写，第3章由迟紫境负责编写，第4章由张楠负责编写，第5章由王樊负责编写，第6章由乔红艳负责编写，第7章由王樊负责编写，第8章由郭逸雄负责编写，第9章由黄超负责编写。沈华玉、刘金鑫、储召云等参与了资料收集整理工作。

由于编者水平和视野所限，如有疏漏之处敬请广大读者批评指正！

李云鹏

2015年8月30日突降大雨@首都经济贸易大学敏行楼

# 目录


**第 1 章　旅游电子商务及综合旅游服务商** …… 1

1.1　电子商务概述 …… 1
1.1.1　权威机构对电子商务的解析 …… 1
1.1.2　国内外学者对电子商务的定义 …… 2
1.2　旅游电子商务概述 …… 3
1.2.1　旅游电子商务的发展历程 …… 3
1.2.2　旅游电子商务的研究历程 …… 4
1.2.3　权威机构对旅游电子商务的解析 …… 6
1.2.4　国内学者对旅游电子商务的解析 …… 6
1.3　基于综合旅游服务商的旅游电子商务 …… 7
1.3.1　旅游电子商务的新界定 …… 7
1.3.2　基于综合旅游服务商的旅游电子商务特点 …… 8
1.4　本书的理论体系及章节体例 …… 9
本章案例 …… 10

**第 2 章　基于住宿业的旅游电子商务** …… 13

2.1　住宿业电子商务概述 …… 13
2.1.1　住宿业的范畴 …… 13
2.1.2　基于住宿业的旅游电子商务的概念 …… 16
2.1.3　住宿业电子商务的发展历程 …… 16
2.2　住宿业的电子商务渠道 …… 18
2.2.1　直销渠道 …… 18
2.2.2　分销渠道 …… 28
2.3　信息技术在住宿业中的应用 …… 31
2.3.1　传统信息技术应用 …… 31
2.3.2　新兴信息技术应用 …… 37
2.4　基于住宿业电子商务的旅游综合服务发展趋势 …… 41
2.4.1　住宿业的旅游综合服务现状 …… 42
2.4.2　基于综合服务商的住宿业电子商务展望 …… 43
本章案例 …… 45

**第3章 基于景区的旅游电子商务** …… 47

3.1 旅游景区电子商务概述 …… 47
3.1.1 国外旅游景区电子商务发展概况 …… 47
3.1.2 国内旅游景区电子商务发展概况 …… 48
3.1.3 旅游景区电子商务发展存在的问题 …… 49
3.2 基于景区的旅游电子商务的内涵与特点 …… 50
3.2.1 基于景区的旅游电子商务内涵 …… 50
3.2.2 旅游景区电子商务的特点 …… 51
3.2.3 旅游景区电子商务的技术路线 …… 52
3.3 基于景区的旅游电子商务关键应用系统 …… 54
3.3.1 景区电子门票销售管理系统 …… 54
3.3.2 景区导游管理系统 …… 55
3.3.3 景区餐饮娱乐等管理系统 …… 56
3.3.4 景区停车场管理系统 …… 56
3.3.5 景区通用电子商务平台系统 …… 57
3.3.6 景区流量预警 …… 57
3.3.7 景区其他相关电子商务系统 …… 58
3.4 基于景区的移动旅游电子商务应用 …… 60
3.4.1 手机客户端辅助应用 …… 60
3.4.2 微博、微信、APP 应用 …… 60
3.4.3 景区虚拟实景导览应用 …… 60
3.5 基于旅游景区电子商务的旅游综合服务发展趋势 …… 61
3.5.1 智能化 …… 61
3.5.2 集约化 …… 61
3.5.3 移动化 …… 62
3.6 旅游景区电子商务典型案例 …… 62
3.6.1 知名旅游景点(娱乐场所)应用旅游电子商务案例 …… 62
3.6.2 景区及区域旅游电子商务实现路径讨论 …… 63
3.6.3 2014 年国庆全国旅游景区运营报告 …… 64
3.6.4 票务世界系统的模式综述 …… 65
3.6.5 山东景区开启电子门票 …… 66
3.6.6 各类应用系统案例 …… 67
3.6.7 广东景区新媒体营销 …… 70

**第4章 基于旅游购物的电子商务** …… 72

4.1 基于旅游购物的电子商务的内涵 …… 72
4.1.1 传统旅游购物的定义 …… 72

4.1.2 传统旅游购物的突出问题 …… 72
4.1.3 旅游购物电子商务的出现 …… 73
4.1.4 基于旅游购物的电子商务的内涵 …… 74
4.2 基于旅游购物的电子商务模式 …… 74
4.2.1 旅游购物电子商务的模式 …… 74
4.2.2 基于旅游购物的电子商务模式概述 …… 75
4.3 基于旅游购物电子商务的旅游综合服务发展趋势 …… 79
4.3.1 AR技术增强虚拟体验 …… 79
4.3.2 定位导航帮助快速找到目标商品 …… 79
4.3.3 语音导览激发购买欲望 …… 80
4.3.4 移动支付取代传统钱包 …… 80
4.3.5 大数据的应用 …… 80

**第5章 基于旅行社的旅游电子商务** …… 81

5.1 旅行社电子商务概述 …… 81
5.1.1 旅行社电子商务的基本概念 …… 81
5.1.2 旅行社电子商务的发展基础 …… 81
5.1.3 旅行社电子商务的基本特征 …… 82
5.1.4 旅行社电子商务的应用层次 …… 82
5.2 旅行社电子商务的发展阶段与现状 …… 83
5.2.1 基于旅行社的旅游电子商务的基本内涵 …… 83
5.2.2 基于旅行社的旅游电子商务的发展阶段 …… 83
5.3 基于旅行社的旅游电子商务应用 …… 84
5.3.1 产品开发与采购——资源库管理 …… 84
5.3.2 产品销售与营销 …… 84
5.3.3 产品促销 …… 92
5.3.4 旅游接待 …… 93
5.3.5 客户关系管理 …… 93
5.4 基于旅行社电子商务的旅游综合服务特征 …… 94
5.4.1 从消费互联网转向产业互联网 …… 94
5.4.2 从旅游产品消费转向综合服务消费 …… 94
5.4.3 从纯线下经营转向线上线下一体化 …… 95
5.4.4 从信息化转向智能化 …… 95
5.4.5 从争夺传统途径的客源转为争夺信息入口 …… 95
5.5 基于旅行社电子商务的旅游综合服务发展趋势 …… 95
5.5.1 转向生产性服务业 …… 95
5.5.2 不断向产业链上游延伸 …… 95
5.5.3 产业链大平台——一站式的服务平台 …… 95

5.5.4 基于LBS(Location Based Service)的更深层次的旅游预订方式 ……… 96
5.5.5 重视数据积累,从业务驱动转向数据驱动 …… 96
5.5.6 建立产业园区 …… 96
本章案例 …… 96

**第6章 基于旅游目的地的电子商务 …… 101**

6.1 基于旅游目的地的电子商务概述 …… 101
6.1.1 旅游目的地的电子商务起源 …… 101
6.1.2 旅游目的地电子商务的相关概念 …… 102
6.1.3 基于旅游目的地的电子商务发展现状 …… 106
6.2 旅游目的地电子商务网站的构建及运营 …… 109
6.2.1 旅游目的地电子商务网站的构建 …… 109
6.2.2 旅游目的地电子商务的运营及面临的问题 …… 112
6.3 旅游目的地电子商务的旅游综合服务发展趋势 …… 115
6.3.1 基于移动端的旅游目的地电子商务 …… 116
6.3.2 跨区域合作的旅游目的地电子商务 …… 118
6.3.3 非政府主导的旅游目的地电子商务 …… 120
6.4 国内外旅游目的地电子商务实例 …… 121

**第7章 基于在线旅游服务的电子商务 …… 124**

7.1 在线旅游概述 …… 124
7.1.1 在线旅游的定义 …… 124
7.1.2 在线旅游的基本含义 …… 125
7.1.3 在线旅游的特点 …… 125
7.2 在线旅游服务的概念 …… 126
7.2.1 在线旅游服务的含义 …… 126
7.2.2 在线旅游服务的核心价值 …… 127
7.2.3 在线旅游服务的特点 …… 127
7.3 在线旅游服务的发展阶段和运作流程 …… 128
7.3.1 在线旅游服务的发展阶段 …… 128
7.3.2 在线旅游服务的运作流程 …… 129
7.3.3 在线旅游服务的发展趋势 …… 130
7.4 在线旅游服务商业模式 …… 132
7.4.1 在线旅游服务商务模式的含义 …… 132
7.4.2 在线旅游服务商务模式的运营特点 …… 132
7.4.3 中国在线旅游服务商务模式的运营特点 …… 133
7.4.4 在线旅游服务的电子商务模式 …… 134
7.4.5 在线旅游服务的运营模式 …… 137

7.5 基于在线旅游的旅游综合服务发展趋势 …… 148
7.5.1 并购与收购的热潮仍会继续 …… 148
7.5.2 争夺互联网金融市场 …… 151
7.5.3 在线旅游进入 OTA 后竞争时代 …… 152
7.6 在线旅游服务电子商务案例 …… 153

**第 8 章 基于移动终端的旅游电子商务 …… 157**

8.1 移动终端电子商务概述 …… 157
8.1.1 移动终端电子商务的基本概念 …… 157
8.1.2 基于移动终端的旅游电子商务的基本内涵与特点 …… 157
8.2 移动终端旅游电子商务的基础 …… 158
8.2.1 硬件基础 …… 158
8.2.2 软件基础 …… 159
8.3 基于移动终端的旅游电子商务的环节与特点 …… 162
8.3.1 游客出发前——信息发布和检索 …… 162
8.3.2 游客旅途中——交易的在线支付 …… 164
8.3.3 游客抵达后——移动支付与消费过程 …… 164
8.3.4 旅游结束后的分享、评价等过程 …… 165
8.4 基于移动端旅游电子商务的旅游综合服务发展趋势 …… 165
8.4.1 更加注重以游客需求为核心的查询、预订、结算过程 …… 165
8.4.2 以智能手机为核心设备的产业发展趋势带来便捷的移动服务与体验 …… 167
8.4.3 多种移动设备在性能方面的趋近利于行业标准化发展 …… 167
8.4.4 多屏互动技术的日趋成熟带来便捷的旅游信息处理与共享 …… 167
8.4.5 近场通信协议让移动端旅游电子商务的结算更加便捷与安全 …… 168
8.4.6 可穿戴设备的兴起带来旅游电子商务的形态创新 …… 169
本章案例 …… 170

**第 9 章 未来与展望 …… 171**

9.1 新技术的发展及其在旅游业中的应用 …… 171
9.1.1 移动互联网与旅游业 …… 171
9.1.2 云计算技术与旅游业 …… 172
9.1.3 物联网技术与旅游业 …… 173
9.1.4 大数据与旅游业 …… 174
9.1.5 人工智能与旅游业 …… 175
9.2 基于综合服务提供商的旅游电子商务发展趋势 …… 176
9.2.1 服务供给的标准化与规范化 …… 176
9.2.2 社交便捷化 …… 177
9.2.3 移动性 …… 177

9.2.4 平台化 …… 178
9.2.5 延展性 …… 178
9.3 “互联网+旅游业” …… 179
9.3.1 “互联网+”的含义 …… 179
9.3.2 旅游业为何需要“互联网+” …… 180
9.3.3 “互联网+”对于旅游业的优化 …… 181
9.3.4 “互联网+旅游业”相关案例 …… 182
参考文献 …… 186

# 第 1 章

# 旅游电子商务及综合旅游服务商

本章主要通过对一些权威机构和国内外学者给出的电子商务、旅游电子商务定义进行归纳和总结，结合两个概念实际应用情况及调研分析，构建了一个全新的旅游电子商务概念。旅游电子商务有效地区分了旅游电子商务、智慧旅游和在线旅游三者之间的差别，并作为全书理论体系的统领和核心脉络，希望为读者呈现一个清晰而又新颖的逻辑体系。

## 1.1 电子商务概述

### 1.1.1 权威机构对电子商务的解析

**1. 电子商务是一种贸易活动**

1997 年 11 月 6 日至 7 日在法国巴黎举行的世界电子商务会议(The World Business Agenda Electronic Commerce)提出电子商务的概念，指出电子商务是指对整个贸易活动实现电子化。在这个概念中，更多地将电子商务定义为一种贸易活动。

联合国经济合作和发展组织(Organization for Economic Co-operation and Development)在有关电子商务的报告中将电子商务(Electronic Commerce)定义为：电子商务是发生在开放网络上的包括企业之间(business to business)、企业和消费者之间(business to consumer)的商业交易。在这个概念中，强调了电子商务中网络的作用，并把电子商务解释为参与者之间的交易，从现在电子商务的发展前景看，单纯地将电子商务定义为一种交易，有些过于片面。

HP 公司提出电子商务是通过电子化手段来完成商业贸易活动的一种方式，电子商务使我们能够以电子交易为手段完成物品和服务等内容的交换，是联系商家和客户之间的纽带。这一概念给出了电子商务交易的内容，并着重强调了电子商务在买卖双方之间的纽带。

**2. 电子商务的整体性**

全球信息基础设施委员会(GHC)在电子商务工作委员会报告草案中对电子商务定义如下：电子商务是运用电子通信作为手段的经济活动，通过这种方式人们可以对带有经济价值的产品和服务进行宣传、购买和结算。这一概念强调电子商务的主体是电子通信，强调电子商务是实现有经济价值的产品和服务从宣传到结算的过程，与世界电子商务会议的概念非常吻合，其特别之处在于，提出了通过现代通信手段使贸易活动电子化。

美国政府在其“全球电子商务纲要”中，比较笼统地指出电子商务是通过Internet进行的各项商务活动，包括广告、交易、支付、服务等，全球电子商务将涉及世界各国。这个概念与联合国经济合作和发展组织在有关电子商务的报告中指出的概念存在共同之处，二者都强调网络和Internet在电子商务发展中的重要作用，都指出电子商务是现代贸易活动的一种，同时强调了电子商务的整体性。

世界贸易组织定义电子商务是通过电信网络进行的生产、营销、销售和流通活动，它不仅指因特网(Internet)上的交易活动，而且指所有利用电子信息技术(IT)来解决问题、降低成本、增加价值和创造商业与贸易机会的商业活动，包括通过网络实现从原材料查询、采购、产品展示、订购到出品、储运、电子支付等一系列的贸易活动。这是目前最具权威，也是最被大家认可的概念，比较全面具体地阐述了电子商务的内涵。

## 1.1.2 国内外学者对电子商务的定义

国内外学者对电子商务定义颇多，在整理分析的基础上，本书挑选出比较有代表性的学者对电子商务的定义进行对比分析。美国学者瑞维·卡拉克塔(Ravi Kalakota)和安德鲁·B.惠斯顿(Andrew B. Whinston)在《电子商务的前言》一书中提出：“广义地讲，电子商务是一种现代商业方法。这种方法通过改善产品和服务质量、提高服务传递速度，满足政府组织、厂商和消费者降低成本的需求。”

巫宁、杨路明(2004)认为：电子商务是以信息技术、网络技术、通信技术为基础，高效率、低成本地从事以商品交换为中心的各种商务活动。该概念将电子商务归纳为以电子工具和电子技术为基础，以实现商品交换为目的的商务活动。电子商务过程就是利用各种电子工具和电子技术从事各种商务活动的过程。其中电子工具是指计算机硬件和网络基础设施(包括Internet、Intranet、各种局域网等)，电子技术是指处理、传递、交换和获得数据的多技术集合。①

杜文才(2006)认为：电子商务是利用现有的计算机硬件设备、软件设备和网络技术设施，通过一定协议链接起来的网络环境进行各种商务活动的方式。②

朱若男(2008)认为：电子商务是整个贸易活动的自动化和电子化。电子商务是利用各种电子工具和电子技术从事各种商务活动的过程(所谓电子商务，就是通过一些自动化和电子化的方法来进行商业活动中的部分或者全部流程)。③

董林峰(2009)认为：电子商务是指利用互联网及现代通信技术进行任何形式的商务运作、管理和信息交换。其内容包含两个方面：一是电子方式；二是商贸活动。电子商务采用最先进信息技术形成一个虚拟的市场交换场所，电子商务的参与方在这个虚拟的市场进行商贸活动。但是，电子商务不等于商务电子化。电子商务可以从狭义和广义两个角度加以理解。狭义电子商务是指基于互联网环境下的商品交易以及商品交易相关的商务活动；广义电子商务是指一切利用电子手段进行的商业活动，如电话购物、电视购

---

① 巫宁，杨路明. 旅游电子商务[M]. 北京：旅游教育出版社，2004：2～3.

② 杜文才. 旅游电子商务[M]. 北京：清华大学出版社，2006：3～4.

③ 朱若男，辛江，刘娜. 旅游电子商务[M]. 中国旅游出版社，2008：4.

物、POS 联机销售等都是广义电子商务的范畴。①

张浩宇(2011)认为：电子商务通常是指在全球各地广泛的商业贸易活动中，在互联网开放的网络环境下，基于浏览器、服务器的应用方式，买卖双方在无须见面的情况下，进行各种商贸活动，实现消费者的网上购物、商户之间的网上交易和在线电子支付以及各种商务活动、交易活动、金融活动和相关的综合服务活动的一种新型的商业运营模式。电子商务的实质是以电子及电子技术为手段，以商务为主题，把原来传统的销售、购物渠道移到互联网上来，打破国家与地区有形或无形的壁垒，使生产企业达到全球化、网络化、无形化、个性化。广义的电子商务(electronic business，EB)是指各行各业，包括政府机构和企业、事业单位各种业务的电子化、网络化。狭义的电子商务(electronic commerce，EC)是指人们利用电子化手段进行以商品交换为中心的各种商务活动。②

周春林(2013)认为：电子商务是各种具有商业活动能力和需求的实体(如企业、政府机构、个人消费等)采用计算机网络和现代信息技术等电子方式，在一定标准和规范下进行的各种商贸活动。③

综合近些年来国内学者的观点不难看出，大家的观点基本上一致，都提到了通过现代化技术手段，用电子化方式，实现商务贸易活动。

## 1.2　旅游电子商务概述

### 1.2.1　旅游电子商务的发展历程

随着电子商务被广泛应用，旅游业电子商务问题逐渐受到重视，亦有很多企业探索出了符合中国国情的旅游电子商务模式。近些年，高速增长的旅游市场和日益成长的网络消费人群，使得电子商务给旅游业发展带来了新的契机；同时，由于旅游业的信息密集型和信息依托型的产业特性，也使旅游电子商务的发展有其必要性和可行性。

中国旅游电子商务网站从 1997 年开始出现，截至目前，可以分成七个发展阶段。

**1. 萌芽阶段(1997—1998 年)**

我国旅游网站的建设最早可以追溯到 1997 年。1997 年由国旅总社参与投资的华夏旅游网的创办是中国旅游电子商务预订网兴起的标志。此后，各类旅游预订网站如雨后春笋建立起来，行业规模逐渐扩大。

**2. 起步阶段(1999—2002 年)**

1999 年 5 月，携程旅行网(以下简称携程)的成立，可以说是这一阶段的一个标志。携程是一家吸纳海外风险投资组建的旅行服务公司，在当时被称为一个“没有门店的旅行社”，它将信息技术、现代运作管理理念与传统旅游业相结合，打造了具有极强竞争力的服务价值链，形成了全新的服务和业务模式。这种全新的模式和理念，拓展了旅游电子商务的发展模式，适应了旅游业的发展要求，对旅游业的发展起到了巨大的推动作用。

---

① 董林峰．旅游电子商务[M]．天津：南开大学出版社，2009：2～3.

② 张浩宇，等．旅游电子商务[M]．北京：中国旅游出版社，2011：5～6.

③ 周春林，王新宇，周其楼，等．旅游电子商务教程[M]．北京：旅游教育出版社，2013：2～4.

**3. 发展阶段(2003—2004 年)**

该阶段以 2003 年携程在美国纳斯达克成功上市为标志,当时也是互联网全面复苏的时期。在这一阶段中,中国旅游电子商务市场还处于探索和摸索的阶段,携程上市客观上加速了我国旅游电子商务市场服务水平的提升。

**4. 完善阶段(2005—2008 年)**

2005 年,我国第三方支付平台——支付宝的出现,为解决网上支付这一瓶颈问题提供了非常好的方案,更重要的是为消费者建立了网上支付的信心,旅游电子商务也开启在线交易的新纪元,特别是对于机票产品,越来越多地实现了在线支付。

**5. 提升阶段(2009—2011 年)**

2009 年 1 月,千橡互动集团以 1850 万美元收购艺龙旅行网(以下简称艺龙)5283202 股流通股,占后者总流通股本的 23.7%。千橡互动收购艺龙这一事件表明,在中国旅游电子商务市场日益发展的前提下,Web 2.0 应用逐渐在探索与旅游业结合的有效模式,未来在盈利模式方面需要形成具有中国特色的突破点。2011 年 9 月 14 日中国旅游研究院发布的《中国旅游电商商务发展报告》显示,2010 年全国旅游电子商务(基于互联网平台的在线旅游业交易)市场规模达到 2000 亿元,占整体旅游收入份额的 15%。同时芒果、同程、途牛、驴妈妈等后起在线旅游服务商开始出现在消费者的视线里。

**6. 整理阶段(2012—2014 年)**

2012 年 8 月,随着京东商城、苏宁易购、国美电器等电商之间的价格大战展开,另一场 OTA(在线旅游服务供应商)领域的战争也被激化。携程获得了海外 172 个国家的 20 万家酒店资源,艺龙在国际酒店方面与外资企业 Expedia 合作,拥有 15.5 万家酒店资源。从数字看,携程略占上风。之后其他 OTA 也纷纷卷入价格战争,持续到 2014 年。价格战造就了在线旅游行业竞争的激烈氛围。

**7. 重组和优化阶段(2015 年至今)**

2015 年 5 月 8 日,京东以 3.5 亿美元投资途牛,这不是旧战争的延续,而是新战争的揭幕,标志着在线旅游 3.0 时代的战争开始了。随着优酷土豆合并、滴滴合并快的、58 同城收购赶集,在线旅游业也揭开巨头兼并的序幕。2015 年 5 月 22 日,携程出资约 4 亿美元购买在线旅游公司 Expedia 所持有艺龙旅行网的部分股权,实现了对后者的战略投资。2015 年 10 月 26 日,百度将持有的去哪儿股份的绝大部分置换成携程的股份,使携程成为去哪儿的最大机构股东。

### 1.2.2 旅游电子商务的研究历程

在西方国家,特别是美国、日本以及英国等西方发达国家,由于其信息技术发展起步较早,关于旅游电子商务的具体实践和系统研究相对也比较成熟。英国科学家哈比利斯(1974)指出,现代信息技术将对旅游业产生深远而重大的影响,因为从某种意义上来讲信息是旅游业的血脉。布哈里萨(Buhalis)研究了电子媒介在旅游业的应用,总结了 3 种主要媒介——因特网、数字电视、移动设备的应用前景及它们的商务发展模式。凯萨斯(Kazasis)研究了智能信息与旅游目的地的相互作用,提出了旅游者、各地区、特定目的地的旅游信息之间的智能互动关系模型。布朗(Brown)研究了旅游业对新兴移动技术的应用，着重讨论了 3 种信息技术：支持旅游者的系统、电子地图和指南、电子导游。特萨马科斯(Tsamakos)提出通过移动方式拍卖旅游产品。泰勒(Taylor)提出了旅游信息市场模型(TIM)。近年来学者对旅游信息技术的研究更显创意，乔姆(Tjostheim)讨论了利用网络游戏吸引旅游者去博物馆的可行性①。20 世纪 80 年代末 90 年代初，美国管理学家皮尔斯首次在其专著《现代旅游的地理分析》中运用“旅游流”的概念，这通常被认为是现代旅游电子商务的最初设想和萌芽②。

目前，西方国家关于旅游电子商务的研究主要集中在以下几个方面：一是关于电子商务对旅游业及其产业结构的影响研究；二是关于旅游电子商务信息数据库开发的研究；三是关于旅游电子商务的实践及应用价值的研究。来自美国和英国的经济学家 Hannes Werthner 和 Franceseo Ricci(1996)基于现代旅游产业供应链的角度，系统分析了旅游从业机构之间及其内部的信息流动。美国的弗里德曼教授(2006)提出了基于推荐系统的旅游电子商务模式③。英国最大的旅游酒店公司 Accor Group 和法国实力最强的旅游门户网站(lastminute)通过强大的 GDS 分销系统整合了全球近百家酒店，在世界范围内开展网络线路查阅、门票预订、酒店服务等一站式的旅游电子商务服务④。

相对于西方发达国家，我国对于旅游电子商务的研究起步较晚，不过由于近年来经济社会发展速度较快，旅游电子商务取得突破性发展。

一是专家学者对旅游电子商务的学术研究呈递增状态，以“旅游电子商务”为篇名在中国知网上查询文章，2005 年到 2014 年共计 1480 篇，并且文章发表数量一直处于增长状态。

二是关于旅游电子商务运营模式的研究增多。由于旅游电子商务涉及众多主体，既有政府机构，又有旅行社、宾馆酒店、旅游景点、通信公司、金融机构以及旅游消费者等，于是在具体的旅游电子商务运营当中就存在着不同的模式和机制。

三是关于旅游电子商务信息技术平台构建的研究更加丰富。这主要是由于旅游电子商务是以现代信息技术和远程通信技术为基础发展起来的现代新兴的旅游产业，因此对信息技术的依赖性较强。王晓曼(2006)在“电子商务与现代旅游产业发展”一文中，系统提出了我国发展虚拟旅游的系统解决方案。张维迎(2011)在《旅游信息经济学》专著中，阐释了旅游电子商务发展中信息中介的诚信服务以及信息数据平台的构建，是我国大力发展旅游电子商务的关键瓶颈和壁垒。李义平(2012)在“我国旅游电子商务发展对策研究”文章中提出，在我国大力发展旅游电子商务，不仅需要诸多主体的齐心配合和大力协助，更需要遵循发展规律循序渐进地推进旅游电子商务的持续快速健康发展。

四是政策方面，国务院、国家旅游局、各省市旅游政府部门纷纷出台相关政策要求加大智慧旅游的发展。2014 年 8 月 21 日，国务院出台《关于促进旅游业改革发展的若干意见》(31 号文件)指出：“制定旅游信息化标准，加快智慧景区、智慧旅游企业建设，完善旅游信息服务体系。”2015 年 1 月 10 日，国家旅游局出台《关于促进智慧旅游发展的若干意

---

① http://smb.chinabyte.com/53/11851053.shtml.

② 杨路明.现代旅游电子商务教程[M].北京：电子工业出版社，2007：19～21.

③ 林南枝.旅游经济学[M].天津：南开大学出版社，2011：36～38.

④ 何翔.我国旅游产业电子商务发展研究[D].北京：首都经济贸易大学，2013.

见》,到 2016 年,建设一批智慧旅游景区、智慧旅游企业和智慧旅游城市,建成国家智慧旅游公共服务网络和平台。

五是需求方面,散客市场下的旅游信息消费与旅游信息服务要求旅游要智慧化发展,使旅游者能够从旅游引导到旅游决策再到旅游信息服务之间得到准确、及时、全面、相关、系统的旅游信息服务。

六是产业方面,旅游产业与其他产业之间的融合加强。例如,旅游与天气预报网的合作——旅游天气网,与银行卡合作——信用卡频道旅行预订,与网上商城合作——京东旅游频道、苏宁易购旅游频道,与互联网合作——百度旅游、去啊、腾讯旅游等,以实现旅游公共信息服务全覆盖、广渠道、多手段发展。

### 1.2.3 权威机构对旅游电子商务的解析

旅游电子商务的概念始于 20 世纪 90 年代,最初由瑞佛·卡兰克塔(Ravi Kalakota)提出,并由约翰·海格尔(John Hagel)进一步发展。目前,国际上普遍公认的是世界旅游组织对旅游电子商务的定义:"旅游电子商务就是通过先进的信息技术手段改进旅游机构内部和对外的连通性,即改进旅游企业之间、旅游企业与上游供应商之间、旅游企业与旅游者之间的交流与交易,改进旅游企业内部流程,增进知识共享。"赵立群(2013)指出这一定义概括了旅游电子商务的应用领域,侧重的是对其功效的描述,但并未凸显旅游电子商务自身的特征。①

百度百科上对旅游电子商务的定义为:利用先进的计算机网络及通信技术和电子商务的基础环境,整合旅游企业内部和外部的资源,扩大旅游信息的传播和推广,实现旅游产品的在线发布和销售,为旅游者和旅游企业提供一个知识共享、增进交流与交互平台的网络化运营模式。这一定义将旅游电子商务定位于网络化运营模式,很明显缩小了其范畴,不符合业界丰富的实践。

### 1.2.4 国内学者对旅游电子商务的解析

在国内的研究文献中,王欣(2014)将旅游电子商务定义为:"以网络为主体,以旅游信息库、电子商务银行为基础,利用最先进的电子手段运作旅游业及其分销系统的商务体系。"杨春宇(2002)将旅游电子商务定义为:"旅游企业基于 Internet 提供的互联网技术,使用计算机技术、电子通信技术与企业购销网络系统联通而形成的一种新型的商业活动。"上面两个定义主要强调了实现旅游电子商务化的途径,说明了网络、Internet 等现代互联网技术手段是实现旅游电子商务的必要条件,但这只解释了旅游电子商务是现代生活中各种商务活动的一种,并没能清楚地阐释出旅游电子商务与其他商务活动相比的特殊性。

巫宁(2003)指出旅游电子商务是指通过先进的网络信息技术手段实现旅游商务活动各环节的电子化,包括通过网络发布、交流旅游基本信息和旅游商务信息,以电子手段进行旅游宣传促销、开展旅游售前售后服务;通过网络查询、预订旅游产品并进行支付;

---

① 赵立群,梁露,李伟. 旅游电子商务[M]. 北京:清华大学出版社,2013:3.

也包括旅游企业内部流程的电子化及管理信息系统的应用等[①]。杜文才(2006)将旅游电子商务定义为:利用互联网和通信技术,实现旅游信息搜集与整合,实现旅游业及其相关产业电子化运作和旅游目的地营销活动,是一种先进的运营模式。旅游电子商务主要包括旅游信息网络宣传,旅游产品在线预订、支付以及旅游企业业务流程的电子化、旅游目的地的营销等。[②] 杜文才的定义中除了强调互联网和通信技术在旅游电子商务活动中的作用外,更加具体地提出了旅游电子商务的内涵。

杨宏伟(2006)认为:"可以从两个方面来认识旅游电子商务:一是互联网上在线销售,即旅游网站即时在线为每一位旅游者提供专门的服务;二是以整个旅游市场为基础的电子商务,泛指一切与数字化处理有关的商务活动。"这个概念总体上愈加模糊了旅游电子商务与在线旅游之间的区别。

周春林(2013)在《旅游电子商务教程中》简单地将在线电子商务理解为"旅游+电子商务",在分析借鉴已有研究成果的基础上,把旅游电子商务定义为:利用计算机网络和信息技术开展旅游商务活动,实现旅游交易询价+报价+预订+支付+配送(服务)等一系列商务活动电子化。[③] 本书认为单纯地将旅游电子商务解释为"旅游+电子商务"远远不能准确地表明旅游电子商务的内涵,旅游电子商务应该远远大于"旅游+电子商务"。

## 1.3 基于综合旅游服务商的旅游电子商务

### 1.3.1 旅游电子商务的新界定

旅游电子商务概念众多,很多概念对其内涵和外延的描述较多,使得读者对于旅游电子商务概念核心内容较难把握,而且在其属性和与其他行业电子商务的区别方面,尚缺乏有说服力和公认的概念。此外,由于近十年国内新概念层出不穷,智慧旅游、在线旅游等概念一度使旅游电子商务概念被淡化,也就更加缺少了对于旅游电子商务概念的更多关注和深度解读。

本书通过整理、分析大量的资料、文献,根据属加种差的定义原则,从旅游信息的维度和游客需求的角度对旅游电子商务重新进行定义:首先,旅游电子商务属于电子商务的范畴,即利用现代化电子方式,实现区别于传统旅游行业运营模式的升级。其次,旅游电子商务的本质属性为旅游行业,旅游电子商务包括从游客进行信息搜集、信息整合再到旅游售后的全程交易,实现吃、住、行、游、购、娱各个环节服务的电子化。所以,本书认为旅游电子商务是指通过互联网、通信和其他新兴技术,实现旅游信息获取、加工、整合中、传播而展开的一系列活动(包括信息服务和交易服务)。

伴随着旅游业与电子商务的发展,一次旅游活动质量的好坏,取决于旅游者掌握信息的多少和信息的准确性。在无意识的信息浏览过程中,一些信息会刺激旅游者产生出游的愿望。接下来的信息搜集是旅游者为将要出游做的准备工作,包括对酒店、交通、旅

---

① 巫宁,杨路明.旅游电子商务理论与实务[M].北京:中国旅游出版社,2003:22.

② 杜文才.旅游电子商务[M].北京:清华大学出版社,2006:13.

③ 周春林,王新宇,周其楼等.旅游电子商务教程[M].北京:旅游教育出版社,2013:11~12.

游目的地等的了解和选择，当然旅游第三方平台，如携程、去哪儿、艺龙等也会提供各种各样的信息帮助旅游者完成此次旅游的全过程，在此过程中会运用各种网络平台和各类移动终端、APP等，最终实现线上或者线下交易。行程完成后，部分旅游者还会在各种点评类服务商的网站上留下自己的点评，包括行程好坏的评价，也包括散文、游记记录，这些信息的积累与总结也会成为其他潜在旅游者下一次出游的参考信息，这样的信息利用与再循环是现代旅游电子商务的主要特征，所以本书站在旅游信息的维度去定义旅游电子商务。

### 1.3.2 基于综合旅游服务商的旅游电子商务特点

用旅游信息去构建旅游电子商务的概念的价值是，可以对旅游电子商务所能带来的新的市场空间和新的业态做出充分的解释，而且能够促进旅游业和其他产业之间的融合，因为只有信息才能促使产业之间的更好融合。我们重新构建旅游电子商务的目的是希望以后在应用的过程中，旅游电子商务可以融汇到其他领域，并且彼此之间能够进行密切的产业合作。

**1. 适用性——从游客需求角度出发**

本书是从游客需求的角度对旅游电子商务进行定义的，从这个角度进行定义，充分地诠释了以人为本的概念。人们进行旅游活动的时候，多半是寻找一种超值的旅游服务和旅游体验，只有在旅游产品和旅游服务都能满足旅游者的期望时，旅游者的旅游体验值才会增强。把电子商务运用到旅游行业中，一方面，可以促进旅游产业的快速发展；另一方面，能够增强旅游者的旅游满意度。从以人为本的角度去诠释旅游电子商务，更加符合未来旅游电子商务的发展新方向。

**2. 综合性——大旅游概念**

本书概念体现了旅游电子商务的综合性，把旅游电子商务定义为实现以单一旅游产业为牵引的综合性服务活动，更加全面地诠释了旅游电子商务的活动内容，引入了大旅游发展观。大旅游的内涵充实了单一传统旅游行业范畴，未来的旅游行业将不仅仅包括吃、住、行、游、购、娱这六方面，更是一种在我国旅游、技术手段、旅游市场发展到相对成熟阶段背景下产生的旅游发展新观念。首先，它会发展成为一个产业群，包括由旅游业六大要素形成的旅游主导产业、与其直接相关的辅助产业，以及由于经济、技术联系其他间接关联产业。其次，它会产生一种旅游产业发展的新模式，强调旅游业与其他产业间的关联性、开放性和互动性，谋求大旅游产业系统整体效益的最大化和与整个社会、经济、生态系统的协调发展。

**3. 系统性——全过程**

本书中旅游电子商务的概念不仅强调了从旅游活动开始到旅游活动结束的整个过程，尤其是其中的信息获取、加工到整合的系统性，而且也强调了从旅游活动的前期、中期到后期的各个活动之间衔接过程的系统性，体现了在旅游活动进行时各个环节之间的联动性。

**4. 前沿性——新技术背景＋游客需求新特征＋供给模式创新**

本概念的前沿性体现在概念本身是按照“技术背景＋游客需求新特征＋供给模式”

创新的逻辑进行的界定。大部分旅游电子商务的概念是以现代信息技术为基础进行描述，本概念在此基础上增加了概念构筑的角度和维度，突出了信息的重要性和以人为本的理念，同时对现有旅游电子商务模式进行了归纳，并且预测了未来旅游业将演变成为大旅游的趋势。

## 1.4　本书的理论体系及章节体例

本书以旅游信息服务为牵引，重新对旅游业中的住宿、旅行社、航空、旅游景区、旅游目的地、旅游购物、在线旅游服务和移动终端的电子商务活动进行了描述与诠释，对旅游电子商务中的一系列活动进行了详细的阐述，在旅游电子商务活动中体现旅游信息的重要性和旅游信息服务过程中的连贯性和系统性。图 1-1 所示为本书的整体框架图。

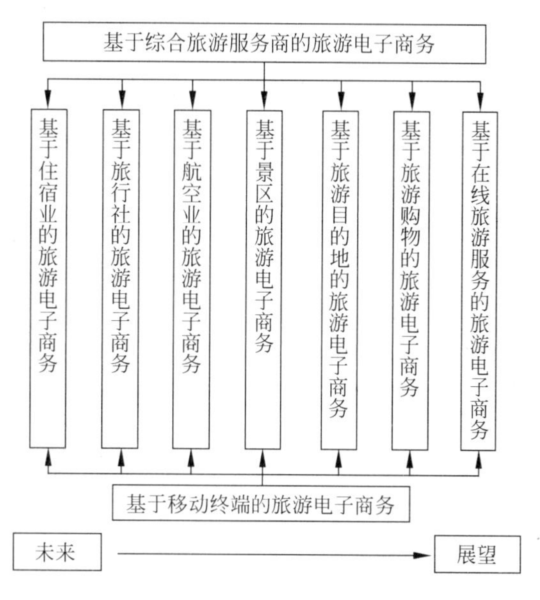


图 1-1　本书整体框架图

基于住宿业的旅游电子商务一章立足于旅游电子商务的渠道，从直销、分销的角度对现代化住宿业的营销渠道进行详细的介绍，尤其关注信息技术在住宿业中的应用；详细叙述了传统信息技术和新兴信息技术为住宿业带来的变革式的服务；并且全局性地介绍了现有基于住宿业的综合服务，包括旅游服务和非旅游服务；最后对未来住宿业的综合服务进行了展望。

基于旅行社的旅游电子商务一章是从旅行社对电子商务的应用入手，分别从产品的开发与采购，产品的销售、促销，旅游接待和企业内部管理五部分进行描述，展现出电子商务对旅行社业的改变。同时介绍了基于旅行社的电子商务的特征，通过从消费互联网转向产业互联网，从旅游产品消费转向综合服务消费，从纯线下经营转向线上、线下一体化经营，从信息化转向智能化，从争夺传统客源转为争夺信息入口这五个角度对旅行社的电子商务进行了总结与归纳。最后对未来旅行社的发展趋势进行了合理而大胆的预测，包括未来旅行社会向生产性服务业转变，不断向产业链上游延伸等。

基于航空业的旅游电子商务这一章介绍了航空业旅游电子商务的基本概况，从航空业的旅游电子商务的内涵入手，介绍了航空业的旅游电子商务的优势，包括提高了航空公司的运营效率、服务水平、公司竞争力，实现了航空公司的销售独立，同时降低了航空公司的网络销售成本和实现了游客旅行手续的简化。另外，还从航空公司内部网、外部网和互联网的角度重新构建了航空业的旅游电子商务。最终预测未来航空业旅游电子商务的发展趋势。

基于景区的旅游电子商务这一章立足于景区的电子商务的现状，分析了目前景区电子商务的特点，同时还介绍了旅游景区电子商务的关键应用系统，如门票销售管理系统、景区餐饮娱乐等管理系统、景区导游管理系统等7个主要系统，并且对手机客户端、微博、微信、APP和景区虚拟实景导览在景区旅游电子商务中的应用进行了解读。最后预测未来景区旅游电子商务将朝着更加智能化、集成化和移动化的方向发展与转变。

基于旅游目的地的旅游电子商务一章从旅游目的地电子商务的由来、概念、构建和面临的问题入手，介绍了目的地旅游电子商务的基本情况，分析了基于旅游目的地的旅游资讯网、体验网、政务网和诚信网的现状。最后探讨了未来目的地旅游电子商务发展的新模式。

基于旅游购物的旅游电子商务是目前发展比较火爆的旅游中的重要板块。本章从传统的旅游购物入手，介绍了从传统旅游购物到目前基于旅游电子商务的旅游购物的发展变迁。同时介绍了基于旅游购物的电子商务模式，包括旅游购物产品生产者的网络直销模式、旅游购物产品在旅游网站的分销模式、景区体验＋线上购买的体验营销的旅游模式等，并对未来旅游购物的电子商务进行了探索。

基于在线旅游服务电子商务一章介绍了在线旅游服务、核心价值、特点，以及在线服务及其运作流程，同时介绍了在线服务的商业模式和运营特点，最后从OTA之间的并购与收购、在线旅游与互联网金融的融合、在线旅游进入后OTA时代等角度对在线旅游的发展进行了预测。

基于移动终端的旅游电子商务一章，主要基于游客需求的角度，分析了与移动终端对应的商务模式，同时构建了新的旅游电子商务的综合服务模式，建立在数据与资源和信息共享的基础上，打造出一个专门的综合性的服务平台，为人们提供各种综合性的服务。

最后，本书对未来旅游电子商务的发展进行了展望，期待在旅游电子商务平台的引领下，未来的旅游综合服务会越来越智能、舒适、便捷、快速。

**单一旅游向全面性延伸：众信旅游定向增发28亿　出境综合服务平台现雏形**

2015年5月18日，众信旅游发布定向增发预案，拟以52.70元/股，非公开发行合计不超过5313.09万股，募集资金总额不超过28亿元，拟用于多项出境服务以及内部信息化建设。

此次定增，公司实际控制人冯滨、公司董事郭洪斌认购比例均不低于发行总量的10%。公司股票将于5月19日复牌。

根据发布的《2015年度非公开发行A股股票预案》显示，此次募集资金主要用于投入到目的地生活服务平台、“出境云”大数据管理分析平台、出境游业务平台、海外教育服务平台、出境互联网金融服务平台建设以及补充流动资金项目，具体金额如表1-1所示。

表 1-1　众信旅游股票发行情况

万元

| 序号 | 项目名称 | 项目投资总额 | 募集资金投入金额 |
|---|---|---|---|
| 1 | 目的地生活服务平台 | 29402.74 | 29402.00 |
| 2 | “出境云”大数据管理分析平台 | 56299.58 | 56210.00 |
| 3 | 出境游业务平台 | 135518.24 | 135515.00 |
| 4 | 海外教育服务平台 | 23608.74 | 23608.00 |
| 5 | 出境互联网金融服务平台 | 15265.00 | 15265.00 |
| 6 | 补充流动资金 | 20000.00 | 20000.00 |
| 合计 | | 280094.00 | 280000.00 |

其中目的地生活服务平台项目将收购＋增资 7487.63 万元获得德国开元全资控股股东北京周游天下国际旅行社有限公司 51％的股权，并投资 21915.11 万元建设海外目的地生活平台。

“出境云”大数据管理分析平台是公司未来新一代的旅游信息解决方案，其中包含营销中心、产品中心、财务中心、服务中心、资源中心、决策中心 6 个子系统，为公司出境游业务平台、目的地生活服务平台、海外教育服务平台、移民置业服务平台和出境互联网金融平台等子平台提供接口，对各类出境服务业务客源地和资源地大数据进行管理分析，为各类出境服务业务提供全方位后台支持，为企业全方位的管理提供有力保障。

出境游业务平台项目将主要围绕电商平台升级、实体营销网络拓展、自由行项目、高端旅游项目、体育旅游项目以及健康旅游项目进行投资。

海外教育服务平台项目将围绕北京总部业务及产品展示中心建设、全国分销实体网络建设、电商平台、营销等方面进行投资。出境互联网金融服务平台项目中公司拟收购具有预付卡发行资质和网络支付资质及银行卡收单资质的第三方支付公司，对控股子公司乾坤运通进行增资，建设实体网点，申请全国范围外币兑换特许资质。

公告称，公司正在打造的全方位出境综合服务平台包括出境游业务平台、目的地生活服务平台、海外教育服务平台、移民置业服务平台、出境互联网金融服务平台以及“出境云”大数据管理分析平台等子平台，提供出境旅游、商务会奖、游学及留学教育、健康医疗、体育旅游、移民置业、第三方支付、保险等一系列出境综合服务。其框架图如下(见图 1-2)。

该综合平台中，将以“出境云”大数据管理分析平台为基础，对接各子业务平台电子商务系统，提供大数据支持；以出境互联网金融服务平台绑定各类出境服务，将为公司所有出境服务的客户提供第三方支付、外币兑换、保险等金融服务，并为出境服务产业链上下游客户提供供应链金融服务。

上述平台能够实现客户共享、资源共享，发挥业务协同作用，加强国内客源地渠道和

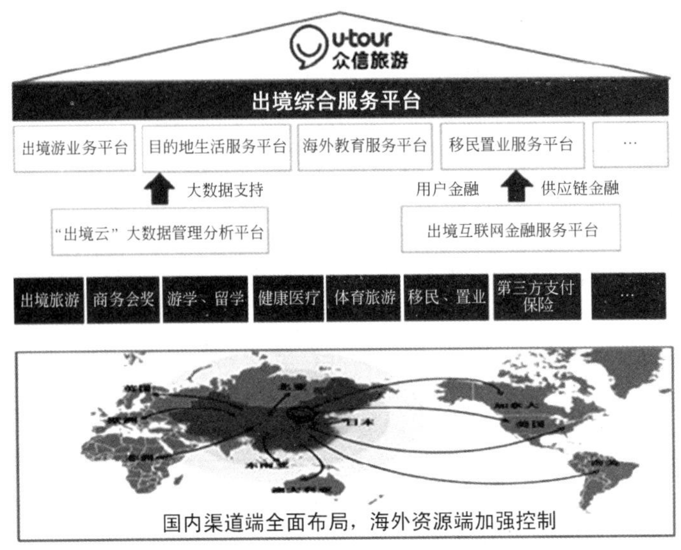


图 1-2 众信旅游出境综合服务平台框架图

海外目的地资源两端控制，最终成为国内最具竞争力的出境综合服务平台。[①]

通过上述案例可以看出，众信旅游从一个专门做旅游的平台开始把投资目光放在目的地生活服务平台、“出境云”大数据管理分析平台、出境游业务平台、海外教育服务平台、出境互联网金融服务平台的开发与建设。通过这个最新的案例，正好印证了对未来旅游电子商务的展望。

资料来源：旅游圈，http://www.dotour.cn/article/13554.html.

① 旅游圈，http://cats.org.cn/xinwen/huiyuan/24670.

# 第 2 章

# 基于住宿业的旅游电子商务

酒店、饭店是住宿业的代表，但是住宿业不仅仅包括酒店和饭店，还包括很多其他的产品类型，比如近几年兴起的农家乐。农家乐虽然也具备酒店的功能，但是却有自身的特点，不能用酒店来统一概括。当然，农家乐只是一个例子，提供住宿产品的业务类型还有很多种，本章介绍的不仅是酒店电子商务的情况，也包含其他产品类型的电子商务情况，这是其一；其二，本章中以住宿业的旅游信息为牵引，围绕旅游信息获取、加工、传播而展开的一系列活动，更加关注住宿业开展电子商务过程中产业之间的关联性。因此，是“基于住宿业的旅游电子商务”。

本章从住宿业的基本内涵出发，从直销和分销两个角度介绍了住宿业开展电子商务的类型和形式，在传统的酒店信息系统之外，介绍了新兴的信息技术在住宿业中的应用。最后，将围绕游客在住宿过程中的各类需求开展基于住宿业的旅游电子商务。

## 2.1 住宿业电子商务概述

### 2.1.1 住宿业的范畴

住宿业与旅行社业、旅游交通业被称为旅游业的三大支柱产业，一起为旅游者提供出行过程中的各种服务。那么什么是住宿业？住宿业包含哪些产品类型？

关于住宿业的概念，通常的定义是：住宿业是指为旅游者提供住宿、餐饮及多种综合服务的行业。[①] 根据本书的研究内容，将住宿业定义为：向住户提供以住宿服务为主，同时包括餐饮、娱乐、康体、会议等服务中的一种或多种服务的行业。凡是能够为客户提供住宿服务的企业，本书都把其归为住宿业的范畴，也都是本书的研究对象。

住宿产品根据不同的标准可以划分为不同的类型，按照国家商务部市场体系建设司2009 年公布的《住宿业业态分类（征求意见稿）》，根据目标客源的需求不同可分为：政（公）务饭店、商务饭店、度假饭店、会议饭店、主题饭店、精品饭店、交通饭店、长住饭店（公寓）、家庭饭店（旅馆）九大类。上述九大类住宿业态根据经营档次的不同，又可分为超豪华型饭店、豪华型饭店、中档型饭店、经济型饭店、超经济型饭店五类（详见表 2-1 和表 2-2）。

---

① 旅游住宿业，好搜百科，http://baike.haosou.com/doc/7537304-7811397.html.

表 2-1 按目标客源住宿业类型分类

| 类型 | 界定 | 设施要求 | 餐饮特色 |
|---|---|---|---|
| 政(公)务饭店 | 以从事外交或政府公务活动的宾客为主要服务对象的饭店;一般位于城市的行政中心区域或城市主要景观区域 | 建筑风格庄严气派,接待服务严谨规范,用于公务接待、会见、洽谈、会议、宴请的设施较为齐备 | 以民族特色、地方特色和大宴会为主 |
| 商务饭店 | 以从事国内外商务活动的宾客为主要服务对象的饭店;一般位于城市的金融、商业中心区或经济开发区 | 建筑装饰富丽堂皇,服务细腻体贴,商务活动所需的设备设施与服务尤为齐全,如国际直拨电话、传真、互联网、洽谈室、会议室、商务中心、秘书服务、翻译服务、远程会议系统等 | 以高档商务宴席为主 |
| 度假饭店 | 以进行度假、休闲及娱乐活动的宾客为主要服务对象的饭店;一般位于海滨、海岛、山区、森林、湖岸等具有独特自然景观的地区 | 建筑风格清新朴素,服务自然亲和,大多为开放式庭院建筑,饭店的娱乐、休闲设施和服务较为齐全,如骑马、狩猎、垂钓、划船、潜水、冲浪、滑雪、高尔夫球、网球、温泉、室内娱乐设施等 | 以地方菜系、乡土菜为主 |
| 会议饭店 | 以组织和参加各种国际或国内会议、展览的国内外宾客为主要服务对象的饭店;一般位于城市的中心或交通便利的游览胜地 | 会展饭店建筑规模较大,大多为群落建筑,拥有各种类型与规格的宴会厅、会议室、展览厅、陈列室、洽谈室等,并配备先进完善的会议设备,如投影仪、影音设备、通信设备、视听设备、灯光设备、多种语言的同声传译和现场视频转播等,并提供专业的全程会议服务 | 以大宴会、团体用餐为主 |
| 主题饭店 | 以对饭店建筑装饰和差异化服务有独特偏好的宾客为主要服务对象的饭店;饭店选址较为多样,主要位于城市中心和主要景观周边 | 饭店建筑设计或建筑物本身特色明显,耐人寻味,一个主题或多个主题贯穿于服务的各个环节,并提供相对独特的个性化服务 | 以特色餐饮为主 |
| 精品饭店 | 以接待需求独特,个性化服务的顾客为主要服务对象的饭店;饭店选址多样,但一般位置有特色 | 区别于大连锁饭店,精品饭店的布局和服务更具个性和差异化、时尚化,充分体现了饭店文化的多样性 | 餐饮服务也与之相应,独具风格 |
| 交通饭店 | 以在各种交通枢纽进行中转而进行短期住宿的宾客为主要服务对象的饭店。一般位于机场、火(汽)车站、渡口等交通枢纽附近或高速公路两侧 | 提供的服务较为简单、便捷;其中位于高速公路两侧的汽车旅馆多配有停车场 | 餐饮较为简单 |
| 长住饭店(公寓) | 以停留时间比较长(通常为一周以上)的宾客为主要服务对象的饭店;一般位于城市中心区域或交通便利区域 | 客房内部设施家居功能较为明显,以套房为主,部分设有厨房,提供的服务较为简单,主要为清洁服务 | 一般不提供餐饮服务 |
| 家庭旅馆(饭店) | 以体验民居文化为目的的宾客为主要服务对象的饭店;一般以家庭自有建筑为住宿设施 | 客房数相对较少,部分服务项目为顾客自助式,价格相对低廉 | 一般提供简单的餐饮 |

资料来源:《住宿业业态分类(征求意见稿)》。

表 2-2　按经营档次住宿业类型分类

| 类　型 | 界　　定 | 设施要求 | 价　　格 |
|---|---|---|---|
| 超经济型饭店 | 面向最关注价格的住宿客人，以低廉的价格提供基本的设施和服务，满足住宿客人最简单的住宿需求的饭店 | 提供简单的住宿设施，包括洗浴设施 | 价格一般在区域市场饭店业价格区间中处于最低的 20%之内 |
| 经济型饭店 | 面向大众，以相对较低的价格提供具有一定接待水准的住宿设施与服务的饭店 | 饭店装饰、设施以及服务质量明显高于廉价型饭店，更具舒适性、安全性和卫生性 | 价格一般在区域市场饭店业价格区间中处于最低的 20%～40%之间 |
| 中档型饭店 | 面向中档住宿客人的需求，以合理的价格提供具有较高接待水准的住宿设施与服务的饭店 | 更加关注客人的满意度，服务质量优秀，设施设备更加舒适，达到或略高于市场平均水平 | 价格一般在区域市场饭店业价格区间中处于中间 40%～70%之间 |
| 豪华型饭店 | 面向高档住宿客人的需求，以较高的价格提供优质接待水准的住宿设施与服务的饭店 | 设施设备豪华精美、服务质量一流，舒适程度和文化品位达到市场前列 | 价格一般在区域市场饭店业价格区间中处于最高的 5%～30%之间 |
| 超豪华型饭店 | 面向市场中最高端的住宿需求，以极高的价格提供达到最高接待水准的住宿设施与服务的饭店 | 建筑设计独具一格，设施设备奢华，产品和服务质量卓越，环境氛围和文化品位一流 | 价格一般在区域市场饭店业价格区间中处于最高的 5%之内 |

资料来源：《住宿业业态分类(征求意见稿)》。

本书按照各住宿业的特点及功能，将住宿业划分为酒店(饭店)、度假村、农家乐、酒店式公寓四类，其中酒店(饭店)又分为单体酒店和连锁酒店。有关酒店或饭店的分类上文已有详细的介绍，下面将对度假村、农家乐和酒店式公寓的功能和特点进行梳理(见表 2-3)。

表 2-3　度假村、农家院、酒店式公寓介绍

| 类　型 | 概　　念 | 功　　能 | 特　　点 |
|---|---|---|---|
| 度假村 | 度假村是由英文单词 Resort 翻译过来的，是指一个用作休闲及娱乐用途的建筑群，是为旅游者的较长时间的驻留而设计的住宅群 | ①为客人提供休闲娱乐设施；②为外出客人提供住宿、食品、饮料等服务；③以休闲度假为主题 | 通常由一家公司营运，亦有集团合营例子，能提供充实客人停留时间的活动，要求自然环境优美，可让人放松身心 |
| 农家乐 | 农家乐是新兴的旅游休闲形式，是农民向现代城市人群提供的一种通过回归自然而获得身心放松、愉悦精神的休闲旅游方式 | 提供包括四季瓜果蔬菜采摘、登山踏青、山野垂钓、体验农活、品尝农家饭等在内的农家生活体验活动 | 农家乐周围一般都是美丽的自然或田园风光，可以舒缓现代人的精神压力，因此受到很多城市人群的喜爱 |

续表

| 类　型 | 概　　念 | 功　　能 | 特　　点 |
|---|---|---|---|
| 酒店式公寓 | 酒店式公寓是一种提供酒店式管理服务的公寓，集住宅、酒店、会所多功能于一体，具有“自用”和“投资”两大功效，但其本质仍然是公寓 | 提供包括厨房、客厅甚至书房等居家生活空间；提供诸如厨具、微波炉、影碟机等设备；提供类似酒店的服务，诸如入住与退房登记、家居清洁、送餐、衣服洗熨、叫醒服务等 | ①有居家的格局和良好的居住功能，有厅、卧室、厨房和卫生间；②配有全套家具与家电，能够为客人提供酒店的专业服务，如室内打扫、床单更换及一些商务服务等 |

资料来源：根据维基百科和百度百科整理。

### 2.1.2 基于住宿业的旅游电子商务的概念

目前，国内外专家学者已经给出了具体的住宿业电子商务的定义，但通常情况下研究者都是以酒店为代表来研究住宿业电子商务的情况，给出的定义也都带有酒店或饭店的称谓，即用酒店电子商务或饭店电子商务来表述。由于本书研究的是住宿业电子商务的情况，酒店或饭店又是住宿业的代表，因此本书在对现有关于酒店电子商务或饭店电子商务概念进行补充和修改的基础上，给出基于住宿业的旅游电子商务的界定：基于住宿业的旅游电子商务是指以提供住宿产品和服务为主的各类企业，借助计算机、手机、PAD等终端，利用互联网、物联网、信息通信等技术，通过官方网站、搜索引擎、微信、微博等现代化网络渠道，进行商务活动信息的发布与产品的销售，实现对客服务和内部管理活动的电子化。①

住宿业电子商务不仅体现在对客服务时的电子化，也体现在内部管理与办公等活动的电子化。当前大部分住宿业都以门户网站为主要渠道，从以企业内部活动为主的内联网、以链接上下游企业为主的外联网以及以对客服务为主的互联网三大模块开展电子商务。这就说明住宿业在建设电子商务时不仅要考虑对客服务的电子商务化，也要考虑内部管理以及与合作伙伴间的电子商务化。

### 2.1.3 住宿业电子商务的发展历程

住宿业电子商务发展历程是以酒店电子商务发展历程为代表开展的。酒店电子商务的使用是由旅行网络发展而来的，确切地说应该源于航空公司的计算机预订系统。1959年，美利坚航空公司与IBM公司联合开发了世界上第一个计算机定位系统(SABRE)。SABRE最后逐步演变为一个复杂的计算机预订系统(computerized reservation system，CRS)，随之又出现了另一个更具规模的预订系统——大型酒店集团中央预订系统(central reservation system)，后来国际性酒店联号和旅行商号也看到这种潜力，进而发展了全球分销系统(global distribution system，GDS)。

全球旅游饭店业的信息化进程可以分为以下3个阶段：局域网、广域网和互联网阶段。

---

① 朱若男，辛江，刘娜. 新视野教材——旅游电子商务[M]. 北京：中国旅游出版社，2008：166.

**1. 局域网阶段**

20 世纪 80 年代，酒店电子商务的发展以局域网为主开展，这个阶段酒店应用信息技术侧重于单体酒店的内部管理和电子分销。在内部管理方面，主要是酒店资产管理系统(property management system，PMS)的引进。PMS 使以前由手工进行的劳动实现了计算机处理，与 PMS 相连接的外围系统共同实现了从客人入住酒店到结账离开的计算机系统处理，该系统帮助了酒店的前台、销售、计划和营运方面的管理。

在电子分销方面，早在 20 世纪 70 年代，连锁酒店主要利用航空公司的 CRS 和 GDS，后来，大型饭店集团开发了酒店中央预订系统 CRS。最早的饭店连锁 CRS 是 1987 年由假日集团推出的 HOLIDEX，当年该集团在全世界拥有 1900 家连锁店，每年出租客房 3000 万间夜。其他一些大型饭店集团也开发了类似的系统，如华美达的 RENNOIR、万豪的 Marsha 以及洲际的 Global Ⅱ等。

**2. 广域网阶段**

20 世纪 90 年代，GDS 的发展和互联网的出现促使连锁酒店的 CRS 采用新技术，并与 GDS 进行电子链接。这样酒店的房价和空房情况可以借助于 GDS 向全球公开，但这要求酒店的 CRS 更紧密地与 GDS 关联互动，直接决定酒店是否能在几秒钟内对预订给予在线确认。

这就产生了每个酒店使用的 CRS 与全球分销系统 GDS 和互联网自身信息的对接问题。于是“对接转换”公司应运而生，如酒店业对接转换公司 THISCO 和 Wiz Com 的出现，解决了不同系统之间对接转换的问题，这种服务既减少了另外建立系统进行预订的成本，同时又尽可能地扩大了预订量，使酒店 CRS 能够通过 GDS 和互联网进行分销。

**3. 互联网阶段**

20 世纪 90 年代末，互联网的发展降低了酒店经营的资金和运营成本，打破了 GDS 垄断酒店预订的局面，很多酒店开始通过互联网进行在线预订。互联网还能帮助酒店企业发展其价值链并实现很多方面的企业功能，如电子商务、电子销售、电子营销、电子采购、电子财务和电子人力资源管理等。

通过互联网预订可以节约成本，并能使消费者直接与酒店预订而不必再通过旅游代理商，有力地强化了企业的品牌形象。许多酒店都认识到了这些好处，纷纷建立网站并进行电子商务。因此在线预订增长迅猛，互联网已经成为酒店分销的重要渠道。

直接销售在全球是大势所趋，万豪、希尔顿网络直销与网络中介的销售比例达到了 3∶1。作为美国最大的两家网上饭店预订中心，Expedia. com 和 Hotels. com 凭借其 60% 的市场份额，每年都要向与其合作的饭店收取高达 25% 的佣金分成。为了抵抗寡头们的垄断，包括香格里拉、万豪等在内的国际饭店集团纷纷建设自己的网站，推广饭店直销模式；与此同时，万豪、希尔顿、凯悦等五大饭店管理集团联合建立了饭店预订平台 Travelweb. com，变为“大卖场”，直面 Expedia 们的垄断。

电子采购仍处于发展初期，但带来的利益开始显现。酒店电子采购使整个采购流程电子化，只需要通过预订水平和以往经验数据得出需求的预测数据，系统能够自动生成订单，经部门经理确认后，只需要少量人力就能完成发货和支付货款的工作。根据埃森哲的统计，如果把酒店企业节省的费用进行细分，那么，如果一个酒店通过在线采购节省了10%的费用，则其中有5%来自价格控制，3%来自订量的标准化和高质量的供应商品，另外有2%来自支付方面的节省。但是由于缺乏资金投入、技术更新、害怕改变以及员工培训等方面因素的阻碍，目前使用电子采购的酒店数量仍然很少。

## 2.2 住宿业的电子商务渠道

随着互联网和信息技术的发展，住宿业开展电子商务的渠道变得多种多样，借助的手段和工具也多种多样，根据各种渠道与住宿业本身的特点，本书将其分为直销和分销两大类。其中直销包括官方网站、微信公共账号和APP，分销包括全球分销系统和第三方服务平台。

### 2.2.1 直销渠道

住宿业直销顾名思义就是不通过其他分销商直接面对最终消费者进行销售的模式，跳过中间商将产品直接卖给顾客。住宿业直销的第一个优势是相对较低的价格，由于跳过了中间的分销商，剥离层层加价的环节，所以住宿业直销的产品往往更加便宜。这是住宿业直销的价格优势。

住宿业直销的第二个优势是迅速确认住房状态。预订住宿后客人的结账形式分为预先支付(预付)和到店支付(现付)。如果是预先支付(预付)的订单，在第三方分销平台上下单后，并不是立刻可以进行支付，而是需要等待第三方分销平台跟住宿产品提供方核实房间状态确认有房后，第三方分销平台才会让客人支付房款。这样可避免客人支付房费后出现没有可用房间而产生损失的情况，但是此过程往往比较烦琐。住宿业直销可避免这种烦琐，客人直接在线上下单，同时可以得知房间状态，并不需要等待的时间，大大提高了效率。

住宿业直销的第三个优势是有助于品牌的推广和维护，直接面对客人可以有更大的机会让客人记住自己的住宿业品牌。

当然，住宿业在开展电子商务方面具有优势的同时也有其局限性，主要表现在以下几个方面：

(1) 住宿业直销面对顾客推广力度小。住宿产品提供方还是以其自身内部管理为主要部分，住宿产品销售人员也有限，如果直接进行直销，无论从人力还是物力上都是不小的考验。所以全部进行直销对住宿业而言投入成本可能过高，得不偿失。

(2) 住宿业直销的效果和住宿业自身品牌影响力密切相关。只有国际性大品牌的住宿业在进行直销时才会有一定的推广效果和影响力。在中国中小型企业甚至微型住宿业仍占据较大比重，对于他们而言住宿业直销的投入产出比可能并不如意。

(3) 单体住宿业力量太过单薄。住宿业直销往往需要相关住宿业之间进行联盟，这样才有助于住宿业直销的推广。而单体住宿业的力量比较薄弱，直销费用往往比较高，单体住宿业难以承受。

到目前为止，住宿业直销分为住宿集团或联盟网站两种。一是住宿集团自己拥有电子商务部门维护网站的日常运营、开发，或承包给其他电子商务公司，协助其实现电子商务业务。另一种是以去啊网(http://www.alitrip.com/)为代表的直销平台。以去啊网作为一个平台,住宿业在其网站上进行直销,住宿产品提供方及时确认房态,同时与住宿集团内部进行合作。

**1. 官方网站**

(1) 官方网站基本情况

官方网站是单体住宿业或住宿业集团面对客户的首要窗口,现代住宿业集团官方网站一般包含以下几个要素(见表 2-4)。

**表 2-4 酒店官网要素表**

| 准则 | 因素 | 指 标 | 学 者 |
|---|---|---|---|
| 信息 | 住宿业信息 | 住宿业区位图、住宿业介绍、图片展示、友情链接、虚拟游览、Flash、相关业务 | Wan(2002), Chung & Law(2003), An Yeung & Law(2004), Baloglu & Pekcan(2006), Zafiropoulos & Vrana(2006), Li & Law(2007), Schmidt et al.(2008), 刘绍华等人(2004), 万绪才(2007), 熊伟等人(2009) |
| | 住宿业设施 | 餐厅、客房、会议设施 | Chung & Law(2003), Law & Hsu(2005), Baloglu & Pekcan(2006), Zafiropoulos & Vrana(2006), Li & Law(2007), Schmidt et al.(2008), 刘绍华等人(2004), 万绪才(2007), 熊伟等人(2009) |
| | 周边环境 | 交通、城市、当地旅游信息、班车 | Chung & Law(2003), Law & Hsu(2005), Baloglu & Pekcan(2006), Zafiropoulos & Vrana(2006), Li & Law(2007), 刘绍华等人(2004), 万绪才(2007), 熊伟等人(2009) |
| | 优惠促销 | 优惠促销信息、最新推广活动、横幅广告 | Baloglu & Pekcan(2006), Wan (2002), 万绪才(2007), 熊伟等人(2009) |
| 交流 | | 传真号码、电子邮件、网上评论、反馈表、常客计划、搜索功能 | Law & Hsu(2005), Baloglu & Pekcan(2006), Vermeulen & Daphne(2007), Schmidt et al.(2008), Zafiropoulos & Vrana(2006), 刘绍华等人(2004), 万绪才(2007), 熊伟等人(2009) |
| 交易 | | 网上订房、网上订餐、网上支付 | Wan (2002), Law & Hsu(2005), Baloglu & Pekcan(2006), 万绪才(2007), 熊伟等人(2009) |
| 网站管理 | | 多国语言、网站地图、友情链接、站内搜索 | Zafiropoulos & Vrana(2006), Mario Spremic, Ivan Strugar(2008), 万绪才(2007), 熊伟等人(2009) |

住宿业官方网站承担着对外展示住宿业基本信息、住宿业设施图片、住宿业周边环境、住宿业最新销售价格、住宿业联系方式、住宿业集团自身特色等众多功能。

(2) 官方网站现状分析

首先,OTA 超越官方网站成为线上销售的主要来源。Pho Cus Wright(全球旅游业的权威研究机构)的报告显示,2013 年酒店自身的预订量为 66%,而线上则为 34%,线上预订主要来自酒店的官方网站、OTA 网站和元搜索网站。但是,在这三种线上预订方式中,酒店官方网站并不是最重要的预订平台,OTA 反而成为了最主要的渠道。

其次,官方网站的建设运营参差不齐。不同类型、不同星级、不同形态的住宿业在官方网站的建设运营以及使用上存在很大的差异,连锁酒店比单体酒店官方网站预订量更高,星级高的酒店比星级低的酒店官方网站的预订量大。这主要是因为连锁酒店在资金和技术上有更大的优势，而且有相对稳定的忠诚顾客群，高星级的酒店比低星级的酒店更重视信息化的建设与应用，更愿意投入资金来维护信息技术的使用，而低星级或单体酒店对 OTA 等的第三方销售平台的依赖更大。

国外的情况与国内存在一些差异，国际著名调查公司 Forrester Research 调查发现，在美国仅有 27%的旅客愿意从中间商处订房，69%的休闲旅客喜欢直接订房。他们认为高质量的服务只能来自住宿业本身。当然，对比国内众多传统单体酒店，国际大型连锁住宿业集团本身拥有庞大的会员群体，通过官方网站预订已经能获得稳定忠诚的客户群，其在技术、资金支持上具有明显的优势①。

(3) 案例介绍——雅诗阁

雅诗阁是凯德集团旗下的全资子公司，总部设在新加坡。1984 年，雅诗阁推出了亚太地区的首个世界级服务公寓。2006 年，雅诗阁成立了全球首个亚太区服务公寓房地产信托基金——雅诗阁公寓信托。经过 30 年的耕耘与发展，今日的雅诗阁在服务公寓行业中备受推崇，在国际上稳占领导地位。

雅诗阁服务公寓——超凡尊贵：专为顶级管理层与业内领袖而设的超凡尊贵服务公寓品牌。提供高效的商业支持服务，住客身处至尊豪华的环境中，得以放松和休整，时刻保持巅峰状态。

盛捷服务公寓——温馨和谐：专为管理层与其家庭和谐生活所设的服务公寓。配备时尚的家庭娱乐设施，组织充满生活气息的各类活动，同时提供商务支持服务。在此可以自由交友，分享居家经验，获得尽快适应新城市生活的各类帮助。

馨乐庭服务公寓——活力时尚：专为旅行者提供灵活服务的公寓住所，以助他们在旅途中寻求全新的城市体验。住客可以根据各自的生活方式和预算，自由选择所需的服务。

**雅诗阁官方网站介绍**

2013 年，雅诗阁官方网站进行过一次升级。升级后，雅诗阁官方网站中电子商务的各项功能均进行改进。下文将着重介绍酒店官网关于查询、预订、营销、宣传推广活动等模块。

1. 查询模块

搜索更快捷：

(1) 在官网上，物业搜索引擎可同时罗列同一城市中的所有服务公寓。

(2) 所有服务公寓可按照房价高低，从最低价格开始按升序排列房型。客人可方便地比较各物业各房型的价格。对于有预算限制的客户，则可通过拉动每日房价预算区间的滚动条来缩小检索范围，提升挑选效率。

2. 预订模块

(1)新的预订系统支持同一订单里预订多个城市、多个物业、多种入住时段的灵活组合。举例而言，如果客人需要在上海和伦敦各订一间住房，原来需要下两个单独的订单，而现在只需一个订单即可完成，可节省许多时间和精力。

① 欧静. 国内酒店网络直销现状及对策分析[J]. 旅游纵览(下半月)，2014(11)：101～102.

(2) 新的官网将显示所有服务公寓的所在位置及周边主要景点，便于客人判断选择。

(3) 在确认下单前，系统也将提示客户房型升级、加床、接机等额外服务项目及相应报价，如果客人需要，都可加入订单，以提升住宿体验。

3. 宣传营销

在雅诗阁酒店官方网站上专门有一个模块展示酒店最近活动的照片。以下是地球一小时活动的节选。

4. 宣传推广

酒店官网有自己的微信账号，也有电子期刊的推广。

**2. 微信公众账号**

(1) 微信公众账号基本情况

微信是腾讯公司于 2011 年 1 月 21 日推出的一个为智能终端提供即时通信服务的免费应用程序，英文名是 Wechat，是继微博之后又一新兴的宣传营销手段。微信和微博的不同之处在于微博只是作为一种宣传推广手段，而微信在宣传的同时还可以进行销售。微信支持跨通信运营商、跨操作系统平台，通过网络快速发送免费(需消耗少量网络流量)语音短信、视频、图片和文字。

微信提供公众平台、朋友圈、消息推送等功能，用户可以通过"摇一摇"、"搜索号码"、"附近的人"、扫二维码方式添加好友和关注公众平台，同时将内容分享给好友以及将用户看到的精彩内容分享到微信朋友圈。

和其他社交软件相比，微信更注重用户隐私的保护，也进行了更多新的尝试，比如实时对讲、微信支付、扫二维码添加、微信红包等。最初微信只支持在移动端的使用，PC 端不支持，后来微信开发了网页版，但是功能不及移动端上的全面，而且使用上也不如移动端便捷。最初微信不支持文件的发送，网页端上线后，可以通过微信发送文件。

(2) 微信公众账号现状分析

微信公众账号主要分为企业号、服务号、订阅号三种类型。不同类型的公众号所具备的功能权限的差异如表 2-5 所示。

**表 2-5　微信公众号的区别**

| | 企　业　号 | 服　务　号 | 订　阅　号 |
|---|---|---|---|
| 面向人群 | 面向企业、政府、事业单位或非政府组织，实现生产管理、协作运营的移动化 | 面向企业、政府或组织，用以对用户进行服务 | 面向媒体和个人提供一种信息传播方式 |
| 消息显示方式 | 出现在好友会话列表首层 | 出现在好友会话列表首层 | 折叠在订阅号目录中 |
| 消息次数限制 | 最高每分钟可以群发 200 次 | 每月主动发送消息不超过 4 条 | 每天群发一条 |
| 验证关注者身份 | 通信录成员可关注 | 任何微信用户扫描可以关注 | 任何微信用户扫描可以关注 |
| 消息保密 | 消息可转发、分享，支持保密消息，防止成员转发 | 消息可转发、分享 | 消息可转发、分享 |

续表

| | 企　业　号 | 服　务　号 | 订　阅　号 |
|---|---|---|---|
| 高级接口权限 | 支持 | 支持 | 支持 |
| 定制应用 | 可根据需要定制应用,多个应用聚合成一个企业号 | 不支持,新增服务号需要重新关注 | 不支持,新增服务号需要重新关注 |

资料来源:百度,http://jingyan.baidu.com/article/a948d65161b3910a2ccd2e69.html。

如表 2-5 所示,订阅号本身会存在于用户的通信录订阅号文件夹中。订阅号每天可以群发一条推送信息,信息会显示在用户的订阅号文件夹中,而不是信息列表里,并且不会提醒用户有新消息。而服务号每月群发信息数量有限,2014 年 4 月 15 日,服务号群发次数由每月 1 次改为每月 4 次;但服务号推送的信息会显示在用户的聊天列表中,并且会有即时的消息提醒,曝光率相对较高。

可见,订阅号与服务号的主要区别在于群发消息频率、显示效果、消息提醒方式及自定义菜单服务四方面。订阅号为公众号用户提供向粉丝推送消息和咨询的服务平台,是媒体信息传播的新方式,有助于构筑公众号用户与粉丝间的沟通和管理。而服务号则是为企业或组织提供业务服务与用户管理能力。订阅号需要开发菜单,而服务号可以直接使用菜单,还可以申请自定义菜单。

企业号是微信为企业用户提供的移动应用入口。微信企业号可帮助企业、政府机关、学校、医院等事业单位和非政府组织建立与员工、上下游合作伙伴及内部 IT 系统间的连接,并能有效地简化管理流程,提高信息的沟通和协同效率,提升对一线员工的服务与管理能力。在公众号体系中,服务号是企业提供服务的平台,而企业号是企业进行“管理”的平台。

部分酒店会采用双号并行策略,即同一酒店拥有多个微信公众账号。

(3) 微信公众账号运营

① 界面特征:基于大量住宿业微信公众平台搜集与观察得出,住宿业微信公众平台大致包括以下几方面内容:住宿业介绍、住宿业预订、住宿业会员、住宿业社区、住宿业微网站、微信客服等。

住宿业微信公众平台采用两种模式:第一,关注后自动回复,回复内容包括以上几方面内容;第二,微信公众平台界面下方提供模块式链接。其中住宿业微信公众平台界面大致组合为以下几种方式(见表 2-6)。

**表 2-6　微信界面组合**

| 序号 | 组 合 形 式 | 酒 店 举 例 |
|---|---|---|
| 1 | 住宿业介绍＋住宿业会员＋更多 | 纽宾凯鲁广国际酒店 |
| 2 | 住宿业预订＋住宿业社区 | 布丁酒店 |
| 3 | 住宿业预订＋会员专区＋优惠(其他) | 华住酒店、尚客优快捷酒店 |
| 4 | 住宿业预订＋住宿业微网站＋其他 | 上虞国际时代广场金科大酒店 |
| 5 | 点我上网＋积分兑换＋联系方式 | 艳阳天花园酒店有限公司 |
| 6 | 微官网＋微服务＋微互动 | 江阴国际大酒店 |
| 7 | 住宿业介绍＋住宿业预订＋会员中心 | 湖南圣爵菲斯大酒店 |

表 2-6 中组合形式只是部分示例，住宿业微信公众账号界面形式多样，但内容大同小异。

从住宿业微信公众账号界面内容来看，住宿业对于公众账号的运营主要侧重住宿业介绍、住宿业预订以及会员活动方面。其中微网站应用数量较广，且市场上有专门为住宿业设计微网站的公司。住宿业微信公众账号在住宿业营销中的角色为住宿业公关，负责对外介绍住宿业产品，为住宿业会员提供服务。

住宿业微信公众账号样本界面中存在一个“微官网”，几乎囊括了以上界面的所有内容。

② 互动情况：随着微信服务号政策、微信支付、微信小店等新接口、新功能的推出，企业逐渐意识到微信订阅号转服务号以及双账号运营成为趋势，内容经营转变为产品经营和技术开发，更加重视给予微信公众平台的用户连接沟通和服务，即更加重视酒店微信公众账号的互动营销与客户管理营销功能。

调研发现，住宿业微信公众账号互动方式主要包括酒店会员、互动社区、客服在线三种。

几乎所有酒店均设有会员制度，酒店会员在酒店系统中存留联系方式等信息，享受会员优惠服务等。大部分住宿业微信公众账号具有住宿业会员模块，且与住宿业系统连接，便于将微信粉丝转化为住宿业会员。

部分住宿业微信公众账号拥有住宿业社区模块，例如雅斯特酒店的互动专区、武夷山悦华酒店的活动社区、东川酒店的社区活动等。部分住宿业微信公众账号在收到粉丝信息时会进行人工回复，说明住宿业微信公众账号有专门人员进行管理，注重人工服务的重要性，凸显了住宿业公众账号服务的“人性化”。

住宿业微信公众平台作为住宿业与粉丝间的互动平台，还是非常重视粉丝动态，经常通过微信平台与粉丝进行良好的互动。住宿业此举为树立住宿业服务形象，为粉丝留下美好印象，借助微信进行自营销活动具有重要作用。

③ 推送信息：在众多服务号中，选取信息推送频率较高的 10 个微信公众账号，调研观察其信息推送情况，如表 2-7 所示。所选中的 10 个微信公众服务号，信息推送频率受腾讯微信条规限制，物尽所用，大概每月 4 次的信息推送频率；从信息推送内容来看，住宿业微信公众服务号主要以住宿业活动、住宿业资讯、美食做法、节日问候、旅游信息等内容为主。少数酒店例如亚朵酒店会有“朵友说”类的酒店会员活动阅读信息。

**表 2-7　微信信息推送情况**

| 酒店名称 | 信息推送频率 | 信息推送内容 |
|---|---|---|
| 华侨城洲际大酒店 | 每月 3 次左右；6、13、28 左右推送 | 厨房消息：如“霸道总厨来访”<br>酒店活动：如“洲际抢婚日开抢啦”<br>酒店新闻：如“英国威廉王子在洲际”<br>美食做法：如“美味其实就这么简单” |
| 泰安东尊华美达大酒店 | 每月 4 次左右；1、8、18、28 日左右推送 | 酒店活动：如超模大赛举行<br>酒店产品：东尊华美达——开启私人订制服务<br>节日问候；美食信息等 |

续表

| 酒店名称 | 信息推送频率 | 信息推送内容 |
|---|---|---|
| 亚朵酒店（AtourHotel） | 每月4次左右；6、13、17、28日左右推送 | 酒店资讯：新店开业信息<br>酒店活动：全民阅读，亚朵与你同行<br>旅游信息：春暖花开，汉中看油菜花<br>朵友说：她，旅行时代女性的34个特质 |
| 东莞天悦酒店 | 每月2次左右；6、16日左右推送 | 旅游信息：广东赏花踏青路线<br>微分享：记住这些你加油会省钱<br>微资讯：一家要倒闭的餐馆，看老板如何用朋友圈救活<br>微感动：拍下美好回忆<br>餐饮信息：如海鲜<br>酒店信息 |
| 中青旅山水酒店 | 每月4次左右；6、13、17、28日左右推送 | 酒店活动：穹顶之下中青旅山水酒店。再度刮环保热潮<br>会员好礼：周周有中奖名单<br>知识分享：黑妹子化妆全过程 |
| 如家酒店集团 | 每月4次左右；6、11、16、20日左右推送 | 酒店会员：如家酒店集团"家宾会"e会员<br>旅游信息：7折出行攻略来啦<br>酒店活动：在和颐，像大白一样爱你 |
| 广州圣丰索菲特大酒店 | 每月4次左右；2、6、13、25日左右推送 | 美食美酒：如春季烂漫鸡尾酒<br>酒店活动：吃自助送龙虾，就是这么任性<br>酒店产品：早起的鸟儿做SPA |
| 腾冲翡翠时光别墅酒店 | 每月4次左右；4、17、19、24日左右推送 | 酒店活动：3.8折入住翡翠时光<br>旅游信息：我带你到翡翠时光 |
| 北京金色夏日商务酒店 | 每月3次左右 | 节日问候较多<br>附有地铁信息 |
| 柏维酒店 | 每月4次左右 | 酒店活动：柏维郑州店钜惠来袭，特价任性住 |

总体而言，订阅号信息推送频率高于服务号。例如北京华尔道夫酒店、7天连锁酒店几乎每晚向粉丝推送信息，推送内容多为酒店活动、热门时事等。因为服务号和订阅号功能差异的不同，虽然订阅号信息推送频率高于服务号，但其曝光率却不一定高于服务号。

当然，也存在一定数量的微信公众账号推送信息频率低，微信公众账号疏于管理，利用率低，形同虚设的现象。

④ 酒店预订与微信支付：微信作为一个综合服务平台，在与客户进行沟通和品牌推广之后，微信依据商家和用户需求，开发了微信预订功能。住宿业微信公众账号开通后，住宿业微信公众平台成为一种独特的销售渠道。相对于住宿业开发独立的预订APP，住宿业运用微信公众平台的预订功能的技术门槛相对较低，住宿业微信公众平台的预订功能受到住宿业的重视，诸多住宿业开始了尝试。

**3. 存在的问题**

(1) 营销定位不明确

从住宿业微信公众账号的运营现状可以看出，住宿业对于微信公众账号营销的定位并不明确，只是被动接受腾讯公司推出的住宿业微信公众账号功能，在平台推送住宿业产品等信息，期待粉丝用户转发，但激励性措施并不明显，无法调动各方面的积极性。诸多住宿单位跟风开通微网站，但其利用率低、特色不明显。

（2）线下资源利用不足

住宿业微信公众账号在推送住宿业产品、活动信息的同时，并未凸显与其他线下活动的结合。在住宿业活动及服务过程中，也很少采用微信优惠等激励性手段，未充分利用微信公众账号平台的服务性特征，欠缺有效的资源整合营销与服务营销手段。

住宿业微信公众账号营销与微博、住宿业官网、住宿业活动、住宿业产品甚至周边地域的旅游活动的资源整合利用不足，是住宿业运营微信公众账号的一个问题。

（3）管理力度不足

① 疏于管理，功能虚设。微信营销作为新兴营销工具，在国内住宿业行业受到了广泛应用，但部分住宿业尚未重视微信公众账号的营销功能。诸多住宿业开设了微信公众账号，但是疏于管理，致使微信公众账号后台强大有效的营销功能未被有效利用。部分住宿业微信公众账号只是设立后被动等待粉丝关注，未体现出微信公众账号营销的价值和意义。还有一些住宿业微信公众账号只是应用简单的推送信息功能，未能与粉丝进行有效互动，互动专区闲置，互动性、亲和性特色不能凸显。部分住宿业微信公众账号甚至出现“该公众号暂时无法提供服务，请稍后再试”的关注提醒。

② 连锁酒店未纳入统一经营管理范畴。搜索“7 天”、“如家”、“锦江之星”等经济型连锁酒店的微信公众账号发现，名称相近的酒店微信公众账号众多，尚无统一官方连锁酒店集团，且无法分辨酒店所属区域，由此带来的不便损坏了连锁酒店的专业形象。

连锁住宿业没有将微信纳入统一经营管理范畴导致连锁住宿业自身品牌的微信公众账号众多且杂乱。加上单体住宿业疏于管理公众账号，导致公众账号的杂乱无章。住宿业运用微信公众账号进行营销的经营模式和管理方式有待进一步研究。

（4）运营创新性不足

① 微信展示方式单一。住宿业类微信公众账号推送信息以图文为主。在信息发达、微影视不断发展的今天，微信公众账号推送视频信息成为可能。但多数住宿业微信公众账号推送信息以图文为主，未注重创新住宿业展示方式。诸多住宿业微信主页会展示住宿业宣传片，但鲜有推送住宿业视频宣传片。部分住宿业开展活动以微电影为主题，但尚未见公众账号开设以影视为主题的宣传活动。

② 推送信息内容枯燥。微信公众平台是住宿业向粉丝发布信息的直接平台，因而推送的信息内容决定了公众平台的档次，也决定了公众平台信息推送的效果。

从住宿业微信公众平台所推送的信息内容看，多数住宿业微信公众账号推送内容为：住宿业活动、住宿业产品介绍等，内容相对单一，信息量狭窄，对于粉丝的吸引力不足，更妄谈粉丝用户对住宿业推送信息的分享。并且，此类信息不具备普遍性，在粉丝用户没有住宿业需求时，却不断接收到此类信息，会让部分粉丝用户视其为“骚扰信息”，而取消对住宿业微信公众账号的关注。由此导致住宿业微信公众账号粉丝的流失。

## 案例 1

“碧桂园凤凰酒店”微信服务平台，已兼备客房、会员服务、游戏互动、场景促销、会议服务、微信支付、人工客服等综合功能，后续还将在微服务、微活动和微客服等方面继续完善，全面提高客户服务效率，大大降低酒店运营成本。

“碧桂园凤凰酒店”的历史消息里有一些酒店集团自身宣传和旅游行业主流媒体消息。

在进入酒店微信账号后，可以看到“微预订”、“微发现”、“我”3 个模块。

“微预订”：在微预订中有酒店的介绍，可以进行酒店的预订，还有目的地导航功能，可以实现一键导航功能。

“微发现”：在微发现中可以看到堆福气、微视频和优惠推介等信息。

“我”：在此板块中可以查询我的订单，查看会员中心和会员章程规定，同时也能连通人工客服。

进入微信的酒店预订界面，可以选择城市、入住日期、离店日期和相关关键词。

然后可以选择酒店房型，还有图片和房间基础信息，并有会员预订选项。

人工服务也是及时回复，如果遇到任何问题，都有专业的人员给予回答。

通过微信服务平台的构建，可解决传统用户拓展不方便、携带卡片不便利，使用率较低的弊端；它以客户为中心，展现微信会员的优势。而微信连接硬件，如智能打印机、微信开门、微信抓娃娃机等，更将加速碧桂园凤凰酒店智能化的进程。同时，基于微信环境，碧桂园凤凰国际将开启场景营销时代，摇一摇、扫一扫等灵活模式即将登录各大酒店的使用场景中，让客户体验不一样的创新服务。

**4. APP**

(1) APP 基本情况

APP 指的是智能手机的第三方应用程序。比较著名的应用商店有苹果的 APP Store、谷歌的 Google Play Store，还有黑莓用户的 BlackBerry App World、微软的 Marketplace 等。

随着智能手机和 IPAD 等移动终端设备的普及，人们逐渐习惯了使用应用客户端上网的方式，而目前国内各大电商，均拥有了自己的应用客户端，这标志着应用客户端的商业使用已经开始初露锋芒。

应用已经不仅仅只是移动设备上的一个客户端那么简单，如今，在很多设备上已经可以下载厂商官方的应用软件对不同的产品进行无线控制。

不仅如此，随着移动互联网的兴起，越来越多的互联网企业、电商平台将应用作为销售的主战场之一。据泽思网络的数据表明，应用给手机电商带来的流量远远超过了传统互联网(PC 端)的流量，通过应用进行盈利也是各大电商平台的发展方向。事实表明，各大电商平台向移动应用的倾斜也是十分明显的，原因不仅仅是每天增加的流量，更重要的是由于手机移动终端的便捷，为企业积累更多的用户，更有一些用户体验不错的应用使得用户的忠诚度、活跃度都得到了很大程度的提升，从而为企业的创收和未来的发展起到了关键性的作用。

（2）APP 现状分析

① 手机 APP 规模现状分析。截至 2014 年 6 月，我国手机网民规模达 5.27 亿，其中手机上网的网民比例为 83.4%，相比以往上升了 2.4 个百分点。台式电脑和笔记本电脑上网网民比例略有下降，分别为 69.6%和 43.7%。

② 手机 APP 中国市场现状。根据 2015 年 2 月 3 日中国互联网络信息中心发布的《2015 年第 35 次中国互联网络发展状况统计报告》可知，2014 年中国的网民规模达 6.49 亿人次，其中手机网民规模达 5.57 亿，占整体网民数的 85.8%，手机作为第一大上网终端设备的地位更加巩固。同时网民在手机电子商务类、休闲娱乐类、信息获取类、交流沟通类等应用的使用率都在快速增长，移动互联网带动整体互联网各类应用发展。

就目前而言，我们可以看到整个 APP 市场大体的分类已经形成并趋向稳定，但除了游戏和广告之外，众多 APP 都还没有找到合适的盈利模式。很多手机游戏年收入都高达千万甚至上亿元，“钱”景动人。而其他类型的 APP 应用，从去年来数量暴增，同质化严重，抄袭成风，几十万款 APP 中，只有几百个可以生存。这显然无法吸引风投再为之疯狂。而且即便是手机游戏 APP，到如今已经有了极高的门槛，首先要付出相当多的精力去开发有创新的精品游戏；其次要有好的平台投放以及运营能力。因此，未来散兵游勇式的小游戏开发，靠模仿抄袭度日，很难再有神话出现。

另外，手机 APP 与生活服务结合，服务用户生活，例如生活工具类 APP、旅游购物类 APP，因其本质的服务和实用的属性，能满足用户生活更加便捷化的需求，将成为新的蓝海。加之手机支付的成熟，还会产生巨大的商业价值。

## 案例 2

1. 华住酒店集团简介

华住酒店集团即原汉庭酒店集团，创立于 2005 年，创始人为季琦，是中国高速成长的新兴酒店集团，是国内第一家多品牌的经济型连锁酒店集团。2010 年 3 月 26 日，“汉庭酒店集团”(NASDAQ:HTHT)在纳斯达克成功上市。截至 2014 年底，华住酒店集团在中国超过 300 个城市中已经拥有 2000 多家自有酒店和 40000 多名员工。作为国内第一家多品牌的经济型连锁酒店集团，汉庭旗下拥有“汉庭快捷酒店”、“全季酒店”、“海友客栈”、“星程酒店”等 4 个系列品牌。

2. 华住酒店集团 APP 介绍

“华住酒店”是华住酒店集团推出的一款针对旗下全国连锁品牌酒店的在线预订应用，旗下 5 大品牌包括汉庭酒店、全季酒店、星程酒店、海友酒店和禧玥酒店。手机客户端现已覆盖全国 200 多个城市，超过 1200 家门店。

3. 酒店查询

打开应用后，系统首先会自动定位你的当前位置，在一级界面中，有全日房和小时房可选。单击酒店名称和地理位置输入对话框可以按照行政区域、商圈和地铁沿线 3 个维度进行精准或模糊搜索，非常方便快捷。

单击"搜索"按钮进入酒店菜单，菜单可以按照价格或评分来排序。或者可以利用查询功能，查询含有折扣（如积分兑换、新店折扣、错峰5折等）的酒店。

在酒店详情页面，可以了解这家酒店的基本情况，如具体地址、电话、酒店照片、酒店配备等信息。当然最关键的是不同类型房间的预订。

单击酒店照片，可以查看当前酒店内部设施照片，对酒店质量有一个大致印象，这对顾客来说非常重要。

更为重要的是，单击"酒店周边"链接可以看到酒店周边的休闲娱乐、购物、健身等一系列生活服务，这对于不熟悉周围环境的客人来说绝对方便。

单击"预订"按钮后可以选择预付或者到店支付，还可以存在 Passbook 里。支付时可选择支付宝、微信支付、银联支付及华住储值卡等支付方式。

在服务板块中，还有酒店周围的打车功能，同时还能预订火车票和机票等。

### 2.2.2 分销渠道

**1. 全球分销系统 GDS**

(1) GDS 的基本情况

GDS 是 Global Distribution System 的缩写，翻译成中文是"全球分销系统"，是第一个在全球国际旅游行业使用的预订系统，也是全球旅游行业主要的预订系统，由于旅游业的迅猛发展而从航空公司订座系统中分流出来。

20 世纪 50 年代后期，美利坚航空公司与 IBM 公司联合共同创建了实时编目控制的计算机系统——世界上第一家航空公司航班控制系统 Sabre，并于 1964 年正式启用。之后美国大陆航、美联航、达美航和环球航也相继建立了各自的 ICS——Systemone、Apollo、Datas Ⅱ和 Pars。70 年代早期，Sabre 和 Apollo 首先将其内部订座系统外部化用于代理人，自此 ICS 转变为 CRS，GDS 的发展进入了第二个重要阶段。GDS 公司实质上已成为世界第一批经营 B3B 电子商务的公司，但所有权仍归股东航空公司。

20 世纪 80 年代中后期，美国 CRS 基本完成了对北美地区代理人市场的发展，让出其系统软件以获取欧洲系统的股份。90 年代初期，随着经济全球化进程，CRS 最终演变为 GDS。将 Sabre 的所有股权出让给公众，Sabre 成为完全独立的中性 GDS。GDS 行业也逐步独立于民航业，并发展成为一大信息产业。此时，GDS 逐渐形成 Travelport、Sabre、Amadeus 和 Abacus 四家企业垄断的局面，这四家 GDS 系统提供商几乎控制了整个行业的分销渠道[①]。

1990 年初开始，随着 GDS 寡头垄断的产生以及它们对市场的影响的强化，旅行代理商使用 GDS 的费用越来越高，从而间接地增加了酒店的成本。随着与 GDS 建立连接所需要花费的成本的增高，酒店使用 GDS 销售产品的成本越来越高，然而系统在销售库存方面的效率却越来越低。因此来自越来越多酒店供应商的大量酒店库存无法通过 GDS 来进行销售或者说被排除在 GDS 销售网络之外。随着互联网的快速发展和 OTA 的产生，酒店客房的销售慢慢地从 GDS 转向 OTA，借助 OTA 来销售客房，并于 21 世纪初达

---

① 全球分销系统，好搜百科，http://baike.haosou.com/doc/6683205-6897105.html.

到顶峰。

（2）GDS 现状分析

① 破冰回暖，预订量逐步上升。虽然在 GDS 形成垄断之后部分酒店减少了使用，但是 GDS 仍然是旅行业务的主要分销渠道之一。2013 年初，全球 GDS 酒店预订量正在回升，仅 2013 年 1 月，全球商务旅行市场的预订量增长了近 8%，这一水平超越了全球休闲旅行预订量的增幅①。2013 年 10 月，市场调查公司 Phoenix Marketing International 和 Travel Click 调查了来自 34 个国家的超过 650 位旅行代理发现，旅行代理使用 GDS 和酒店/连锁官方网站预订酒店的预订量均有增加，与 2011 年相比，旅行代理使用 GDS 预订酒店的预订量增加了 11%，官方网站的预订量增加了 3%，其他销售渠道的预订量均出现下降，也就是说 GDS 仍然是旅行代理预订酒店的主要渠道②。

② 演变商业模式，寻求转型升级。OTA 的介入大大减少了 GDS 的酒店预订量，降低了 GDS 在酒店预订以及其他旅游产品分销上的地位，为了寻求更好的发展，GDS 系统开发商纷纷开始转型升级。

首先，为保证稳定、持续增长的收益流，完成上市。截至 2014 年，三大 GDS 系统开发商——Amadeus、Travelport 和 Sabre 都已完成上市计划，其中 Amadeus 在马德里上市，而 Travelport 和 Sabre 在纽约上市。

其次，产品整合，扩大分销市场。将酒店、租车和铁路等产品与旅行支付、广告等其他领域结合起来进行分销和营销，从而优化收入构成。例如，Abacus 推出的 Content Plus 平台整合了大量旅游产品，包括机票、酒店、租车、旅游保险和地面服务等，这些产品可以单独或打包出售。

再次，移动产品开发，寻找新的市场。将 GDS 体系连接至移动环境中去，并在手机和平板等设备上提供服务，便于用户使用。例如，Abacus 建立了一个处理不同领域的产品定价、购买及交易的基础体系，包括机票和非机票业务。

最后，综合服务，全面发展。Travelport 推出全面升级的 Rooms & More 平台，主推针对代理商用户的新界面，包括主页、提醒系统和帮助中心，便于在系统中查找酒店和产品优惠信息。Sabre 通过 Hotel Beds 的库存来提升 Total Trip 服务，通过 Red Workspace 工具来为 Sabre 的代理商用户提供一系列酒店产品，这使得 Total Trip 全球的库存量增至 16 万。

**2. 第三方服务平台**

第三方平台包括专门提供酒店服务的网站、OTA 和生活服务类网站。下面将对这三类网站的基本情况和现状进行介绍。

（1）专门提供酒店服务的网站

中国经济型酒店网是由北京背包在线网络技术有限公司负责运营的，中国专业的在线订房服务商，业务主要涵盖国外青年旅舍、国内青年旅舍和经济型酒店的预订和其他相关的配套服务。它是一个能提供酒店预订、旅游、餐饮、娱乐、购物、交友、出行等商业

---

① 全球 GDS 酒店预订量正在回升，http://www.traveldaily.cn/article/68076.

② GDS 仍然是旅行代理预订酒店的主要渠道，http://www.traveldaily.cn/article/74912.

信息与交流的电子商务平台。中国是世界第二大目的地旅游国，每年接待国内外大量的游客，中国的经济型酒店、青年旅舍和青年酒店如雨后春笋般蓬勃发展，中国经济型酒店网会借助网络的力量迎接世界各地的朋友。

中国经济型酒店网(http://www.hostelcn.com)，可提供超过300家中国大陆地区青年旅舍、青年酒店和经济型酒店快速预订服务，还提供中国特色旅游产品服务、旅游指南资讯、团体预订服务，并覆盖全国超过50个城市，支持中、英、日、韩四国语言，支持中国银行卡和国际信用卡在线支付。目前网站已拥有10000多名注册会员，以及丰富实用的旅行信息，更加符合中国市场环境的推广策略。

经济型酒店网首页右侧的住宿预订板块清晰简洁。左侧会有热点推荐和国外订房、旅行工具板块。网站可以接受全球酒店的预订，优势目的地是内地和香港。

下面有按照城市划分的经济型酒店，红色字体的是重点推荐酒店，单击可以直接预订。

旅客还可以按照地图选择需预订的酒店，在左右两侧还有访问量最高和最新上线的几家主推酒店展示。

单击“查询”按钮后会有酒店列表，列表中会显示酒店基本信息、好评率等。

单击“预订”按钮后，会显示酒店今日和未来3日的价格和房态情况。可以进行房型的选择和房间数量的选择。

然后在预订的最后确认页填写个人信息之后就可以成功预订房间了。

网站还有目的地指南板块，游客可以在地图上选择自己需要的旅游目的地，摄取旅游信息、酒店订房资讯。

(2) 在线旅游代理商(OTA)

OTA即在线旅游代理商(online travel agent)，指通过线上方式帮助旅游企业分销旅游产品的企业，是从美国发展起来的一种新兴旅游商业模式，代表企业有Priceline、Expedia等。OTA在1999年左右传入中国，代表企业有同程网、去哪儿网、村游网、号码百事通、旅游百事通、驴妈妈旅游网、携程网、百酷网、8264、出游客旅游网、乐途旅游网、欣欣旅游网、芒果网、艺龙网、搜旅网、途牛旅游网、易游天下、快乐e行旅行网、驼羊旅游网等。OTA的出现将原来传统的旅行社销售模式放到网络平台上，更广泛地传递了旅游线路信息，互动式的交流更方便了客人的咨询和订购。OTA的兴起对酒店起到了很大的分销作用，一度成为酒店客房销售的主要渠道。2012年，酒店直销和分销分别占比55.1%和44.9%，其中OTA占分销总量的65.1%；根据艾瑞咨询2015年2月发布的报告，2011年到2014年在线旅游市场的交易规模一直在增长，只是增速在减缓。现在，OTA大趋势上已经疲软，都向OTS转型，基本上是通过向上收购旅行社或者入股资源方的形式，不管怎么样现在凭借OTA单打独斗已经很困难了。

(3) 生活服务类网站

生活服务类网站大都是地域性的网站，因为其提供的都是与人们的生活息息相关的信息，因此服务的人群较为集中，多以城市为单位。网友可以通过生活服务类网站，了解自己所在城市中发生的生活事件。

现阶段比较著名的是大众点评、百度糯米团购网等生活服务类网站。这些网站专门开设住宿业产品板块，为用户提供住宿业的团购服务。下文以大众点评为例进行介绍。

住宿业旅游业务也是大众点评网在原有吃喝玩乐等优势本地生活服务上向垂直领域的又一重要落子。2013 年底，大众点评酒店旅游事业部正式成立，通过提供国内最多的住宿业数量和信息查询以及优质的海外自助游产品，打造成中国最大的住宿业信息平台。

目前，大众点评住宿业（http://www.dianping.com/beijing/hotel）业务可以提供国内最多的住宿业数量以及信息查询，国内住宿业业务现已接入携程、艺龙、青芒果等主流 OTA 供应商以及知名住宿业官方平台，而国外住宿业业务则借助 Agoda、Booking 等住宿业预订平台完成。大众点评将依托自身传统点评信息优势和近亿的月活跃用户，提供数量众多、真实客观的住宿业点评，为“找住宿产品”提供决策依据。同时，大众点评创造性地将旅游地丰富的吃喝玩乐购等点评信息，逐步整合出一个全方位的、以推荐商户为主的目的地指南和旅游攻略，进而吸引更多用户产生住宿业点评、住宿业预订等行为。

截至 2014 年 2 月底，大众点评住宿业业务，80%以上的订单来自移动客户端，80%以上的订单来自 23 个大中城市用户，1/3 订单是四五星级住宿业，60%的预订住宿业来自当天，且预订住宿业较为频繁的用户会多次预订同一住宿业。

相关数据表明，2013 年中国旅游市场保有规模 2.6 万亿元，并以每年 10%左右的增速发展；而按照 10%左右的在线旅游市场占比，在线旅游 O2O 市场整体体量在 2500 亿～3000 亿元之间；此外，与欧美高达 45%的在线渗透率相比，中国在线旅游渗透率只有 10%，存在巨大的发展空间。

## 2.3 信息技术在住宿业中的应用

### 2.3.1 传统信息技术应用

**1. 中央预订系统**

CRS（central reservation system）即中央预订系统，是旅游业应用现代化信息技术进行营销的一种形式，是指旅游供应商通过电脑或其他网络形式直接向消费者进行的销售。

中央预订系统是连锁酒店集团各个分店共用的预订平台和管理平台。它可使酒店集团利用中央资料库管理旗下酒店的房源、房价、促销等信息，也可以同其他旅游分销系统，如 GDS（全球分销系统）、IDS（互联网分销商）、PDS（酒店官方网站预订引擎）等联接，使成员酒店能在全球范围实现即时在线预订，是酒店集团总部为各个分店完成酒店客房分销工具之一。一套完整的中央预订系统同时还应具有与酒店的 PMS 实时对接的功能，掌握房间空置情况和预订情况，实现酒店的线上线下营销活动自动完成，尽量减少人工的录入或参与，提高酒店营销效率。

中央预订系统应具有如下功能①：

(1) 客户实时预订和订单查询、修改功能：用户可以通过 Internet 进行网上客房预订，并且可以查询订单状态(如是否已处理)和修改订单(如修改入住日期和预订客户数量等)。

(2) 客户库存状态：当授权用户下订单和修改订单时，通过查客房是否可得，决定该订单是否处理、修改以及订房呼叫中心通过查询客房状态，决定是否接受客户电话订单。

(3) 友好的用户界面和导航：基于 Web Brower 的用户界面及客户历史订房查询。

(4) 客户定价管理：使下属酒店前台系统和 CRS 系统酒店房间价格一致和修改同步。

(5) 提供不同需求的报表，如酒店客房出租情况报表等。

(6) 系统稳定且相应速度快。

(7) 各个连接渠道的集中控制、统一管理和 CRS 连接的一切系统资源。如与下属酒店 PMS 系统的无缝连接：实现和下属酒店管理系统的系统应用集成和数据一致性，避免 CRS 订单和 PMS 订单冲突。

目前，国内外的中央预订系统主要有 idiso 中央预订系统(http://www.idiso.com/cn/idiso-crs.html)、杭州西湖软件的中央预订系统、中国航信的中央预订系统、罗盘的中央预订系统、北京住哲信息技术有限公司的中央预订系统等。

**2. 酒店前台管理系统**

PMS(property management system)主要是指酒店前台管理系统，用来满足酒店客户、酒店接待人员(操作员)和酒店管理人员(系统管理员与经理)三方面的需求，这三者之间的主要活动有预订、入住、预交押金、结账、查询、财务管理、系统管理等。②

**预订**：酒店客户预订房间(可以通过传真或电话方式预订，也可以通过房间电脑预订)，提供预订信息。酒店接待人员通过查询可供房间信息确定是否有满足客户要求的房间。若能满足，则登记客户预订信息，如预住宿日期、天数、房间号等，同时生成预订单。

**入住**：指客户入住酒店。根据是否有预订，分两类客户。如有预订，则查询、核对预订信息，有必要的话修改相关信息后即可入住；若客户没有预订，则需要提供入住信息，酒店接待人员为其安排房间后，生成新客单方可入住。

**预交押金**：为保证酒店的经济利益，防止出现跑单、漏单现象，酒店管理人员规定客户入住酒店后，必须及时交纳押金。

**结账**：住店客户要求离店退房，酒店接待员查房(看房间内是否有物品损坏或丢失)、结账后退房，删除该客单，把该房间设为可售房间，为客户打印结账账单报表。

**查询**：房间当天状态的查询和未来 30 天内房间售出的状态查询。还包括查询客单、账单，报表预览等。

**财务管理**：统计、分析营业收入状况，打印各种报表等工作。

---

① 王浩旻，张忠能. 集团化酒店中央预订系统的设计框架[J]. 微型电脑应用，2005，5：24～26，66.

② 吴连强. 酒店前台管理信息系统的设计与实现[D]. 成都：电子科技大学，2012.

**系统管理**:数据库管理、人员、客房等基本信息管理等工作。

从业务组成角度进行划分的话,酒店前台管理系统可以分为数据库的后台管理和前台客人的住宿管理两大部分。其中前台管理主要用于原始数据的采集,又包括住宿管理、客房管理、挂账管理、查询统计和日结 5 个模块;后台管理主要用于维护数据库的基本信息,主要包括系统设置和系统维护两个模块。住宿管理的主要功能包括客房预订、住宿登记、追加押金、调房登记和退房结账;客房管理的主要功能包括客房设置、客房查询和房态查看;挂账管理的主要功能包括挂账查询和客户结账;查询统计的主要功能包括住宿查询、退宿查询和宿费提醒;日结的主要功能包括登记预收报表、客房销售报表和客房销售统计;系统设置的主要功能包括操作员设置、密码设置、重新登录、设置主窗口图像、初始化和权限设置;系统维护的主要功能包括数据备份和数据恢复(见图 2-1)。

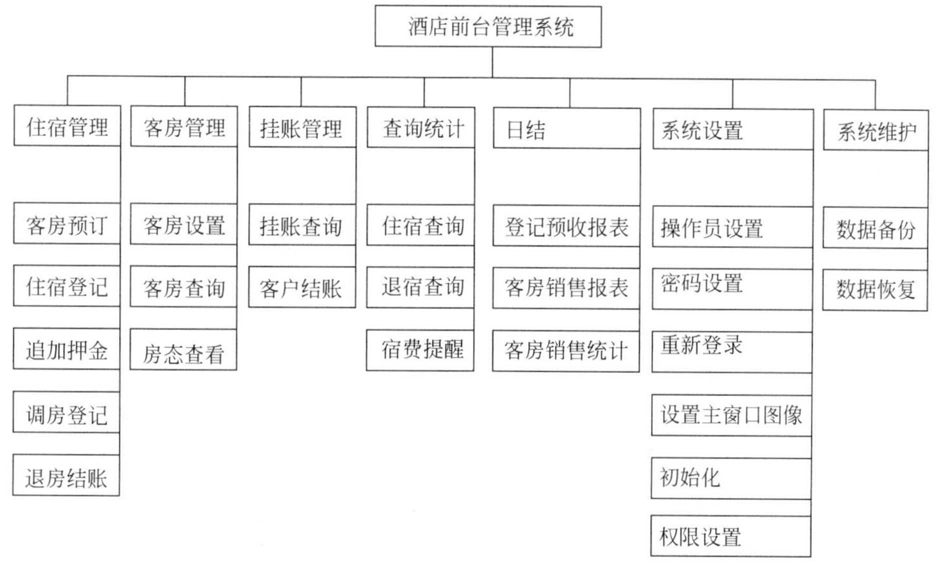


图 2-1 酒店前台管理系统功能结构①

前台管理的主要功能及描述如下:

(1) 客人档案和历史资料。在客人档案管理模块中保存所有客人、公司和旅行社等客户资料,以及相关的入住历史记录的统计,记录客人的各种特殊要求。

(2) 预订。预订模块是前台系统的核心。在预订模块中可以进行客人档案的创建,也包括在此基础上的预订的建立。通过这个模块,可以进行客史的查询,包括回头客的追踪,也可以进行预订的建立、修改及取消。同时,系统提供复制预订的功能,可以快捷方便地建立相似预订。

(3) 团队、预占房及房间配额管理。管理团队订房、名单输入、用房量控制以及系列团队预订。

(4) 价格和收益管理。价格管理模块可帮助酒店建立自己的价格体系,通过价格和

① 吴连强. 酒店前台管理信息系统的设计与实现[D]. 成都:电子科技大学,2012.

可售房间类型的方式及时调整销售策略，为前台和预订员工提供价格指导和监管，协助酒店提高酒店收益。

（5）包价管理。在包价管理模块中能解决客人房间房费中包含的收费项目，如房间含早餐。酒店根据运作需求在系统中定制包价计划，与相关的卖价进行关联，或针对某个预订或团队单独操作。在夜审和发生费用时，根据系统中的设置进行相应的账务处理，保证房价准确以及相关参与部门的收益计算。

（6）入住及在店。系统提供自动分房、入住、取消入住、换房等功能，同时还可以为各种类型的客人如散客或团队留言，指示客人方位，授权挂账等。

（7）收银模块。收银模块提供了账务管理功能，包括入账、结账、转账等操作。在收银模块中还可以有批量入账、批量打印账单、内部银行、预订定金、外币兑换等功能。

（8）客房管理。在客房管理模块中能管理酒店客房信息。包括更新房间状态和房间维修的记录，可以通过预先设置的工作量指标对客房清扫工作进行估算，分配客房服务人员。

（9）应收管理。应收管理模块用于管理酒店挂账数据，在系统中进行核对、付款等工作，并对应收款项进行账龄等数据分析，打印对账单、催款信函。

（10）会员管理。系统中的会员管理模块支持酒店对会员、航空公司常旅客会员信息进行管理，能够帮助酒店提高客人的满意度和忠诚度，实现酒店的资源合理利用，提高酒店销售额和综合利润率。

目前，国内外的中央预订系统主要有 Opera 的资产管理系统、千里马的资产管理系统、罗盘的资产管理系统、中长石基的资产管理系统、杭州西湖软件的资产管理系统等。

**3. 客户关系管理**

CRM(customer relationship management)，客户关系管理的简称。它是 20 世纪 90 年代末由美国的一家研究分析现代商业发展趋势和技术的专业咨询公司 Gartner Group 提出的。CRM 是通过采用信息技术，使企业市场营销、销售管理、客户服务和支持等经营流程信息化，实现客户资源有效利用的管理软件系统。[①] 其核心思想是以“客户为中心”，提高客户满意度，改善客户关系，从而提高企业的竞争力。CRM 起源于西方的市场营销理念，又逐步融合了近年来先进的网络信息技术为企业带来的新发展，形成以顾客为中心、通过客户关怀实现顾客满意度的现代经营理念，旨在改善企业与客户之间的新型管理机制。主要包括市场销售、新市场开发、产品配送、售后服务与技术支持等 5 个环节的经营管理活动。

客户关系管理系统的目标，是本着对客户进行系统化研究的指导思想，完整地认识整个客户生命周期，管理与客户之间的所有交互关系，提供与客户沟通的统一平台，改进对客户的服务水平，提高员工与客户接触的效率和客户忠诚度，并因此为企业带来更多的利润。

一个完整、有效的 CRM 应用系统由如下业务操作管理子系统、客户合作管理子系统、数据分析管理子系统和信息技术管理子系统 4 个子系统组成。

---

① 张润钢. 饭店业前沿问题[M]. 北京：中国旅游出版社，2003：170.

在业务操作管理子系统中，客户关系管理应用主要是为实现基本商务活动的优化和自动化，主要涉及 3 个基本的业务流程：市场营销、销售实现、客户服务与支持。因此 CRM 的业务操作管理子系统的主要内容包括：营销自动化(marketing automation，MA)、销售自动化(sales automation，SA)和客户服务与支持(customer service & support，CS & S)。

在客户合作管理子系统中，客户关系管理的应用主要是为实现客户接触点的完整管理、客户信息的获取、传递、共享和利用以及渠道的管理，具体涉及企业不同职能部门的管理信息、联络中心(电话中心)、移动设备、Web 渠道的信息集成、处理等问题。因此主要内容包括业务信息系统(operational information system，OIS)、联络中心管理(contact center，CC)和 Web 集成管理(web integration management，WIM)3 个方面。

在数据分析管理子系统中，客户关系管理的应用主要涉及为实现商业决策分析智能的客户数据库的建设、数据挖掘、知识库建设等工作。因此其内容包括数据仓库建设(data base/warehouse，DB)、知识仓库建设(knowledge-base，KB)及依托管理信息系统(management information system，MIS)的商业决策分析智能(business intelligence，BI)等。

在信息技术管理子系统中，由于客户管理的各功能模块和相关系统运行都必须由先进的技术、设备、软件来保障，因此，对于信息技术的管理也成为 CRM 的有机组成部分。在这个子系统中，主要的内容可以分为以下四类：

(1) 其他子系统应用软件管理，如数据库管理系统(database management system，DBMS)、电子软件分发系统(electronic software distribution，ESD)等；

(2) 中间软件和系统工具的管理，如中间软件系统(middle ware system)、系统执行管理工具(system administration management)等；

(3) 企业级系统的集成管理，如 CRM 与企业管理信息系统的集成，乃至整个的企业应用集成(enterprise application integration，EAI)方案，以实现将企业的 CRM 应用与 ERP、SCM 等其他系统紧密集成起来；

(4) 电子商务技术(e-commerce，EC)和标准管理，如 Internet 技术及应用、EDI 技术及标准、通信标准管理等。

由上述 4 个子系统组成的客户关系管理系统基本的结构和体系如图 2-2 所示。

饭店 CRM 系统应建立在饭店前台办公系统和后台管理系统的基础上，是与饭店前台预订、接待、收银系统进行充分的信息共享，与后台的应用管理软件进行无缝的集成连接的管理信息系统。系统将饭店的营销、服务分散在不同部门的功能进行整合，采取协调一致的行动，最大限度地留住客户。

饭店客户关系管理的目的在于通过 IT 技术和互联网技术将饭店各项资源有效整合，为饭店组织者提供全方位的顾客视角，赋予顾客更完善的交流能力和最大化的效益。饭店所面对的顾客是想要通过饭店提供的服务获得更多的身心享受和心理愉悦等精神需求，因此饭店 CRM 在进行营销时，要整合有形的物质产品和无形的服务产品，并且以无形的服务产品为主。从营销学的角度看，饭店 CRM 打破了西方传统的以 4P 为核心的营销方式，将营销重点从顾客需求进一步转移到顾客保持上，保证饭店把有限的时间、资金和管理资源直接集中在这个关键任务上，实现饭店对顾客的整合。IT 技术和互联网技术是饭店 CRM 的加速器和推动力，通过数据挖掘、数据仓库、呼叫中心和基于浏览器的个性化服务系统等，推动了饭店 CRM 的快速发展。

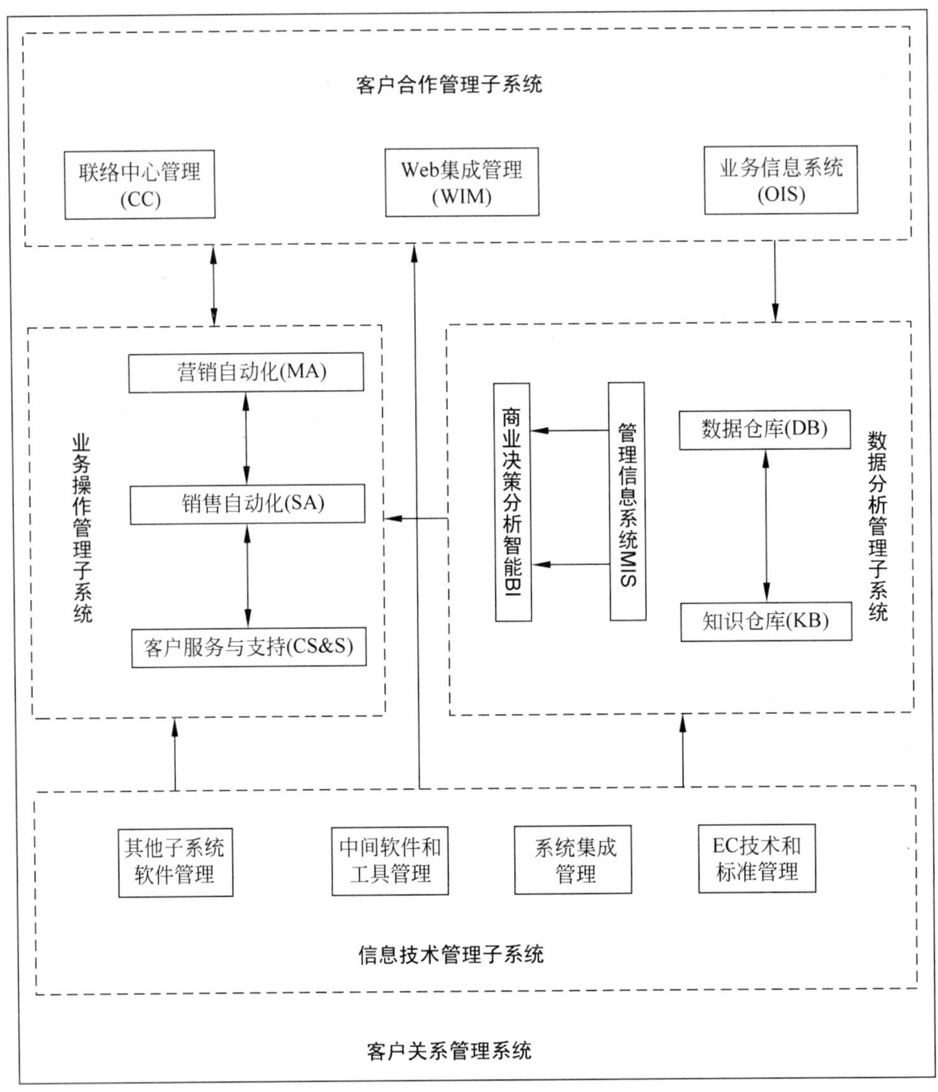


图 2-2 客户关系管理系统体系①

饭店 CRM 系统应主要由店客交互模块、决策分析模块、业务操作模块 3 个部分构成。其中，店客交互模块及接触中心，饭店可以有多种与客户交流和互动的方式，如：面对面的交谈、电话、呼叫中心、电子邮件、Web 或通过合作伙伴进行的间接联系等。无论通过何种渠道，CRM 系统都应该能够以无缝和透明的方式，实现统一的客户视图，为客户的交流和互动提供一致的数据和客户信息，实现与客户的实时在线交流，给客户提供人性化的服务。在执行时，它既有赖于员工（包括管理人员）与客人的面对面沟通，也包括了其他一切互动渠道和各种 IT 系统。如客户跟踪系统、预订系统、前台服务系统、顾

① 王广宇. 客户关系管理方法论[M]. 北京：清华大学出版社，2004：64.

客资料系统等。业务操作模块实现基本业务活动的优化和自动化,主要涉及营销管理、销售管理和服务管理 3 个基本业务流程。决策分析模块提供的商业智能化的数据分析和处理是 CRM 最突出的功能特点。它将最佳的商业实践与数据挖掘、数据仓库、一对一营销、销售管理以及其他信息技术紧密结合在一起,充分挖掘客户的商业行为个性和规律,进行客户价值评估,不断寻找和拓展客户的盈利点和盈利空间。

目前,国内外提供客户关系管理系统的企业主要有孚盟软件系统国际有限责任公司、深圳市客户无忧科技有限公司、南京烽火星空通信发展有限公司、北京亿企通信息技术有限公司、广州协众软件科技有限公司和杭州数云信息技术有限公司等。

**4. 传统技术间信息传递的方式**

开发各系统的目的在于加快信息传递的速度,提高效率,更好地服务于住户。但是,并不是所有的系统之间都能够自由地进行信息的传递,信息之间的传递还取决于各系统的功能以及使用的技术手段。目前,各系统之间主要的连接方式有单向连接、双向连接和网络连接 3 种。现将各种连接手段介绍如下:

单向连接指通过技术手段,将加盟酒店的 PMS 系统和 CRS 单向连接。任何时刻酒店库存的变化不能即时反馈到中央预订系统(CRS),任何时刻在中央预订系统的预订可即时写入酒店的前台管理(PMS)系统。

双向连接指通过技术手段,将加盟酒店的前台管理系统(PMS 系统)和中央预订系统(CRS)双向连接。任何时刻酒店库存的变化即时反馈到中央预订系统,任何时刻在中央预订系统(CRS)上的预订亦即时写入酒店的前台管理系统(PMS),整个过程全自动。

网络连接指酒店可通过因特网,直接管理其酒店在 CRS 里的全部信息。任何时刻酒店库存的变化通过因特网反馈到 CRS,任何时刻在 CRS 的预订自动通过电子邮件或传真方式传递到加盟酒店指定的投递点,酒店需通过人工方式将这些预订输入酒店的前台管理(PMS)系统。

## 2.3.2　新兴信息技术应用

**1. 客房智能管理控制系统**

酒店客房智能管理控制系统是指在酒店、宾馆房间里可以通过智能化、节能化的高科技技术实现酒店客房的智能管理与控制,让入住的酒店客人更加方便、安全,在享受个性化的同时给酒店带来智能化的、系统的管理。

(1) 客房智能管理控制系统背景

在 21 世纪信息化技术的发展与进步下,全球经济一体化的进程使得酒店业服务和管理必然要不断满足客人个性化的需要,也让酒店宾馆面临着日益激烈的竞争环境和不断攀升的客户期望,迫使经营者不断寻求扩大知名度、改进服务质量、降低管理成本和提升客户满意度的新法宝来增强酒店的核心竞争力。同时入住的客人对酒店宾馆管理方式和人性化的贴身服务、酒店业的专业设备也提出了更高的要求,一间客房智能管理系统不仅要求达到集中控制和管理的目的,为适应社会的需要,酒店也在考虑安全防范、能源节约、网络化监控的实现。而互联网的发展,使得计算机参与到酒店的日常营业管理之中,更充分地发挥了现代化的工作优势,提高了服务质量和管理水平,进而促进了酒店的经济效益。酒店客房的主要功能是给客人提供方便、舒适的休息环境，让酒店的工作人员及时、准确地了解客人的需求，为客人提供完善而周到的服务；同时酒店的管理人员还希望在提供周到服务的同时，又能最大程度地利用能源，避免不必要的能源浪费——节能，因此，业界开发出了“客控系统”，全称为酒店客房智能控制系统。

(2) 客房智能管理控制系统产品

① 客房控制器。客房控制器(room control unit，RCU)是客房智能管理控制系统产品的核心部件，采用集成设计，工作电压为 AC220V，具备一定的可扩展性，配置灵活，有强大的核心技术提供丰富的控制方式。

a. 采用弱电控制强电，安全操作，运行稳定，高效节能；

b. 多种控制方式，有集中控制、分散控制，也可加装遥控功能；

c. 网络通信方式采用 RS-485、CANBUS、TCP/IP 方式传输数据；

d. RCU 控制功能强大，具备丰富的可扩展性，可根据不同酒店客房需要提供。

② 插卡取电开关。智能型插卡取电开关通常安装于入口处，有别于传统的光电型取电开关，它只能用门锁卡取电，用名片、纸片等不能取电，可识别支持 TEMIC、M1 门锁卡。如果是智能通信型取电开关，还可识别持卡人的不同身份和姓名(如客人张某、服务员李某、经理王某等)，便于酒店进行更为细化的管理。

③ 门外显示器。门外显示器位于门外，与房内服务面板配合使用，同步显示“请勿打扰”、“请求清理”、“请稍候”，并有门铃按键。有的门外显示器还具有酒店房间号显示。门外显示器可据酒店方要求进行定制。

④ 空调温控器。在前台能远程开启或关闭空调温控器，并能调节客房内的温度，客人进入客房插卡取电后可自由通过温控器调节客房内温度。

⑤ 服务面板。服务面板提供“请勿打扰”、“清理房间”、“ 呼叫服务”、“退房预告”按键功能及指示灯，与多功能指示牌和管理电脑同步显示。系统运行时，背光显示为黄光，客人单击后背光显示为蓝光。面板可在床头、入口、厅内多处设置，实现多点控制。

⑥ 弱电开关面板。弱电开关面板有多种形式，例如自复位式翘板开关、触摸屏开关等，用以控制客房内的灯光、窗帘等。一般来说，自复位式翘板开关以其质量好、寿命长、更换方便而受到各酒店的青睐。

⑦ 紧急呼叫。紧急呼叫按钮安装于床头、卫生间的浴缸或马桶旁边(客人方便操作处)，为行程开关，按下后，不能自动回位，需钥匙才能回位。

⑧ 系统管理软件。客房管理软件对酒店客房状态与信息进行集中管理，通过以太网 TCP/IP 协议以 Client/Server(客户/服务器)模式访问服务器数据库，将房间状态以各种直观的、交互的方式动态显示出来，从而方便了监测和控制。

(3) 客房智能管理控制系统的功能

智能客房控制系统具有智能化、网络化、规范化的特点，将科学的管理思想与先进的管理手段相结合，帮助酒店各级管理人员和服务人员对酒店运行过程中产生的大量动态的、复杂的数据和信息进行及时准确地分析处理，从而使酒店管理真正由经验管理进入到科学管理。系统包含以下功能：

① 智能身份识别功能——识别不同人员的身份及根据身份插卡取电用电；

② 服务功能——提供勿扰、请稍候、清扫、餐饮、退房预约等服务功能；

③ 五合一显示功能——方便服务员的工作，避免打扰客人工作和休息（显示勿扰、清理、服务、请稍候及门铃按钮功能）；

④ 无影式服务功能——给客人贴身、无微不至的服务（系统在不打扰客人的情况下为客人进行服务）；

⑤ 请稍后功能——客朋来访时，通知门外等候的客朋稍等片刻；

⑥ 隐藏识别功能——识别客房内是否有人；

⑦ 紧急呼叫功能——配备给客人有紧急情况使用、系统实时掌控；

⑧ 退房预告功能——加快酒店退房速度、减少客人等候时间；

⑨ 红外探测功能——给客人贴身的照明、节约卫生间的能源；

⑩ 安全性功能——系统联网、有异常情况及时报警；

⑪ 服务人员查询功能——便于领班及时调配服务员的工作，了解进度；

⑫ 远程控制功能——提前为客人进行服务（开启灯光、空调）；

⑬ 灯光人性化设置功能——为客人提供舒适、温馨的居住环境；

⑭ 节省能源功能——为酒店减少不必要的能源浪费；

⑮ 历史记录查询——便于酒店加强管理，提升酒店安全性；

⑯ 联网功能——便于酒店加强管理，提升酒店知名度；

⑰ 数据共享功能——开放接口与酒店管理软件数据共享，提升管理质量。

**2. 智能房卡**

(1) 蓝牙房卡

蓝牙是一种无线技术标准，1994 年由爱立信公司创制，后来由蓝牙技术联盟制定技术标准，可实现固定设备、移动设备和楼宇个人域网之间的短距离数据交换，当时是作为 RS232 数据线的替代方案。蓝牙的主要特性是传输距离近、低功耗。从 1994 年最初创制蓝牙到现在已经开发了多个版本，最新版本是 2014 年 12 月 2 日发布的蓝牙 4.2，为物联网(internet of things，IOT)推出了一些关键性能，和以前的版本相比，蓝牙 4.2 主要是在硬件上进行了更新。目前就功能而言，主要还是 4.1 版本的蓝牙功能较为全面，除了具有轻量级的链路层，可提供低功耗闲置模式操作、简易的设备发现和可靠地点对多数据传输，并拥有成本极低的高级节能和安全加密连接的特性外，还针对可穿戴设备改善了批量数据的传输速度；可允许多个设备连接到同一个设备上；通过 IPv6 联机使用，实现与 WIFI 相同的功能；改善设备之间的连接和重新连接。传输距离近、安全加密连接是蓝牙能够作为门锁的关键要素。蓝牙开锁是以手机、iPad 等移动设备为载体，借助已下载的相应 APP，通过蓝牙感应开锁。

目前，喜达屋集团(http://www.starwoodhotels.com)借助蓝牙技术，已经针对其 SPG 俱乐部的会员开启了"SPG 智能入住"计划——SPG Keyless。SPG 是喜达屋优先顾客计划 Starwood Preferred Guest 的缩写。所谓"SPG 智能入住"是指宾客借助 SPG 应用程序不必去酒店前台办理入住，而是通过智能手机中的 APP 应用办理登记和入住，同时手机也便成为入住房间的门卡。"SPG 智能入住"的 APP 应用目前只支持 Android 以及 IOS 两大平台，对于 WP 平台还没有开放。

使用方法如下：

① SPG 俱乐部会员在 SPG 应用程序中注册自己的手机并开启推送功能；

② 预订具有“SPG 智能入住”功能的酒店客房，在抵达酒店约 24 小时前，SPG 应用程序将邀请 SPG 俱乐部会员选择激活“SPG 智能入住”功能；

③ 入住当天，SPG 应用程序会推送已完成入住登记的信息提示，当客房可入住后，SPG 应用程序会更新房间号码和蓝牙密钥，宾客可单击查看；

④ 抵达酒店后，宾客可以省去前台登记入住手续，直接进入房间（在对法律法规要求核实身份入住酒店的国家和地区，宾客仅需至前台登记身份证件信息）；

⑤ 在确保手机蓝牙功能开启的情况下，宾客只需打开 SPG 应用程序，将手机轻触客房门锁，待门锁绿灯亮起便能进入房间。

（2）微信房卡

为了更好地服务于顾客，酒店业者借助信息技术的力量在不断地探索，减少烦琐的步骤，缩减冗长的程序，节约不必要的时间。微信房卡便是酒店业者减少顾客排队办理入住的一种尝试，通过微信不仅可以获取有关信息，也可以进行预订、微信支付、自助选房、自助入住办理、打开房门、自助退房等。

微信开门过程如下：

① 关注微信公众号，选择入住城市；

② 选择入住门店和房型，并进行预订；

③ 使用微信支付付费；

④ 选择喜欢的房间；

⑤ 收到电子钥匙；

⑥ 入住时使用电子钥匙开锁。

目前已有不少酒店应用了微信门锁，街町酒店（http://www.chatinns.com）就是其中之一，在确定入住的时间、地点、房型以及天数之后选择可预订酒店和房间，填写信息并预订，预订成功后会收到预订成功的提示。预订成功后可以选择房间，选择房间时可以根据楼层和房间特征进行，如有窗、无窗、靠电梯、靠马路、朝阳等。选择好房间后需要在 30 分钟之内进行支付，否则所选房间会被取消，但是预订的房间还在，只是取消了所选房间而已。没有特别要求想要选择某一房间可以不进行微信支付，但是这样就不能通过微信来打开房门。如果不想入住该酒店，取消也特别简单，只需要单击“取消订单”按钮就可以取消预订的房间，也会收到取消提示。无论是预订成功还是取消，都会在对话框界面显示。

付款成功后在“我的订单”里会收到酒店发来的门锁钥匙，在前台办理身份登记便可前往所预订的房间，无须房卡，便可打开房门进入房间。

还有一种类似的方式，就是借助二维码，付款成功后会收到一个短信发来的二维码，通过二维码的扫描打开房门。

### 3. 自助 Check In/Out

（1）通过微信办理

通过微信 Check In/Out 是指通过微信公共账号的链接进行身份的认证办理入住或

退房，由于微信营销渠道有详细的介绍，这里就不再赘述，本节将主要介绍通过店内终端办理入住的情况。

(2) 通过店内终端办理

通过店内终端办理入住是指借助店内的终端装置，顾客自己进行身份验证及办理入住手续，省去在前台排队等候办理入住的时间。

2014 年 4 月 22 日，华住酒店集团发布了其门店自助服务终端。该终端设备是酒店行业首个囊括"选房、身份登记、支付"步骤的门店服务终端，载体为最新的移动互联设备，是由华住自行开发的相关核心应用，华住旗下经济型品牌海友酒店在全国近 100 家门店已经全面试点自助终端设备。华住的自助服务终端只有一个 PAD 的大小，区别于以往类似于 ATM 机大小的笨重服务设备，可以通过会员卡或身份证来办理手续。该终端整合了苹果硬件设备、身份证识别模块(通过了国家信息安全工程技术研究中心的信息安全技术检测)、华住会员系统、酒店 PMS 系统等，做到无缝对接。

使用步骤如下：

① 到店选择全日房或者时租房，会出现选择界面——是自己订房还是帮人代订；

② 自己订房将身份证或会员卡放置在读卡区，帮人代订的单击订单查询；

③ 选择入住天数；

④ 选择房型，选择大床房，标准间或者其他房型；

⑤ 选择楼层和房间，在选择房间的时候会出现楼层的平面图，并标出可选房间；

⑥ 选中房间并单击"确定"按钮选房，进入支付界面；

⑦ 选择付款方式——声波支付、微信支付、储值卡支付或现金支付，声波支付进入付款页面后通过声音进行支付的确认，微信支付直接扫二维码进入微信支付页面，储值卡支付直接扣除储值卡储值，现金支付在前台使用现金或银行卡；

⑧ 支付完成到前台领取房卡。

如果已经订好房间但是没有选房，读取身份证或会员卡信息后会直接进入选房界面，即上述步骤四，之后步骤如上所述；如果已经订好房间并通过 APP 选择好了房间，读取身份证或会员卡信息后会直接进入支付界面，即上述步骤七，之后步骤如上所述。

**4. 可视门铃**

在数字化的酒店中，原来单门铃功能已经开始被多功能所取代，客人可以透过电视机或手机等终端与室外可视对讲。门铃响起后客人不用起身开门，可通过安装在门外的多功能显示牌上的视频摄像头将门外的图像传送到电视机或手机上，客人便可知道来访者的身份，同时电视机上的图像为顾客是否需要开门提供了可视化的画面。如果有需要，也可以将图像传送到房间的移动终端上，方便与门口的人员进行通话。

## 2.4　基于住宿业电子商务的旅游综合服务发展趋势

住宿业作为旅游产品的一个重要接入口和组成部分不应该仅限于住宿产品的销售，还应该与其他旅游产品和非旅游产品的供应方合作，提供其他产品的信息和服务。即除了使用自有平台(前台、官方网站、微信、APP)提供自身产品和旅游类产品的销售外，如提供包括机票、门票、景点信息、餐饮、短途游(当地游)、租车、特产、会议等在内的一种或多种产品的信息、服务甚至是代售,还可以提供非旅游类的产品信息、服务和销售,如提供床上用品、洗漱用品、餐具、红酒、电器、护肤品、行李箱、剃须刀、手电筒、指南针、印制名片、演出门票甚至是食品的信息服务或者销售;甚至可以将部分服务外包,或者提供外包服务,如将餐饮、布草的洗涤、财务等外包,或者提供这些服务的外包,聘请专业的酒店管理团队负责整个酒店的运营也可以算是一种外包服务,但是通常情况下将这些情况称为委托代理,不叫外包。将酒店服务进行拆分,和顾客的需求相结合,提供满足顾客全方位需求的服务即基于住宿业来提供综合服务。

## 2.4.1 住宿业的旅游综合服务现状

**1. 住宿业的旅游综合服务**

目前,住宿业在提供综合服务时大多还停留在线下阶段,即游客入住后向前台咨询有关餐饮、景区、门票、短途游(当地游)、租车或会议等信息,前台值班人员根据自身了解的情况进行反馈。例如,云南由于其特殊的旅游资源和地势,旅游业相对较为发展,前往的游客亦以自助游为主,甚至骑行。因此,云南客栈的前台在很多时候都在充当导游的角色,向游客提供餐饮信息、景区信息、游玩线路信息及当地的一日游、两日游的旅游产品代售等。同时由于其特殊的地势、建筑风格和建筑布局,游客在其间游玩很容易迷失方向,因此,客栈前台还提供接送服务,就算入住后出去游玩找不到路,联系他们也依然会到指定地点来接。尤其是在丽江,他们的房子、街道、商店差别较小,同时数量相对较多,初到丽江的人很容易找不到回客栈的路,所以在游客出门游玩时前台都会提醒一句:"记好客栈的联系方式,找不到回来的路打电话联系我们,我们会派人去接你。"

在线下,部分住宿业除了提供有关产品的信息服务外,还提供代售和代购等服务。除了上述所说的代售短途旅游线路外,部分住宿产品提供方还提供代买机票、代订餐厅、代购特产和旅游纪念品等服务,或者信息服务,即提供有关购买信息服务,如在哪里可以买到所需要的产品、价格情况、口碑情况等。

此外,在线上,还有部分住宿业会在自身官方网站或者微信上提供有关周边餐饮、景区的信息,通过这种线上的方式提供信息服务,但是目前这部分仅限于信息的提供,还没有提供代售或预订服务,所提供的选择相对较少。

**2. 住宿业的非旅游综合服务**

目前,住宿业提供的非旅游服务较少,但是也有不少酒店在进行尝试,开展了一些与旅游、住宿产品关联性不是很大的产品服务。例如国外有些酒店可以提供被子、枕头、床垫等床上用品的代售,顾客如果对酒店的床上用品感到满意可以直接在酒店进行购买。汉庭早在2009年前就提供了游客旅行途中所需要用品的代售服务,现在在华住集团旗下的部分酒店都可以看到便携式护肤品、袜子、剃须刀、行李箱、手电筒、指南针等的销售。当然零食的销售不仅华住集团旗下的酒店会提供,很多酒店都会摆放一些食品、饮料在房间,当然这些也都是另收费的。高档酒店甚至会在房间放红酒、现磨咖啡等供顾客饮用,这些也是不含在房费里需要另外收费的。

一些四星级、五星级的酒店还有商务服务的功能,提供包括打印、复印、传真等在内的印刷服务，几乎大部分的五星级酒店都会提供名片的印制服务，在不能满足顾客需求时还会通过与外面的印刷店合作的方式为顾客提供服务。例如无锡的华美达广场酒店商务部联合第三方印刷企业，为客人提供名片打印服务。

在酒店，住宿关联产品和服务的外包购买形式已经很普遍了，很多酒店将餐饮外包，也有酒店将布草的洗涤服务外包，还有的酒店将财务外包。而委托代理在住宿业是很常见的，即投资方建造酒店、度假村等之后并不自己经营，而是选择聘请职业经理人负责运营，如果委托代理可以算作一种外包的话，那么便是一种最常见的外包形式。

将住宿业提供的各种旅游服务和非旅游服务结合在一起便是基于住宿业的综合服务，这种综合服务不仅包括与旅游相关的各种服务，也包括与旅游关联度不是很大但是与顾客的需求密切相关的各种服务。

当前基于住宿业的旅游综合服务的发展尚处于初步阶段，大多服务都还没有实现线上的咨询、预订、购买，而更多是线下通过前台来实现。所提供的服务也有限，还没有实现电子商务化，也不能满足顾客全方位的需求。所以，这个阶段只是基于住宿业的综合服务，而不是基于住宿业的电子商务的综合服务。下面是本书编委对基于住宿业的电子商务综合服务的一些展望。

## 2.4.2　基于综合服务商的住宿业电子商务展望

### 1. 住宿业的旅游综合服务展望

除了上文所述住宿业通过线上、线下的方式提供综合服务外，还可以采取线上线下相结合的方式，目前这种方式还没有具体被企业采用，但却是基于住宿业的旅游电子商务的一种发展趋势。

通过住宿业提供线上、线下相结合的旅游综合服务的前提，是已有一个可以提供综合服务的旅游综合服务平台，这个平台能够满足游客的各种需求，目前以 OTA 为代表的第三方平台可以承担这个功能。但是，很多游客对从第三方平台上获取的信息存在疑问，或者说觉得在第三方平台上搜寻信息比较麻烦，获取信息太过冗杂而不愿意使用第三方平台，这时为了更准确地为游客提供服务，还需要结合线下人员的经验进行引导和完善。但是，要真正做到线上线下相结合仅仅依靠第三方平台还是不够的，这些平台服务的是国内外游客，提供的是国内外的各种信息，而针对具体某一地方信息会有一些偏差和不足之处。因此，为了更好地做到线上线下的融合需要根据地域建立一个旅游综合服务平台，该平台只提供本地区的信息，其他地方的信息不需要提供。但是，其所提供的信息准确度的要求应该相当高，而且详细度也应该非常高。这并不是说每一个地区无论大小都需要建立一个旅游综合服务平台，旅游综合服务平台的建立应该根据旅游资源的情况和旅游发展情况，同时每一个地区性的平台都应该与第三方平台进行对接。如果说建立一个旅游综合服务平台的成本太高，则可以考虑根据地区旅游资源的分布将第三方平台按地区进行划分，每个细分的区域负责本地区综合服务平台上有关信息的完善。

例如，某一游客到江西旅游，当其入住后向前台人员咨询有关周边餐饮信息时，前台人员先引导其接入专门提供江西旅游信息的旅游综合服务平台，然后确定目前所在位置进行周边餐饮信息的搜索。在游客通过江西旅游综合服务平台获取有关周边餐饮信息后，前台人员可以根据自身的经验对平台反馈的结果进行修改和完善，提供更精准、更适合游客需要的信息，结合游客口味的偏好，推荐一家适合游客需求的餐厅以及最便利的交通渠道。基于住宿业的旅游综合服务流程如图 2-3 所示。

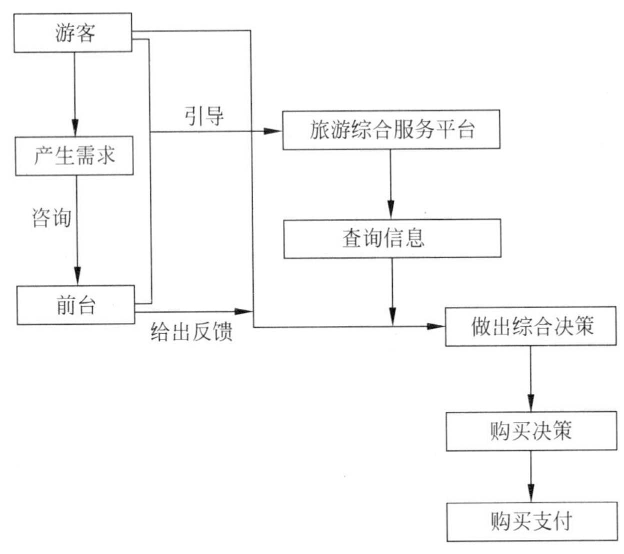


图 2-3 基于住宿业的旅游综合服务流程

**2. 住宿业的非旅游综合服务展望**

现阶段，住宿业提供的非旅游服务大多是线下服务，这些服务大多是通过前台提供，通过线上的方式提供非旅游服务还较少，因此，下文将本书编委有关通过线上线下方式提供非旅游服务的愿景进行简要描述。

其实，住宿业能够提供的与顾客相关的非旅游服务的种类还是那么几种，不同的是提供服务的方式，目前住宿业满足顾客所需的非旅游的方式是在顾客产生需求后通过前台得到满足，而本书编委设想的是借助网络不通过与前台的直接接触得到满足。首先还是需要有一个网络平台来提供这些服务(当然这个平台可以和上述旅游服务平台同为一个平台)，住宿业服务提供方根据自身的能力，将能够提供的非旅游服务分类，借助手机、电视、固定终端等向顾客提供服务。顾客产生某种需求后，通过在手机、电视或者固定终端上进行搜索，发现能够满足需求的产品后进行下单，可以选择线上支付，也可以选择与房费一起结算；可以选择送到房内，也可以选择邮寄到指定地点。例如，顾客看中了度假村提供的枕头，其通过终端进行搜索，结果显示出度假村的床上用品提供方的链接，那么顾客就可以直接下单，并选择邮寄到指定地点(考虑到顾客出门在外不方便携带)。

当然，基于住宿业的综合服务是包含旅游服务和非旅游服务在内的所有服务的提供，将这些服务一起通过一个平台提供给顾客，满足顾客全方位的需求，将上文所述旅游服务和非旅游服务结合在一起便是本书编委设想的基于住宿业的综合服务。

## Z hotels 智尚酒店——时尚与科技并存的智慧酒店

Z hotels 智尚酒店是以时尚、科技、健康为主的新概念酒店品牌，与布丁酒店同属于住友酒店集团旗下。酒店由国内知名设计师及数码达人联袂打造，为年轻、睿智、充满活力的城市商旅者及新体验探索者提供时尚潮流且富有科技感的休息体验，以时尚和科技为主打。

Z hotels 不认为自己只是一个酒店品牌，而是希望代表一种时尚个性的生活方式。智尚酒店的理念是新一代的酒店宾客是“城市移动者”，无论是因为商务还是旅游休闲而出行，他们都很清楚在酒店里想要什么——时尚的设计，高性价比，舒适感，免费的娱乐和好的地理位置。

除了满足个性化的需求之外，智尚酒店还是一个智慧酒店，其客控系统给住户带来智能化的住宿体验。智尚酒店客控模块是一个通过手机 APP 端与智能电视端相互配合实现的酒店电器智能化控制系统。客户可通过手机 APP 先扫码连接智能电视端选择操控项，就可以完成室内的电视、空调、窗帘、灯光、可视化门禁、其他服务等控制。两步连接室内电器，避免了传统控制中多个控制端操作，通过便捷的设备操作给客户带来智能化的酒店入住体验。走进 Z hotels 的超级客房，通过房间内的二维码扫描进入 Zontrol 手机客户端，如图 2-4 所示。从照明、温度、窗帘控制、无线网络和娱乐中心屏幕，都可以一手掌握。酒店里的电视都是接入互联网的，支持多屏互动，外面有人按门铃，门口的摄像头会将画面捕捉下来投射到电视屏幕上，顾客不用跑到门边看是谁。同时浴室里的 LED 灯光也可以通过手机智能控制，配有可调节情绪模式的灯光，如浪漫、神秘等，在水流的映衬下有种特别奇幻的效果。

图 2-4　Zontrol 手机客户端

智尚酒店的智能客控系统操作流程如图 2-5 所示。

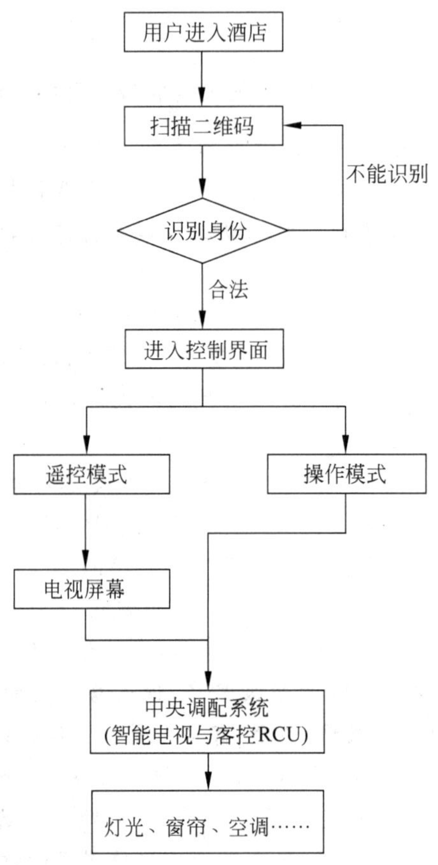


图 2-5 智尚酒店智能客控系统操作流程

智尚酒店的智慧还表现在以下几方面：

(1) 通过房间内的二维码扫描进入 Zontrol 手机客户端；

(2) 触手可及的 USB 充电插座，为携带多台数码设备出行的商务休闲人士提供了极大的便利；

(3) 200MB 无线网络带宽，不仅可以体验高速上网的畅快，还可以通过免费网络点播最新娱乐节目；

(4) "360°自由睡"超级纯天然乳胶床垫，让人快速进入深度睡眠；

(5) 由营养师精心搭配的健康、低热量、营养早餐，为顾客带来一个活力清新的早晨。

资料资源：根据 Z hotels 智尚酒店相关资料整理。

# 第3章

# 基于景区的旅游电子商务

为适应旅游业新常态发展的需要，旅游景区正在由单一观光型向多业态型转变，这就需要景区整合区域内的旅游资源，降低边际成本，提升效益，实现规模效益。传统的整合方式可能会产生庞大的机构，成本巨大；只有运用电子商务的优势，才能加强协同管理，有效整合产业链资源，提高景区的核心竞争力。景区的旅游电子商务综合旅游景区(点)电子商务(以下简称旅游景区电子商务)，一般有景区内部办公系统、景区各类电子商务应用系统、景区移动电子商务平台系统等，可以实现景区人员提高管理质量和效率，及时采取措施，实现景区的经济效益与环境效益协调发展的目标，而且结合当前游客群体的特征和旅游信息化的新应用，着眼于散客游、自助游成为游客的出行方式主体的新局面，立足游客对景区信息表示出极大和极高的渴求，更加强化景区与顾客的互动交流、提供信息服务、实现个性化服务增值等方面都有优势。同时，通过电子商务手段，实现景区景点与其他旅游服务的连带性和支持，使景区的服务更加综合、更加人性化，满足游客个性化的需求，增加游客选择景区景点的机会，提高游客满意度。

## 3.1 旅游景区电子商务概述

旅游景区电子商务是旅游景区通过先进的IT技术，以景区为中心，整合景区门票、酒店、交通、观光车、餐饮、娱乐等各方面资源为游客提供食、住、行、游、购、娱全方位、高质量的个性化旅游服务，为旅行社或第三方平台提供低成本、高质量的团队旅游服务，所有旅游服务订单都通过互联网生成和处理，支持网上支付、汇款、现金等多种结算方式。电子商务的实施可以为景区实现以游客为中心的全方位个性化旅游服务，有效拓展景区的盈利渠道，提升景区形象。

### 3.1.1 国外旅游景区电子商务发展概况

国外旅游景区电子商务应用的主要代表是美国，1996年就开始在景区实施电子商务，1998年获得了快速发展，美国旅游协会统计(TIA)目前已有51%的旅游者采用网上订票(大多数采用条形码检票方式)。美国景区电子商务经历了4个阶段。

(1) 数据处理阶段：属于起始阶段，业务数据的电子化处理；

(2) 信息系统管理阶段：属于成熟阶段，实现企业数据系统化处理；

(3) 信息系统战略发展阶段：创新阶段，实现企业创新优势；

(4) 信息系统网络协作阶段：企业之间的无缝协作，完全电子商务。

旅游景区电子商务涵盖旅游业务的多个方面。美国的旅游景区网站在信息内容的提供上，不但数量巨大，而且准确性和时效性强，涉及景区、景点、旅游线路、旅游常识、旅游新闻、旅游目的地天气、旅游文化等信息，同时还包括各种优惠、折扣的信息，以及航空、酒店、汽车租赁服务的检索和预订等方面的内容，用户可以搜索、比较和点评旅行产品和服务。在服务功能方面，美国旅游电子商务向全球多个国家和地区提供丰富的旅游产品和服务，不但提供如航空机票、住宿、租车、游轮等单一旅游产品和服务的在线预订和销售，还提供打包服务，并且支持在线预订家庭休闲短假产品、个人周末短途旅行、商务旅行等。

美国旅游电子商务拥有相对成熟的技术平台和市场运作方法，旅游电子商务公司类型功能比较齐全，网上旅游产业结构体系健全，涵盖旅游业务的各个方面，包括旅游点评、旅游激励、旅游计划、旅行搜索、旅游预订及旅游等多个环节，形成封闭循环系统。

旅游景区电子商务是多元化的在线旅游策略。首先，流量入口多元化。美国旅游网站彼此之间虽然竞争激烈，但都互为对方带去流量。Expedia 为 Priceline 贡献了 18%的推荐流量；同时 Priceline 和 Orbitz 也为 Expedia 带去了 7%和 4%的流量；而 Expedia 还是 Orbitz 的第二大流量来源方，贡献了 13%的流量。同时，搜索引擎也是美国在线旅游的重要流量渠道，Google、Yahoo、Microsoft 三家同时给这些在线旅游公司导入流量。此外，垂直旅游搜索、旅游论坛等也为旅游网站贡献了大量流量。其次，渠道渗透多元化。一方面，美国旅游电子商务公司不断加大技术投入，形成产品开发、技术研发团队，进行产品创新，抢占市场；另一方面，近年各方开始布局无线战略，而且都有实质性的发展，基于移动终端开展旅游预订业务和其他旅游服务项目。

旅游景区电子商务服务领域国际化。美国旅游电子商务公司不仅开展本土业务，还面向多区域开展在线旅游业务，扩展海外市场。如 Expedia 集团，2011 年 39%的交易额和 42%的营收额来自海外业务，而 2005 年该比例仅均为 22%；其旗下 Hotels. com、Egencia、EAN、Hotwire 等网站在服务于美国市场的同时，还面向欧洲、亚太、加拿大和拉丁美洲；在区域市场中，其在中国拥有艺龙，在欧洲拥有 Venere。此外，Priceline 则只有 22%的营收来自美国本土地区，Orbitz、Travelzoo 等都有部分海外业务。

美国旅游景区电子商务网络营销手段多样化。在营销渠道上，采用 SEM/SEO、垂直搜索、社交网络、线下营销、客服沟通以及邮件营销等方式；在促销手段上，使用发放优惠券、季节性或周期性促销、忠诚客户激励等措施；同时，还和多家第三方网站合作进行联盟分销，以扩大市场份额。

### 3.1.2 国内旅游景区电子商务发展概况

我国旅游景区电子商务起步较晚，最早都是以景区网站的形式开展营销和销售，大约起步于 1999 年。按照美国经历的 4 个阶段划分，我国景区各个阶段均有，并且各阶段之间差距不小。有些处于第一阶段，有些景区有较完善的信息系统，也有些走在国际前列。沿海地区的如千岛湖风景旅游区、太湖旅游风景区、武夷山旅游风景区、杭州西湖风景区等属于开展网上电子商务较早的景区。

至今，网络中介开展景区电子商务的已有多家，如驴妈妈景区电子商务（www.

lvmama.com)，公司在上海；新游记景区电子商务(www.newtage.com)，公司在杭州；天下门票景区电子商务(www.tianker.com.cn)，公司在广州；旅游名店城电子商务(www.yocity.cn)，公司在广州；深大智能门票系统(www.sendinfo.com.cn)，公司在杭州；九天景区电子门票系统(www.89t.cn)，公司在福州。

旅游景区电子商务的发展，主要是出于以下几方面的需要[①]：

一是整合资源的需要。为适应旅游业快速发展的需要，现在旅游景区正在由单一观光型向多业态型转变，这就需要景区整合区域内的旅游资源，降低边际成本，提升效益，实现规模效益。传统的整合方式可能会产生庞大的机构，成本巨大；只有运用电子商务的优势，才能加强协同管理，有效整合产业链资源，提高景区的核心竞争力。

二是完善旅游设施的需要。积极开发、有效保护和可持续发展是现代旅游业发展追求的目标。传统开发和保护方式很难将二者协调起来，同时游客逐渐增多，也使景区的安全事故频繁发生。而运用电子商务手段建立起来的景区 OA 系统、景区生态预警系统、景区安全监控系统、ICT 系统等，能使景区人员提高管理质量和效率，及时采取措施，实现景区的经济效益与环境效益协调发展。

三是扩大旅游市场的需要。在我国，散客游、自助游已经成为游客的出行方式主体。与团体游不同，这些旅客面临的最大问题就是如何获得景区充分方便、快捷经济的服务，所以他们会对景区信息表示出极大的渴求，而旅游电子商务无论是在加强与顾客的互动交流、提供信息服务还是实现个性化服务增值等方面都有优势。通过电子商务手段，景区景点的产品及形象也能得到高效低成本的传播，这也能满足游客个性化的需求，增加他们选择景区景点的机会。

四是塑造旅游品牌的需要。电子商务环境下信息的透明性与对称性将使得旅游景区的品牌形象显得尤为重要，依托独特景观资源的景区开展电子商务服务，可迅速提高景区的影响力、知名度，塑造品牌形象，良好的品牌形象可以减少游客的决策成本，提升形象价值，从而使景区成为旅游电子商务市场的盈利者和优胜者。

### 3.1.3　旅游景区电子商务发展存在的问题

我国旅游景区开展电子商务与旅游饭店行业相比，进展较慢，景区之间开展的差异性也很大，分析原因主要有以下几方面：

一是网络基础比较落后。景区一般范围比较大，景区内的网络基础设施不完整，影响了电子商务的开展，尤其许多景区偏远城镇，基础更差。

二是缺乏创新意识。许多景区经营管理人员尤其是负责人对景区电子商务缺乏足够认识，认为现代信息技术的支撑，需要大量资金的投入。实质上景区电子商务的技术问题不是瓶颈，资金投入问题也不是关键。部分景区之所以不能正常开展景区电子商务建设，关键是景区决策层对电子商务的认识理解和工作方式方法有差距，不了解电子商务对提高景区核心竞争力、现代化管理水平的作用，缺乏对高端景区未来发展的重要性的认识。

---

① 刘玉芝．我国景区电子商务发展策略探析[J]．电子技术研发，2012，9(15)

三是缺乏协作精神。一些景区在面对和处理资源共享、共谋发展等建设的实际问题中，缺乏了解和沟通，相互协作明显不足。

四是管理体制上需要改革。现有传统模式下的管理体制和运行机制僵化，不能适应数字化条件下的协同联动和扁平化高效管理模式。

五是专业人才匮乏。国家级风景名胜区都存在人才紧缺的问题，偏远景区的问题更为严重。许多景区的电子商务建设从方案制定到各系统实施和维护工作，几乎都是单纯依靠第三方提供，这种模式下景区电子商务效果就很难取得较高的游客认可度和满意度。

## 3.2 基于景区的旅游电子商务的内涵与特点

### 3.2.1 基于景区的旅游电子商务内涵

对旅游景区概念的界定，国内多依据国家旅游局对旅游景区质量等级的划分与评定：旅游景区是以旅游及其相关活动为主要功能或主要功能之一的空间或地域，具有参观游览、休闲度假、康乐健身等功能，是具备相应旅游服务设施并提供相应旅游服务的独立管理区。该管理区应有统一的经营管理机构和明确的地域范围，包括风景区、文博院馆、寺庙观堂、旅游度假区、自然保护区、主题公园、森林公园、地质公园、游乐园、动物园、植物园及工业、农业、经贸、科教、军事、体育、文化艺术等多种类型。

旅游景区电子商务是旅游电子商务的重要组成部分，是电子商务在旅游景区管理中的应用。其本质是以旅游景区为核心，通过先进的信息技术手段改进旅游景区的内部管理，对外（包括旅游者和其他旅游企业）进行信息交换、网上贸易等电子商务活动；对内而言，新技术背景下，旅游景区电子商务开发出很多的新应用。

景区的旅游电子商务是在景区电子商务的基础上，结合当前游客主体和需求的变化（散客占据绝对主体地位，同时散客对于旅游信息量和质的需求提出的高要求），充分利用各种新的科技手段（移动互联网、云计算、物联网、大数据等），实现景区在管理、营销、服务各个环节中的智慧化。同时，结合游客需求的多样化和综合性，实现景区内部与外部（食、住、行、游、购、娱供应商）的关联性带动效应。

简单地讲，景区的旅游电子商务是通过先进的信息技术手段改进旅游景区的内部管理，对外包括旅游者和其他旅游企业进行信息交换、网上贸易等电子商务活动。

景区利用电子商务需要建设：一个中心、两个基础。景区旅游电子商务以游客为中心，依靠两个基础，一是旅游产业及互联网发展环境；二是游客实际需要。

旅游产业及互联网发展环境逐渐成熟。个性化、特色化、多样化旅游消费渐成主流，自助游、自驾游持续攀升。想停就停、深度体验渐成主流，市场竞争正逐步转向产品质量、服务质量和差异化为主的竞争。旅游行为普遍化、旅游市场全球化、旅游消费无限化、旅游产品多样化、旅游产业中心化已成为业界新常态。互联网上的订单越来越多，景区在票房放置各家OTA提供的众多设备，给景区换票窗口的工作人员带来了越来越大的压力。每一家的二维码码制不同，结算方式不同，也给游客和景区造成了很大的不便。通过新技术可以把这些设备全部替代掉。统一管控：权限管理、系统设置、订单管理、财务管理、市场管理、售票管理、终端管理、报表管理；统一规范：景区通过智游宝的核心功能“网络分销”对接各类在线互联网销售渠道(OTA);统一落地:游客预订电子票后,通过短信或彩信发送电子票给游客,游客通过二维码或者身份证通过窗口统一换票或者未来实现通过闸机验票直接入园。通过限定互联网预订人数,预测管控景区日荷载量,以便及时采取控制流量等相应措施。这样由景区掌握了主动权,方便了景区管控,减轻了景区售票窗口的压力,便捷了游客入园。

游客的实际需要更趋多样化。例如,轻点手机,旅游资讯、旅游线路全在掌握,酒店查询、下单,还可看到景点的客流量情况,调整自己的出游计划——A 级以上景区实现无线宽带网络覆盖成为普遍现象,移动客户端逐渐普及。携程、同程、途牛、欣欣旅游、微天下、游多多、一村网、周末去哪玩、一块去旅游、去哪儿、阿里旅游、途家网、驴妈妈、蚂蚁窝、酷旅网、美团网等旅游电商选择各种方式促销景区,有的景区推出诸如“一元门票”,取得社会轰动效应,掌握庞大的客户资源。像“阿里旅游”等电商还推出旅游分期支付业务,非常适合一些经济状况一般又热衷于旅游的青年人。

## 3.2.2　旅游景区电子商务的特点

### 1. 基于景区的旅游电子商务与其他领域的合作

景区围绕游客需求,在旅游产业市场方面,旅游景区电子商务与旅游产业链间的各环节进行整合,实现旅游景区规模效益。旅游景区的开发会催生大量相关的旅游企业,如酒店、旅行社、旅游交通等,然而,这些企业普遍存在着规模小、整体服务质量低、市场竞争无序等问题。通过开发旅游电子商务,可有效地缓解旅游信息的不对称,增加市场透明度,整合旅游资源,树立旅游服务品牌,实现产业链的整合和优化。这可以降低旅游景区的运营成本,提高市场营销效率。为拓展业务,增进与协作企业间的共同发展,旅游景区必须与各业务相关者保持密切联系,通过景区电子商务系统可以顺畅地进行交流沟通,而且费用低廉,从而有效地降低旅游景区的营销成本;通过电子商务系统提供的先进平台,旅游景区能够广泛地搜集各类信息,如旅游者需求动向、相关旅游企业情况、旅游市场热点等,同时也可以将自身信息如服务项目、营销活动等及时迅速地传播出去,不但提高了信息传输的通达性,还具有传统媒体不具备的交互性和多媒体性,可以实时传送声音、图像、文字等信息,直接为信息发布方和接收方架设起沟通桥梁,促进了旅游景区市场交易效率的提高。

在旅游消费市场方面,旅游景区电子商务与非旅游企业间广泛合作。当前个性化、零散化的旅游消费正逐步取代传统的团队旅游,旅游景区电子商务可以全天候、跨地域地为散客旅游者提供旅游景区预览和决策参考信息。旅游者可以通过互联网提供的可视、可查询、可实时更新的信息搜寻自己需要的旅游产品;旅游景区可以在与潜在旅游者交流沟通的基础上,根据旅游者个人偏好和要求设计旅游产品,提供个性化的旅游方案,使旅游者获得更大程度的满足和被重视的心理好感,为企业赢得更多的利润空间。另外,旅游景区电子商务的应用将有效地改善诸如旅游者在旅游景区进行旅游活动时,因为跟团旅游,导游服务质量差、旅游者行为受到约束等问题。旅游者可以通过互联网,根据自身需求设计适合自己的路线、逗留时间,减少各种不确定因素,提高旅游活动的自由度,使旅游者充分享受旅游景区的优质服务,获得美好、舒适的旅游体验。

**2. 景区电子商务的新应用**

旅游景区电子商务的新应用可以满足旅游者个性化需求，提高旅游自由度。新的旅游景区电子商务的实施是借助物联网技术、互联网/移动互联网、虚拟现实等技术，通过软件系统的应用和数字化网络的部署，建立起便捷的旅游商务体系和高效的景区管理运营体系，在“以应用体验创新满足游客体验需求”的过程中，实现旅游景区经营资源和服务设施相统一的作业体系，进而促进旅游景区的效益化经营和可持续发展。

旅游景区电子商务的一个中心是以旅游景区资源管理系统为中心。建立旅游景区信息化发展和智慧化管理，并以此支撑和对接包含景区电子门票等基础服务应用。

旅游景区电子商务的数据中心和指挥调度中心以各业务应用信息系统建设为纽带，整合景区资源，实现信息共享，创新管理模式，变分散管理为协同联动，变多级管理为扁平化管理，变粗放管理为精细管理，实现“资源保护智慧、经营管理智能化、产业整合网络化”，以信息带管理、以信息促保护、以信息增效益，全面促进景区环境、社会、经济的可持续发展。

旅游景区电子商务环境已构建完成，比如，公用电话网、无线宽带网、通信技术网和物联感知识别网络的覆盖性建设。旅游景区的电子商务体系从环境管理、旅游服务以及商务协作方面一般分为3个支撑。

景区的智慧管理体系：景区资源管理系统、景区办公自动化、景区财务管理系统、指挥调度中心。

景区的智慧服务体验体系：景区电子门票系统、景区监控管理系统、景区电子导览自助、景区电子巡更系统、景区语音广播系统；景区游客互动体验（触摸屏形式等的内容显示与信息交互）、景区移动手机语音。

景区的智慧营销体系：景区电子商务平台（包括景区门户网站）；电子商务体系主要围绕景区的营销、销售、服务开展建设，负责对景区旅游开发后的经营。通常配有商务网站、电子门检票系统和经营管理系统，有的景区还配有客户关系管理系统。

### 3.2.3 旅游景区电子商务的技术路线

景区信息通信技术应用范围有：

(1) 景区安全。景区安全是应用ICT比较早的内容，如游客的安全、景区管理人员的安全以及景区设施财产的安全等，主要是用电子监控系统来防范这些安全问题。

(2) 景区管理。景区管理主要涉及经营管理、生态管理、环境管理、人力资源管理，这些管理都有对应的信息技术系统，如人力资源系统、地理信息系统、OA系统等。

(3) 商务管理。主要通过商务网站、电子商务系统来实现，也可以通过旅游电子分销系统来实现。

(4) 客户管理。主要通过客户管理软件来实现，实现对旅行社客户的管理、重点客户的管理以及企业散客的管理。

信息通信技术应用有：

(1) 用于安全的景区监控系统（安全状况监控、人流量和车流量控制、对游客的不文明行为进行监控）。

(2) 用于娱乐和安全的公共广播系统。

(3) 景区电子导游系统。

(4) 用于办公的景区 OA 系统。

(5) 用于景区电子门检票智能系统。

(6) 基于营销和销售的景区商务网站系统。

(7) 用于生态保护的景区生态预警系统。

"智能＋互联＋协同"在建设上强调发挥共用、复用的协同效应。对原有景区信息化系统以"逻辑一体，物理分离"的理念积极实行整合、改造，强调"交换共享，资源统筹"的原则，提高景区行政执行效率，争取市场运营、实现多赢。各类技术路线基本是整合后推陈出新。国内巅峰规划对旅游景区电子商务解决方案的技术路线如图 3-1 所示。

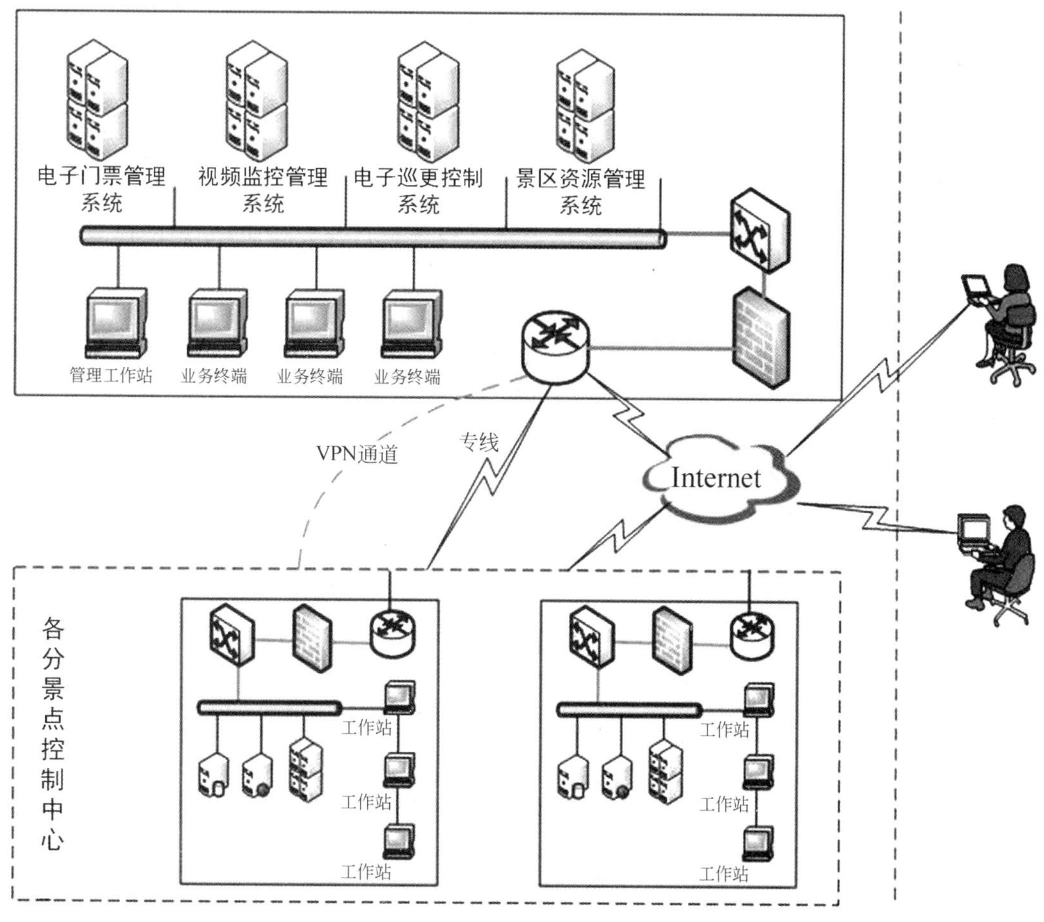


图 3-1　旅游景区电子商务的技术路线

出于整合各业务系统的数据共享和传递需要，一体化解决方案的后台控制系统和数据库均采用微软系列①。

① 巅峰智慧旅游景区解决方案，http://www.smarttourism.com.cn/Product/Index/34.

作为解决方案中数据整合应用的景区资源管理系统采用了微软的 Dynamics 平台，以其多层架构的特点和集成性、开发性与流程再造的简易性实现同各业务系统的整合。

各业务系统的后台控制系统采用 B/S 和 Smart-Client 应用结构，实现跨区域、不受地理限制的实时应用。

## 3.3 基于景区的旅游电子商务关键应用系统

### 3.3.1 景区电子门票销售管理系统

景区票务系统由景区管理中心系统、景区票务管理子系统、代理子系统、终端售票和终端验票系统组成。系统的业务流程环节可以分为：中心统一授权管理、景点分点售票、门禁系统验票、景区汇总日结、营业数据上传、中心汇总统计分析、代理系统汇总结算、财务结算等。目前珠江源、欢乐谷、仙华四季温泉乐园、克拉嗨谷、剑门关、泰迪熊博物馆、天津凯旋王国等景区使用此系统。

主要功能模块如下：

(1) 电子售票子系统：支持散客票、团体票、会员票、临时票、导游票；办理员工卡、充值处理、挂失处理、退票处理、退款处理、售票设置和售票查询等功能；办理团体票时，支持一对一和一对多的模式从而提高游客进门验票速度。

各类自动售票、取票机如图 3-2 所示。

图 3-2　各类自动售票、取票机

(2) 电子验票子系统：主要由检票闸机、无线手持检票设备、无障碍检票机组成。支持纸质条形码、二维码门票、RFID 卡门票、二代身份证等凭证类型，实现对游客门票有效性验证，有助于持票人快速进入景区，验证数据同步更新。

(3) 管理中心子系统：是对厂家已印制好的门票进行管理，该子系统主要由门票种类管理、景点管理、库存统计、门票入库、门票领取、余票回库、工卡管理、交班记录、终端设备等模块组成。

(4) 代理子系统：可以帮助景区或者票务公司完成景区票务代理商管理、利润返点和结算等问题，并支持导游凭证直接领票、出票明细查询、销售报告统计等功能。

(5) 数据统计子系统：系统的核心部分，主要包括销售报告、领票统计、检票记录、作废记录等，主要供景区决策者使用，通过对数据库中的门票销售信息、游客流量等信息进行整理并统计分析。通过此系统可以多角度地了解到景区运营情况，为领导决策提供了有力的依据。主要由售检报表统计和游客数量走势分析两大部分组成。

(6) 权限管理子系统：可以分配权限给工作人员进行管理，对每个工作人员进行登记并分配工号和密码，只有输入对应的工号和密码才能登录系统进行操作，比如售票员、管理员等角色，根据需要分配权限即可。

景区购票途径如图 3-3 所示。

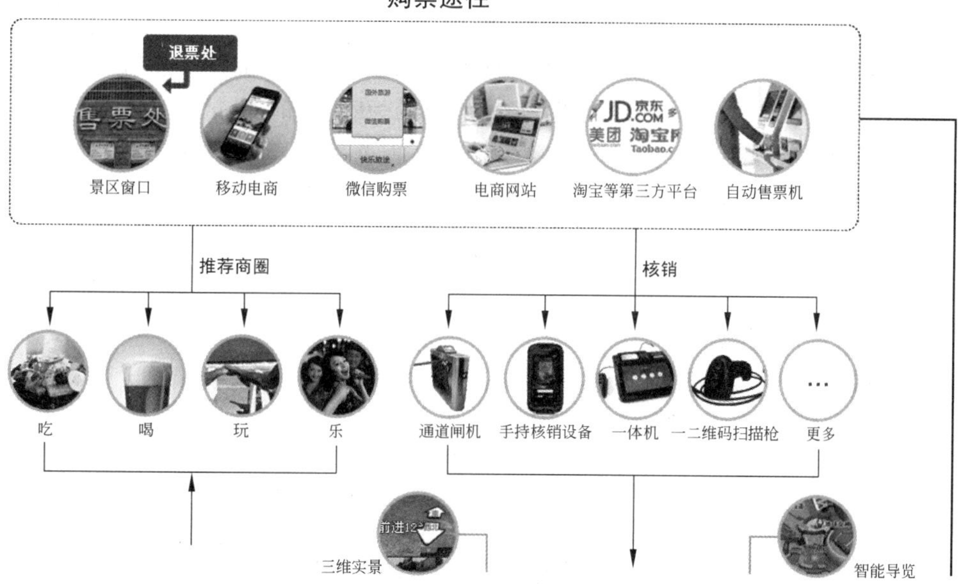


图 3-3　景区购票途径示意图

### 3.3.2　景区导游管理系统

景区导游管理系统：可以查看、编辑、删除导游信息，查询导游服务信息，导入导出 Excel 表格等，实现了导游管理电子化，使各类信息有序地进行存储。

主要功能模块有：基本信息、旅游管理、查询管理、统计管理四大部分。

(1) 基本信息包括：公司信息、客户信息、导游信息。

(2) 旅游管理包括:旅游信息。

(3) 查询管理包括:按姓名查询导游信息、按公司名称查询导游信息、按旅行社查询旅游信息、按团队编号查询旅游信息。

(4) 统计管理包括:日人数统计、日金额统计、按旅行社统计、按时间段统计。

### 3.3.3 景区餐饮娱乐等管理系统

景区餐饮管理系统是一款专门为餐饮行业量身打造的智能管理应用系统。它以餐饮行业日常运营、营销等需求为中心,站在为企业布局O2O的战略高度,通过"三网融合"的方式把餐厅开到千家万户的手机或电脑终端上去;在一个系统中既能实现财务、库存、会员、分店、员工、收银等日常管理运营分析,又能实现手机点餐、PAD点餐、预约、排叫号等强大的智能点餐体验以及分享互动、微信营销、优惠券、呼叫中心多种营销手段。

主要功能模块如下:

(1) 点餐管理:开单、点菜、退菜、预结账、结账、外卖订单,同时支持二维码点餐、PAD点餐、微信点餐、点菜宝点餐等。

(2) 菜品管理:菜品创建、原料管理、厨房领料、进货订单、退货订单、库存调拨、报损报溢、库存盘点、审核/报告、商品属性等功能。

(3) 会员管理:新增会员、导入会员、会员编辑、消费记录查询、会员短信通知等。

(4) 营销助手:微信客服、短信营销、电子券发送、在线核销、批量生成优惠券等功能。

(5) 门店管理:新增门店、门店权限、门店同步、财务统计、公告发布。

(6) 财务报表:收入报告、收入明细、支出报告、固定资产。

(7) 员工管理:部门编辑、员工创建、提成计算、提成记录。

(8) 系统管理:商家信息设置、桌位管理、会员设置、微信设置、移动营销、排号/预订、权限管理等功能设置。

### 3.3.4 景区停车场管理系统

停车场管理系统主要针对停车场实现智能化综合管理,系统集感应式智能卡技术、计算机网络、视频监控、图像识别与处理及自动控制技术于一体,对停车场内的车辆进行自动化管理,包括车辆出入控制、车牌自动识别、车位检索、车位引导等系列科学、有效的操作。这些功能可根据用户需要和现场实际灵活删减或增加,形成不同规模与级别的豪华型、标准型、节约型停车场管理系统和车辆管制系统。加强单位的管理力度,有助于提高景区的对外形象。

主要功能模块如下:

(1) 系统管理:停车场、操作员、车牌管理、车型费率等系统设置参数。

(2) 停车场管理:车位管理、预约管理等。

(3) 停车收费:开门收费、车牌识别、财务统计等。

(4) 查询统计:停车记录查询、收入统计、异常情况查询。

## 3.3.5 景区通用电子商务平台系统

景区通用电子商务平台系统是一个主要发布旅游产品、旅游资讯、门票预订、在线支付的综合电商平台，可满足游客的一站式购票需求。具有供货商、代理(分销)商、员工、普通用户等管理权限，代理不受限制，无限级发展。支持与旅游票务网站、淘宝/天猫、携程、去哪儿、途牛等第三方网站对接，实现电子票销售自动发送和验证。二维码、身份证、RFID等凭证类型，可满足顾客的更多需求；含物流模式，支持快递及自取。消费者在购买消费整个过程中，可以实现全移动操作，简单便捷，进而大大提升了用户体验；系统同时支持数据实时统计分析，为管理者下一步的市场决策提供有利依据。

图3-4为旅游景区电子商务RFID射频识别技术应用。

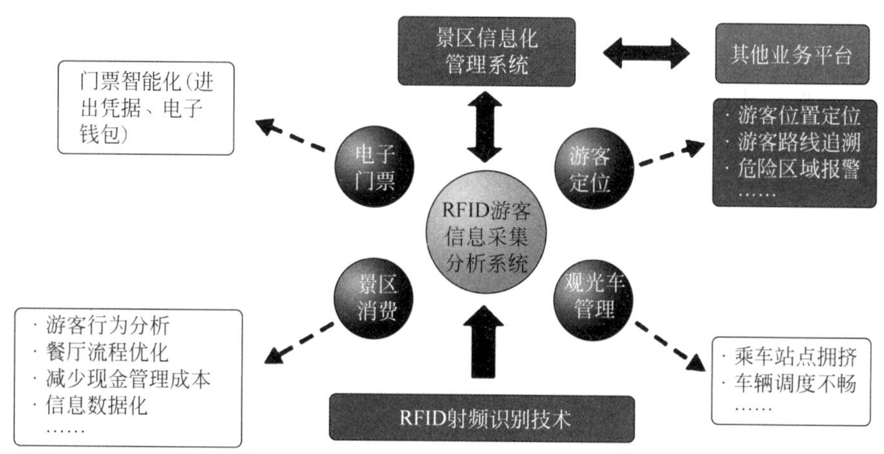


图3-4 旅游景区电子商务RFID射频识别技术应用

景区电子商务平台系统主要功能模块如下：

(1) 权限管理：支持管理员、代理商、商户、普通用户、员工等多个权限，便于其更好地进行管理。

(2) 后台管理：网站编辑、文章发布、商户设置、产品创建、订单查看、手工补单、批量生成凭证、在线核销、设备绑定、会员列表、代理审核、员工创建、账户信息等。

(3) 代理后台：产品列表、在线购买、订单查看、代理创建、账户信息等。

(4) 商户后台：产品列表、订单查看、在线核销、设备绑定。

(5) 普通用户：订单查看、账户信息设置。

(6) 员工后台：文章发布、订单查看、手工补单、群发凭证、批量生成凭证、在线核销等。

## 3.3.6 景区流量预警

作为景区电子商务的有益补充，景区流量预警可以实现实时监控子系统对各售(补)票点、检票点运行状况，建立景区客流的预约、预警机制，可有效分流保障旅游质量。主要功能是实时汇总、分类售验票数据，提供直观的数据图表以供查看和分析，对景区流量进行动态的监督管理。国家旅游局的《景区最大承载量核定导则》(以下简称《导则》),要求各大景区核算出游客最大承载量,并制定相关游客流量控制预案。《导则》给出了明确的测算方法和公式,供各景区参考使用。《导则》还提出,景区应逐步推进旅游者流量监测常态化,采用门禁票务系统、景区一卡通联动系统、景点实时监控系统等技术手段,还应针对节假日及大型活动制定相应旅游者流量控制预案。

旅游景区流量预警的使用者既有景区,也有管理机构。面向某一范围的景区动态信息管理系统的总体结构,有些托管在移动机房。这是一套基于移动通信网络信息数据和移动基础信令采集分析技术,借助区域地图技术平台等多种表现形式的应用软件系统,可实现针对旅游景区内的游客数量进行统计,提供游客流量统计报表、游客来源分布统计报表、游客增量统计、游客驻留时长分析等功能,并以报表、图形等方式提供实时展示。

主要功能模块有以下几个。

(1) 流量概览:根据直观的展现某一区域内景区的分布情况,当用户在地图上点选某个景区时,则展现相应功能列表。

(2) 实时流量分析:针对当天各个景点,在当前所选景区或景点范围内的手机用户存量情况的统计分析。若一个手机用户跨多个统计点,则在每个统计点中都计算该用户信息。此存量分析可支持排除区域常住人群号码。

(3) 新增游客分析:针对当前所选景区或景点,在一天 24 小时内新进入的人群的流量统计。

(4) 客源来源分析:对游客数量整天分析的结果按省或地级市的方式进行的统计。

(5) 驻留分析:将过去多天的数据,在该区域累计的停留时间,按 0～1 时、1～2 时、2～6 时、6～24 时、24～48 时、48 时以上这几个时间段进行的统计分析和对比。

## 3.3.7 景区其他相关电子商务系统

**1. 滑雪场、溜冰场管理系统**

采用非接触 IC 卡实现“一卡通”方式的收费管理,系统用一游客一账户的方式进行多种收费项目的管理,真正实现一卡通。滑雪场收费管理计费方式复杂,包括计次、计时等方式,本系统可以自动识别项目的计费方式进行人工难以处理的计费;滑雪场营销方式灵活多样,系统用一卡多身份的方式实现强大的商务促销功能,如打折、优惠、分段优惠及固定客户优惠等。

主要功能模块如下:

(1) 各种客户专门管理:散客管理、团队卡管理、VIP 卡管理等。

(2) 滑雪费率设置:对滑雪费率进行设置,可实现打折、优惠、分段优惠及固定客户优惠等。

(3) 教练管理:对滑雪教练进行管理、统筹安排教练指导。

(4) 物品租用管理:实现雪圈、手套、滑雪服等物品的租用管理。

(5) 赔偿管理:处理游客在滑雪过程中由于使用不当等原因对滑雪器具造成损坏,须按景区规定进行的赔偿。

(6) 财务报表统计:包含各类消费数据统计,可大大减轻财务对账工作。

**2. 温泉管理系统**

温泉管理系统是一个以高档次、大规模、综合型、高客流量管理为标准的，集计算机、信息技术、网络通信技术、多媒体技术和温泉科学管理为一体的大型综合管理系统。该系统在模块构造上灵活多用、功能齐全、模块化设计方便以后系统升级和扩展。该系统主要实现了入园门票消费和温泉里面二次消费，支持先充钱后消费和先消费后结算两种模式，二次消费模式可以灵活定义。

主要功能模块如下：

(1) 预订模块：客户档案管理功能、预订管理功能等。

(2) 前台接待模块：散客登记、团队快速登记、会员客户登记、折扣、组合、换钥匙、退钥匙、赠送、客流统计、各种数据查询。

(3) 消费管理模块：商品快速录入、时价商品的录入、赠送商品及报表统计、商品销售报表、部分转账、全部转账及转账报表、部门销售情况统计报表。

(4) 钟房管理模块：技师预约、上钟、下钟、加钟、退加钟、点钟、提成报表、到时提醒、其余消费录入等。

(5) 餐饮管理模块：无线录单、出品分单打印、餐台管理、清台、换台、赠送、转账、并台、折扣。

(6) 收银管理模块：结账及时、不同结算方式、预览账单、交班报表、日结报表、押金报表。

(7) 财务管理及报表模块：收银对账报表、营业情况报表、销售报表、各种日志报表。

(8) 系统维护模块：员工操作权限管理、折扣权限、赠送权限、系统日志、电脑权限、基础数据维护。

**3. 剧院售检票管理系统**

剧院售检票管理系统主要由后台管理、座位预订、座位排位、售票、旅行社管理、报表统计分析、查询等系统模块组成。它融计算机技术、信息技术、机电一体化技术、信息加密技术于一体，实现了计算机售票、检票、查询、汇总统计、报表等功能，适应现代化剧院票务管理智能化的需求。例如，深大剧院售检票管理系统软件优化的排座模块，可以方便地对剧场内座位进行分区管理，根据实际情况建立座位模型，根据实际需要灵活地调整座位模板。

主要功能模块如下：

(1) 系统管理子系统：维护系统基础信息。

(2) 剧院管理子系统：进行座位预订、座位管理。

(3) 剧院设置子系统：对剧院场所、座位分布进行设置，并对演出节目进行安排。

(4) 库存管理子系统：对门票进行库存管理。

(5) 客户管理子系统：对团队客户及其预付款、优惠条件等进行管理。

(6) 售票管理子系统：进行排位销售管理。

(7) 财务报表子系统：主要是针对每日产生的售检票数据，生成各种类型的基础日报表，产生查询统计子系统的基础数据。

除此之外，游船、艇排航管理系统、主题乐园、体育场馆、演出等系统均可作为景区电子商务平台建设的参考。景区内部的办公管理系统，如视频系统、安保系统、财务系统、应急系统等均是景区电子商务平台的重要组成部分。最后景区营销系统应与内部管理及应用紧密结合。

## 3.4 基于景区的移动旅游电子商务应用

### 3.4.1 手机客户端辅助应用

景区移动电子商务平台系统主要面向移动终端(手机或平板电脑)用户，盘活、整合、优化传统景区，带动线上线下互动营销。游客不仅可以扫码在线购票，同时可以查看景区新闻资讯、最新活动宣传，与景区实时互动。游客还可以查找到景区附近的有关旅游数据信息，信息实时更新，便于查看分析，实现随时、随地、随身访问每一个产品。每一种传播载体都变成一个“移动商城”，将产品和服务充分融入消费者的碎片化时间。

主要功能模块如下：

(1) 基本管理：基本信息、导航设置。

(2) 互动管理：在线抽奖、问卷调查、留言板、在线报名等活动设置。

(3) 产品管理：各类有关产品展示。

(4) 优惠券管理：优惠券设置、在线核销、终端绑定、发送优惠券、验证记录等内容。

(5) 个性化管理：用户习惯搜索方式或关注热点自动推荐。

高德地图是目前使用较多的此类软件系统。

### 3.4.2 微博、微信、APP 应用

移动互联网的景区电子商务应用服务，以微信、微博、APP 为媒介，配合微信等多种支付功能，实现景区与游客的在线互动，即时推送最新商品消息给目标用户，实现景区电子商务功能免去窗口排队购票的烦琐，可直接用于进门核销，同时为景区扩展了销售渠道。

主要功能模块如下：

(1) 基础设置：关注设置、文本回复、图文回复、语音回复、LBS 回复、回答不上来设置等。

(2) 官网管理：分类设置、模板选择、首页幻灯片等。

(3) 电商管理：DIY 宣传页、微相册、团购设置、商城设置、通用订单、在线收款接口等功能。

(4) 活动管理：问卷调查、报名、预约、幸运大转盘、优惠券、刮刮卡等互动设置及数据查看。

(5) 会员管理：会员卡设计、会员详情、会员特权、积分设置、在线开卡、会员资料查看。

### 3.4.3 景区虚拟实景导览应用

景区虚拟实景导览是将现代计算机数字与摄影等技术结合，实现真实互动景区，实现在互联网或多媒体上再现景区场景。目前移动终端应用较多，包括了多维信息空间，

融合了人类的各种感觉(听觉、视觉、嗅觉、触觉),使人们在其建立的虚拟环境中身临其境、随心遨游,与计算机达到互动效果。尤其使文物古迹的虚拟化转换变得更轻松快捷,让景区的文化内涵更易于传播。

主要功能模块如下:

(1) 沉浸:指的是人们一改过去仅能从计算机外部得知计算机处理结果,发展到能够沉浸到计算机创造出的虚拟环境中,参与体验所建虚拟旅游活动。

(2) 交互:指人们同计算机之间的沟通手段增加,利用多种传感器(如立体显示头盔、数据手套、立体眼镜、嗅觉传感器等)与多维化信息环境发生交互作用。

(3) 构想:指人的思维的拓宽,人机交互从过去的定量计算到现在的定量与定性相结合,突出了人作为主体在虚拟旅游的主导性。

## 3.5　基于旅游景区电子商务的旅游综合服务发展趋势

### 3.5.1　智能化

旅游景区电子商务平台可基于"互联网+"和移动信息技术,采用当今最为先进和流行的B2C交易模式,基于J2EE的Spring、Webwork、Hiberhate等技术和Oracle海量数据库系统,可以和各类旅游网站对接。可以实现加盟、分销、会员体系,同时可以实现电子门票(包括景区门票、影剧院票、演唱会票、体育赛会票等)、酒店、机票、旅游线路、旅游交通、租车等一切与旅游相关的商品网上交易。票务认证平台是电子票务交易的一个核心环节,是在电子票务交易中负责验票码的生成、编码、发码、验码、管理,以及签发数字证书、确认用户身份等网上电子交易安全服务,是连接景区与分销商的公正、权威、可信的第三方服务平台。

很多系统均以二维码图形作为识别,游客只需要通过网络或手机订购,完成在线支付,就可以将门票以彩信或短信的方式接收到手机上,轻松完成购买过程,实现了票务的物流派送无纸化;同时在景区如果配备相应硬件,可实现智能验票功能。

手机二维码门票在国外已广泛使用,技术成熟,其强大的防伪功能和方便快捷的形式深受游客推崇。随着我国旅游领域信息化程度的不断提高,电子商务已经成为旅游营销领域中一个不容忽视的营销工具,越来越多的人利用互联网、移动网络选购商品,阿里巴巴的淘宝网和支付宝的成功,也验证了未来景区电子商务的流行必定成为趋势。电子票务领域的革命性的技术突破,开启了旅游景区电子商务的新纪元。

### 3.5.2　集约化

目前景区打造智慧旅游还停留在单体尝试的阶段,景区通过技术手段进行信息展示和知识推广。在线旅游抢占景区市场,让景区被动进入电子商务阶段,目前已经出现的"智慧年票"等,是景区旅游电子商务集约化发展的萌芽。

2014年首批包括36家景区在内的"智慧年票"在北京发布,这是旅游景区首次抱团打造电子商务应用。北京风景年票采用电子年票的发行方式,年票激活后将以二维码的方式储存在游客的手机中,在进入景区时只需让工作人员用手机扫描一下即可比对照片和检票入园。

激活后的年票是一个专业化的信息平台，除了进入景区的二维码门票外，平台实现对游客的点对点服务，根据游客的个性化订阅，即时推送景点文化知识和活动信息，让游客了解景区的即时动态。在资源积累到一定基础，根据现有信息进行大数据分析，可监测景区实时动态。

首批加入"北京风景年票"的景区多是京郊的风景区，既有八达岭、十三陵、居庸关、灵山、雁栖湖等众所周知的景区，还有石花洞、松山、圣莲山、老象峰、孤山寨等游客不甚了解的京郊去处。此类多样集约化发展的景区电子商务形式将获得更好的效益。

### 3.5.3 移动化

随着手机的普及，景区电子商务网站的移动客户端也将得到广泛应用，手机 APP 是景区电子商务的一个重要部分，电子商务系统整合，与景区自然资源、文化资源、生物多样性、数字地形图等数据库结合，形成大数据库下的全方位的景区旅游产品和服务信息。

新媒体时代，要重视景区形象营销，需要对景区形象进行新媒体的科学定位与设计，并通过与传统营销手段的结合，移动立体的"跨媒体联动"，同时发挥"公众传媒"的优势，针对不同对象(诸如不同类型的旅游者、中间商、媒体、特殊兴趣团体)有效地传播信息。

景区利用自媒体建立可持续的电子商务营销体系，可方便游客预订，减少环节，大幅降低成本，而利用自媒体丰富和完善景区监控机制，可减少景区和游客的损失，提高景区电子商务效益。

## 3.6 旅游景区电子商务典型案例

### 3.6.1 知名旅游景点(娱乐场所)应用旅游电子商务案例

**1. 香港迪士尼乐园旗舰店正式入驻天猫商城**

2014 年 4 月，香港迪士尼乐园旗舰店正式入驻天猫商城，香港迪士尼乐园希望让内地游客足不出户，即可省时、高效地提前安排畅游乐园的计划。目前淘宝旅行中，是唯一获授权的"香港迪士尼乐园"品牌旗舰店，提供多元化产品及优质服务，售卖乐园门票、酒店以及相关旅游产品。

香港迪士尼乐园在淘宝旅行授权开设旗舰店，通过增添一个多元化的旅游购票平台，满足内地游客的出行需求和网上消费风潮，为广大游客带来更丰富的出游选择，满足游客对高品质、个性化的需求。这也表明越来越多的国际企业已经认识到了在线旅游在中国市场中的重要性，在线旅游 O2O 将成为未来电子商务的趋势之一。

同时，淘宝旅行为香港迪士尼乐园提供严格的认证体制，可为消费者提供一个安心、便捷的网络购票平台，确保正品以及服务质量。

**2. 华侨城启动智慧旅游电商平台**

进入移动互联网和电子商务的爆发时代，百度、阿里、腾讯以及各大 OTA(在线旅游代理商)开始通过自有产品和投资等方式进行旅游行业的 O2O 市场布局。2014 年 11 月 16 日深圳华侨城举行的"2014 中国国际旅游交易会"上发布了其智慧旅游体系，计划未来启动智慧旅游电商平台，其智慧管理经验致力于推动整个行业发展。

围绕“智慧创想旅游”的主题，2014 年华侨城参展格外凸显“智慧”。展位现场以蓝色、绿色、白色为主色调，与华侨城的品牌 LOGO 一致，关于智慧华侨城的展示，华侨城也一改静态展示，而是以体验式展示为主。微信签到、双屏互动等智能体验环节，让观众现场感受智慧华侨城。所有到访者只需扫描华侨城的微信二维码，并单击“签到”，带有用户头像的签名就会投射到主展位的大屏幕上。展会期间签到的观众头像最终将组成一个巨型华侨城 LOGO。

目前华侨城智慧旅游体系已经打造了一个涵盖智慧体验、智慧营销、智慧服务和智慧管理等多个维度的景区信息综合管理平台。该平台对外面向行业主管部门、合作商家以及游客提供各类旅游服务功能，对内面向旗下景区方方面面进行管理。

具体而言，华侨城旅游营销平台是华侨城旅游业务的线上销售、预订、管理和营销平台，目前该平台可实现为旅行社、渠道商和散客用户提供在线预订、购票和支付等功能。同时，旅游营销平台还实现了华侨城酒店的在线预订，而且为酒店与众多旅游产品捆绑销售提供支持。所有功能全面铺开后，全国欢乐谷、华侨城旅游景区、欢乐海岸和麦鲁小城等都将实现门票在线预订和渠道商管理。

### 3.6.2 景区及区域旅游电子商务实现路径讨论

中国的景区经过 20 年的发展，从单一景区的电子门禁系统逐步地变成多业态，门票变成二次、三次消费，以及景区内部的管控一体化，还有很多集团像三特、港中旅、中坤集团，都是跨区域、多业态的旅游集团，对于这样的集团信息化系统不能用单一的、只解决一个门票系统这么简单地去看。例如无锡灵山集团，它也是一个跨区域多业态旅游集团，这一类系统的复杂度目前全行业还没有一个完全标准化的解决方案。这样的旅游企业有更高的诉求，不仅仅是关注它的网络营销，还关注自建的平台，建立自己的会员中心，未来让游客能够逐步地(今年可能转 5%、明年转 10%)成为自己的粉丝。然后打造自己的文化旅游产品，最终让旅游改变人的生活。

携程门票单卖的销售在过去一年多的时间增长速度是去年的 8 倍左右，今年还有 400%左右的速度增长，这其中有 50%左右是来自和已经实现了智慧旅游或者叫智慧景区，已有电子化的系统对接，包括了深大智能的智游宝、同程的智慧票房。景区和区域的电子商务平台对于整个网络交易链的提速有很大帮助。

阿坝文旅的前身九网旅游电子商务平台，是一个真正的区域性电子商务平台。阿坝文旅从 2002 年开始做九寨沟的数字九寨，再做九寨沟的在线教育。作为区域性的电子商务平台，实际上就是一个产品中心和服务中心，要以市场为导向重新定位和设计多元化的旅游产品体系。要建立一个完善的为游客，包括 O2O 从线上到线下的落地服务的完善体系。甚至包括现在规划的在九寨沟、黄龙、石龙等主要经典和阿坝州主要的旅游实体门店，解决现在游客在整个旅途过程中遇到的一些服务问题，甚至包括售后的问题。区域性的电子商务平台必须是开放的，不仅开放接口，还开放产品及服务体系。在营销上面与策划公司、媒体、包括一些大的旅游平台展开营销合作，也与在线的 OTA 合作。阿坝文旅从 2013 年到 2014 年和包括去哪儿、携程，还有其他一些电商平台也打通了系统。

对于区域和目的地来说,核心的优势有三个:第一是产品,是多种要素结合的多种体系相贯穿的产品,并且一定是多种从旅行社、酒店至景区,包括各种旅游服务商之间的结合。第二是效率,作为线上的O2O产业,之所以能够很快发展,就是因为在信息闭环上、在流程闭环上、在内部和外部的沟通体系里面做到了效率。最后是连接。在连接过程中,可能所有的渠道都会隐藏化,很多游客支付了、游玩了、购买了,都不知道是通过什么样的服务商在后面去做支撑。但是他可能认识到的是景区,这样的情况下,景区和游客应该可以通过一个更加有效的方式,区域和游客也能够通过一个更加短的通道实现一个更加快速、有效、有服务质量的连接。

### 3.6.3 2014年国庆全国旅游景区运营报告

2014年10月1日至7日,全国纳入监测的124个直报景区共接待游客3169.2万人次,同比增长3.8%;门票收入16.04亿元,同比下降2.43%。游客选择错峰游览、特色自驾游、乡村游等趋势明显。旅游目的地呈现出了去门票化的势头,特别是著名的5A景区长江三峡大坝门票免费后,游客量暴增一倍,区域旅游销售收入也剧增。

5A景区贵州黄果树智慧景区O2O系统及快行漫游智慧旅游区域平台,涵盖了电子门票、电子商务(新模式)、淘宝旅行、去哪儿、途牛、同程、携程、驴妈妈、一块去旅行、在路上等(OTA、MTA)对接、自助售取票系统、领导决策系统(Web、APP)、云酒店、云客栈、农家乐等系统,采用了大量的物联网、互联网和移动互联网技术,形成了目前国内真正落地的最新、最高、最强的智慧旅游O2O一体化平台。在黄金周期间实现门票收入3200余万元,同比增长近23%,游客的安全感、满意度普遍提高。

5A景区"四川九寨沟"景区实现了零投诉率。四川九寨沟、敦煌莫高窟、宁夏沙坡头、新疆天池、北京颐和园、杭州西湖、苏州园林、浙江乌镇、重庆酉阳桃花源、哈尔滨太阳岛、河北山海关、河北野三坡、洛阳龙门石窟、浙江千岛湖、绍兴鲁迅故里、长江三峡大坝、湖北神农架、云南石林、山东蓬莱阁、重庆武隆、四川阆中古城及安徽黄山、宏村等国内70多家5A级景区本次黄金周旅游秩序井然,景区获得较好的经营收入的同时也给游客带来舒适的体验。上述景区都采用了浙江深大的智慧景区综合信息管理平台,上线时间从2007年到2014年不等。黄山风景区自2007年11月采用了浙江深大研发的智慧景区综合票务管理平台以来,稳定运行至今,在每次黄金周的客流高峰期都表现出色、稳定、准确、快捷;黄山指挥中心的大屏售检票动态调度显示系统为按景区流量控制、车辆分流控制起到了关键性的作用,为景区领导决策提供了有力的支持。本次黄金周前深大智能对智慧黄山O2O系统进行了升级,采用了多种行业先进软硬件技术,使得智慧黄山O2O系统达到了国内领先的水平。在深大智能技术支撑下,智慧黄山O2O系统表现稳定、可靠,黄金周期间通过智游宝对接的在线旅游交易量(OTA、MTA)突破1800万元。智慧黄山给互联网各入口输送过来的游客提供了给力的智慧旅游新体验。

宋城集团版旅游电商平台——独木桥旅行网(www.51dmq.com),以其独特的B2C设计和最新的B2B新运营模式,结合当今最新的互联网和移动互联网应用技术和智慧旅游新思路,形成了又一个高水准、高起点、多业态的线上线下一体化智慧旅游电子商务平台，集成了吃、住、行、游、购、娱等旅游要素。今年异地复制的多个千古情主题景区（三亚、丽江、九寨沟、浪浪浪等）线下系统也融入独木桥旅行网。在本次黄金周期间，独木桥旅行网的B2C、B2B平台交易量再创新高。而整个宋城集团的智慧旅游O2O一体化管理系统表现稳定、快捷、可靠。接下来宋城集团将陆续在泰山、武夷山等地复制千古情大型主题＋演艺模式，浙江深大的智慧景区系统也随之复制到各地。最终形成一整套宋城集团跨区域、多业态、O2O一体化、移动管控的TGRP系统。

智游宝（www.zhiyoubao.com），自今年5月以来，取得了日交易额峰值达1700多万元，月交易额2亿元的突破性增长。本次黄金周期间也取得了同比增长8倍的业绩，交易量连创新高。目前智游宝平台已经签约对接1200多家景区，OTA、MTA等网络直分销平台90多家，旅行社5000多家。MTA端交易量的快速增长体现了旅游＋移动互联网的新趋势，智游宝对接的微信支付O2O、淘宝码上游O2O、百度直达号等体验极佳的旅游新模式得到广大游客的追捧，浙江绍兴鲁迅故里、千岛湖、雁荡山等5A景区的微信扫码快速入园，贵州黄果树，千户苗寨，陕西法门寺，苏州同里，奉化溪口，宁夏沙坡头等景区的码上游扫码快速入园都取得了暴发性的增长。

### 3.6.4　票务世界系统的模式综述

针对传统旅行社票务产品在操作运营过程中的缺陷，票务世界系统采取创新IT方式以解决传统旅行社票务产品运营矛盾，将产品采购、分销、收款、发票、验票等票务业务流程统一整合至系统平台，让供应商、分销商、消费者、景区能够通过平台快速发布产品、快速交易，获取票证，利润分成。其运营模式如下。

供应：由供应商从景区采购票务产品，经平台审核、验证产品有效性后通过票务平台进行发布。

分销：平台授权区域分销商进行分销。区域分销商向下授权一级分销商销售政策，一级分销商向下授权二级分销商销售政策。上下级分销商之间使用预付款充当额度的方式进行购买出票，下级向上级交付预付款，上级给下级设置信用额度，当下级额度不足时须向上级充值以提高额度，方可继续购票。下级分销商购票时会自动从由上级设置的额度中实时扣除相应票款，不存在后期结算环节。

配送：票务世界系统支持电子票和打印纸质票两种方式。电子票可直接通过系统发送给最终消费者，可免去对最终消费者的配送环节。纸质票由分销商通过激光打印机打印后配送给最终消费者。纸质票使用票务世界平台免费提供的统一票纸。

验票：供应商在景区部署由票务世界平台自主研发的终端验票设备。客人持通过手机接受的电子票或在购票点购买时索取的统一纸质机打票，到景区消费，通过供应商布设在景区的终端验票设备验证票的有效性，通过后即可入园，不再增付景区额外费用。终端设备向平台实时回传使用信息。

结算：供应商最终根据景区实际入园人数和景区进行结算，平台根据实际发生票款和供应商进行结算，供应商已预付但未销售或客人购买后过期未使用的票，供应商可以从景区退款，对于供应商和旅行社来说，都不会造成因门票过期而造成的损失。

获利：分销商，赚取加价销售的利润；供应商，除可获得票务加价后销售的利润外，还可获得当分销商支付供应商票款后，由于票证在有效期内未使用，免去向景区支付票款而获得的额外利润。

供应商——负责产品采购，把优势产品加入平台，并与景区结算。

平台——即“票务世界同行分销系统”，职责：负责平台产品资质、内容、价格审核，保证产品真实正确有效；负责维护供应商、分销商、客户之间关系，保证三者之间的问题与矛盾得到及时解决。

区域分销商——一级和二级分销商之上的区域分销商，负责在本区域内向下发展和管理一级分销商。

一级分销商——二级分销商的管理机构，负责管理和发展本级下的二级分销商。

二级分销商——二级产品代理，负责把产品销售给终端客户。

机打票——非景区提供的原票，由票务世界提供的统一空白票纸，通过普通打印机打印出的凭证。

电子票——利用先进的电子条码制作识别技术，通过短信、彩信的形式，发送至客户手机的一种电子凭证(包括二维码、数字字符)。

二维码——用某种特定的几何图形按一定规律在平面(二维方向上)分布的黑白相间的图形，通过终端读取记录的数据符号信息。

验票终端——景区用于验证电子票真伪及使用情况的电子设备。由平台提供公司“北京旅途在线信息技术有限公司”设计生产，供应商可租用或购买，平台提供公司对供应商进行培训；供应商对景区进行安装及培训。终端设备购买费用 2000 元/台；终端设备租用押金 1000 元，租金 100 元/月；信息费 0.3 元/条。

票务世界系统功用：

票务世界系统使用统一票制(电子票或统一机打票)，易于管理。

电子票实时购买、实时送达，节省了时间及快递费用。

实时购票、实时统计结算，不存在押款。

不收系统使用费，分销商通过票务世界系统进行产品分销及宣传，节省宣传费用。

最终消费客户感受好。

### 3.6.5 山东景区开启电子门票

山东省推出的旅游电子票务系统通过预订、预约机制，有望解决游客数量无法预知的难题；同时，原本各家在线旅行社散乱的验票方法纳入统一的电子票务系统，既可方便游客又可节省管理成本。

售票窗口处的 LED 显示屏上，即时显示了购票种类、数量、金额、售票人员等信息，并有智能语音提示，将二维码门票放在入口闸机读卡器上扫描，闸机提示“↑请进”，同时语音播放“欢迎光临”，闸机显示屏上将显示游客所持票的售票时间、售票窗口、售票员等信息。推杆入内，整个检票过程在 10 秒内全部完成。

2013 年 5 月，“三孔”景区总投资 400 余万元的电子门票系统投入使用。该系统采用了二维码电子技术，存储容量增大，实现了票与影像绑定功能、掌静脉识别功能，切实杜绝了人情票和倒票现象的发生。同时，新的检票系统还设置了移动检票闸机及特殊人群专用通道，能够显著提高客流高峰期的检票速度，切实保障游客的安全。

泰山采用的是条形码门票、射频卡年票和三辊闸检票技术，现在已经安装了 16 台售票终端和检票闸机，不仅能提高售票的工作效率和水平，还能实现客流数据实时统计分析，为景区客流指挥调度、分流决策提供基础信息。泰山景区自去年 4 月份在网站上开通网上订票系统后，仅去年十一期间，通过携程、同程网上购票的游客便有 5000 余人。景区还开发了网上入境团队优惠申报系统。山东全省 1700 多家旅行社在该系统内都有一个用户名和密码，团队申报成功后，旅行社可以带着正常手续、申报系统表格、部分游客护照直接到售票窗口进行查询，系统反馈团队名称后，将立即放行。这不仅能节省游客进入景区时间，增加旅行社利润，而且对景区开发境外客源市场、将旅行社纳入集中管理、精确统计境外客源市场数据提供了便利。

泰山方特在 2013 年 4—10 月份推出方特网上售票，散客集中通过手机刷二维码入园，旅行社通过刷条形码入园。今年方特计划升级景区刷票端口，争取让游客能刷身份证入园，届时不仅入园时间再缩短，还能做到刷票实名制，有效杜绝了网络倒票的问题；且根据 2013 年的网络售票情况，电子票的价格比纸质票还要便宜 10 元左右。

经统计，很多游客特别是“80 后”、“90 后”的年轻游客对收藏电子门票兴趣更大。业内人士也表示，电子门票不仅设计得好、无污染，而且又便于收藏，游客更加珍惜；且“认票不认人”的方式有利于景区严格管理和堵住漏洞，从而减少因门票的各种流失造成的损失。如果营销过程中，门票和赠票上有任何新的设计方案，也可以随机应变，一个指令，全局统一，这也是纸质票时代无法做到的。未来景区智能化特别是在门票电子商务环节，可以引领游客改变现有的旅游观念和方式方法。比如景区电子商务建立得比较完备，游客在网上订了票，他就有可能再去查去景区的路线、交通、食宿等其他牵扯到旅游六要素的部分，加快迎来定制旅游时代。同时，张建忠指出，在智慧服务上，要考虑广大游客的接受程度，在推进智慧景区的过程中，不等于弱化传统服务的方式和质量，要让普通游客得到更适合和满意的服务。为了统一电子票的形式与认证方式，目前已经开了山东景区电子门票营销系统，整个大架构是介于景区、门票 OTA、其他旅游服务商与旅行社之间的系统。考虑到节省景区的时间，并为 OTA 开拓山东市场提供很好的基础和帮助，山东省旅游局开发了这套软件系统，景区可以通过这个渠道非常方便地营销和预订，OTA 借助这个系统可以面向山东所有的景区拓宽产品来源与渠道；同时我们还做了一个小的开发，就是省旅游局与地市旅游局也作为景区的一个营销渠道，从事营销而不从事预订，省旅游局掌握大量的自媒体资源，有一个非常重要的任务就是宣传山东各类的资源与景区。游客可以随时通过手机预订门票。将来越来越多的游客将通过这个系统预订门票，形成门票预约系统，可方便旅游主管部门掌握景区的客流量。

### 3.6.6　各类应用系统案例

#### 1. 北京重点景区设置 POS 机识别导游证真伪

北京市旅游委发布《北京市旅游发展委员会旅游景区导游证识别系统终端 POS 机管理办法(试行)》(以下简称《办法》)，重点景区将设置方便携带的 POS 机，用来识别导游证真伪。

旅游景区导游证识别系统由管理中心和终端POS机两部分组成，管理中心设在市旅游委，终端POS机分布于本市各区县重点旅游景区，主要用来验证向旅游景区出示所持导游证并打算以导游员身份进入旅游景区的人员。通过这套系统，位于后台的北京市旅游委将准确了解到进入景区的游客数量。除此之外，很多景区常见的假冒导游证，也将在POS机下迅速露出“原形”。同样，在相关系统完善后，该系统还能具备同步电子行程单、准确定位导游位置的功能，如果导游随便带游客到行程以外的地方，后台管理人员也能迅速获悉。

根据《办法》，各旅游景区在验证时如发现涉嫌持假导游证、过期导游证、非本人导游证等的人员，应当拒绝其凭导游证免费入园，并及时将景区验证情况报告属地区县旅游管理部门，并视情况报告城管等有关部门。

**2. 景区三维实景导览系统应用于旅游敦煌石窟景区**

景区三维实景导览系统应用于旅游景区，采用专业拍摄设备，真实场景数字化，将原本静态的一张张旅游导览图变“活”起来，成为流动的风景，让游客置身景区现场一样的体验。结合景区游览图导览，可以让观众自由穿梭于各景点之间，激发游客的兴趣，增加旅游量，建立数字化品牌形象，是旅游景区、旅游产品宣传推广的最佳展示方案。虚拟导览展示可以用来制作风景区的介绍光盘、名片光盘、旅游纪念品等。

3D全景虚拟旅游是一种建立在现实旅游景观的基础上，通过三维实景与电子地图等相结合，在网络上构建出一个虚拟的旅游环境。通过相关网站，网友仿佛能身临其境地游览景点。真正的全景图有别于视频的被动观看，内容也比平面照片信息量多出30倍。用户以鼠标控制环视方向，就可以实现任意角度自由观看。敦煌石窟合作，用3D技术，扫描图案，做了美术的处理，再复原，然后把内容整合到一个360度场景的平台上，消费者单击一幅画，里面的人物就开始跳舞，甚至能有一些问答，有一些游戏性的内容，给大家一些想象空间。好莱坞和迪士尼都尝试采用这种技术提升游客体验。

**3. “编织”4D特效技术的旅游景点时光塔**

2015年，华威城堡的一个新交互式景点——时光塔（Time Tower）有望采用最新的3D和4D技术，将游客带回到欧洲中世纪的“黑暗时代”。

时光塔是英国第一个结合3D扫描、3D建模、投影映射和4D特效技术的旅游景点。“编织”了一起发生在中世纪时期、引人入胜的故事——“玫瑰之战”（War of The Roses），带领游客穿越时空来到都铎王朝和维多利亚时代的一个生动鲜活的故事。

背后的制作团队以乐高乐园发现中心的乐高工厂参观体验（Lego Factory Tour Experience）和海上生命探险（Octonauts at Sea Life）为背景，采用三维扫描和建模专有技术打造华威城堡的等比例模型，然后通过投影映射和4D效果转换，配合一个绿屏背景展开拍摄，再加上计算机显示影像（CGI）和视觉效果技术，呈现出不同时间的历史角色，揭示他们的故事。

**4. 江西新余中国首创5D溶洞**

5月13日，由福建新恒基集团、易达（福建）旅游集团主办的“中国首创5D溶洞奇幻游”易达中国洞都开业，牛郎织女洞全长1600米，典型喀斯特地貌，是牛郎织女在人间生活时所住仙洞。穿梭其中，于时空变换中亲历“梦幻织锦、天上情缘、王母震怒、鹊桥相会”等跌宕起伏的梦幻场景，在融情于景、融景于心的互动体验中切身体会牛郎织女浪漫的爱情故事。全面包裹游客“视、听、嗅、触、味”五觉体验，立体演绎“一个会讲故事的溶洞”。

**5. 全景虚拟景区让旅游更美好**

目前景区在进行自助式营销或建设自身官网时，使用最多的载体是图片、文字、视频等，平面化的推广方式并不能让旅游者产生强烈的心理冲击，从而产生“去”的欲望。

全景虚拟景区，将平面化的图片转换成三维立体空间，更真实、形象，与传统的营销手段相比，基于虚拟旅游的旅游网络营销将提高服务或产品在市场上的竞争力，目前全景虚拟景区的建立正逐渐成为旅游景区吸引游客的理想方式之一。

据统计，我国目前已拥有超过 5000 家具有一定资讯服务实力的旅游网站，可以较为全面、系统地介绍旅游目的地的各种信息及旅游企业信息。多数旅游网站会采用文字介绍、图片浏览的方式为浏览者提供旅游资讯和景区信息，大多数的互联网用户无法在碎片化的时间里快速轻松地获取完整、即时的旅游信息以规划自己的旅游行程。用户已不满足于各类网站中文字和图片这样单一、平面化的信息内容展示，同时也不愿花费太多时间对信息进行是否有效的判断或整合。全景虚拟景区具有强大的信息整合能力，图片、音频、视频、文字等信息均可嵌入其中，再辅以全景虚拟景区“真实场景再现”的特性，让旅游者更好地对旅游信息进行甄别，从而有的放矢，选择自己真正想去的地方旅行，进而增加旅游网站的用户黏性。

旅行社推出的旅游产品依然是人们首选的出游方式之一，人们根据旅行社的旅游线路决定是否出游，或去哪里游玩，然而，旅行社在销售线路的过程中，由于旅游产品的无形性与不可移动性，致使旅游者不能提前试用旅游产品，影响了旅游者做出决策。全景虚拟景区的出现，将旅游产品“移动”到潜在旅游者面前，潜在旅游者通过全景虚拟景区，进行虚拟旅游体验，实现对旅游产品的“试用”，解决了旅游产品与旅游者游前不能相见的弊端。

随着旅游业的蓬勃发展，一个城市的旅游形象正在成为城市整体形象、投资环境的重要标志和城市竞争的“软实力”。近几年，旅游业所带来的巨大的社会经济效益使地方政府纷纷打出旅游牌，利用本地资源来发展旅游及其相关的产业。在这种状态下，塑造具有自身特色的健康、绿色、持久的旅游城市形象十分重要。通过建立整个城市的全景虚拟景区平台，并通过专题式组合发布，将旅游资源进行整合，有助于用户对城市形象进行快速认知的同时，增强用户的体验感，在认知与体验中加强对城市旅游形象的定位。

地震、洪涝等自然灾害对文物古迹的破坏几乎无法避免，为更好地保护这些文物古迹，将名胜古迹保存为数字化版本成为一种新的理想方式。全景虚拟景区基于先进的全景技术，同时可容纳文字、图片、视频、音频等多种信息，对文物古迹的各个场景、立面、细节等进行整体全面的展示，为旅游者模拟出一个可交互的、真实性强的三维空间场景。

**6. 奥斯维辛集中营博物馆建立在线系统预订**

奥斯维辛集中营博物馆建立专门的网站——visit. auschwitz. org 方便游客进入馆内，自 2015 年 1 月 1 日起游客可以通过此网站提前预订参观时间。网上预订是游客在自己选择的日期和时间进入博物馆的唯一凭证。

前身为德国纳粹的奥斯维辛集中营和灭绝营的奥斯维辛集中营博物馆，自 2007 年就有每年超过 100 万的游客量，2014 年涨到 150 万人次。

新网站服务于个人游客和团体游客。专业的工作人员可以使用 19 种语言来引导游客进入博物馆。世界上没有除此之外任何一个博物馆提供此项服务。个人游客或者是经由博物馆工作人员带领的游客最早可以提前 3 个月进行预订。这一人性化的网站，还有一项新的功能，就是允许个人游客预订团体旅游，并且可以在线支付。为了安全起见，奥斯维辛集中营博物馆会限制每小时进入馆内的游客数。网站上会公布可以预订的日期，这样就可以方便游客选择预订的日期、时间和参观时所需的语言。至于预订确认，系统会生成一个入门卡。

**7. 150 余年前圆明园全景发布 游客通过 APP 可看 3D 景观**

圆明园遗址公园和清华大学合作，通过数字 3D 技术真实再现圆明园内 108 个景观。该数字系统将于国庆期间正式上线，届时游客在游览圆明园时通过下载 APP，就可以在手机或 iPad 上看到依史料记载、经过数字技术恢复的 150 余年前的圆明园景观。

“这些通过数字恢复的 3D 景观，是在各种史料记载和考古发现的基础上还原的。”数字圆明园科技文化有限公司的孙慧皎介绍。“现在九州清宴、含经堂等 33 个景点已经可以通过扫描二维码的方式看到 360 度的 3D 景观，国庆期间新上线的版本可看到圆明园历史记载中的全部 108 个景点。想提前体验数字圆明园的游客，现在到圆明园售票处可租一台 iPad，到九州清宴等景点就可体验。”圆明园遗址公园园长曹宇明介绍。通过 APP 的导览系统，不仅可以看到 360 度 3D 复原景观，还可以向游客提供最佳游览路线、实时定位，同时还有景区介绍和数字影片供游客欣赏。公众也可通过网络下载圆明园移动导览系统，在家中虚拟游览圆明园。

### 3.6.7 广东景区新媒体营销

广东观音山景区“带爱去旅行、祈福观音山”系列活动在不间断的炒热观音山的“带爱”和“祈福”的卖点，每一期的活动又通过旅游达人的图片和文字，加工出鲜活的内容，吸引更多的人来关注以及参与。口碑传播体现在参与者的选择方面，活动的参与者除了媒体记者，就是旅游圈和摄影圈的大咖。他们的微信好友和他们本身所处的圈子密不可分，景区利用微信朋友圈直接进行精准微信传播，口口相传，从而在媒体圈和旅游界扩大了“观音山”的知名度和美誉度。

“带爱去旅行、祈福观音山”系列活动的传播内容由活动的几个环节而构成。从众筹旅费开始，到最后取得名次这期间，每期的 5 位参与者都根据自身情况将所见所闻所得图文第一时间发布到自己的微信朋友圈。在每个环节发布的内容均包括“带爱去旅行、祈福观音山”。传播内容、传播形式、传播质量、传播速度是景区掌上移动营销推广的重要因素。“带爱去旅行、祈福观音山”系列活动并不仅仅局限于微信传播。活动从无到有，从策划到实施，相关信息在网站从最初发布到统计，“带爱去旅行、祈福观音山”这 10 个字，通过百度搜索达到 3600 条，图片搜索达到 179 张。新浪微博搜索达到 77 个。这些内容里面有活动发布的相关新闻、参与者发布的游记（博客、SNS），特别是在一些旅游类网站如搜狐、乐途、携程、蚂蜂窝上发布的游记，都获得很高的阅读单击量。甚至“带爱去旅行、祈福观音山”活动的游记被网站推位至首页显眼位置。

微信、微博是微营销的主阵地，各大网站助力，为活动增值。观音山景区的“带爱去旅行、祈福观音山”系列活动通过将参与者变为宣传者的营销方式，让传统网络和移动终端二者相辅相成，并整合各种媒体资源实现多元化营销，实现旅游景区良好的移动营销宣传效果。

# 第 4 章

# 基于旅游购物的电子商务

旅游活动中的购物行为是旅游的重要组成部分。旅游购物发展一直是我国旅游业发展的薄弱环节。长期以来,旅游购物的生产者、销售者、旅游活动的组织方缺少对于旅游购物产品的经营,使旅游购物市场处于不统一、无标准、少监管的实际现状中。随着电子商务在旅游业中的发展,旅游购物将借助电子商务手段搭建公平有序的资源平台,提供透明广泛的购物产品,使游客获得更加实惠、更加便利的旅游购物体验。本章从传统旅游购物的定义和存在问题入手,结合电子商务的特点,提出基于旅游购物的电子商务的可行性与优越性,分析现有旅游购物的电子商务模式,最后从新技术的角度出发,展望基于旅游购物的电子商务的发展前景。

## 4.1 基于旅游购物的电子商务的内涵

### 4.1.1 传统旅游购物的定义

狭义的旅游购物是指旅游或旅游业的一个领域或要素,指以非营利为目的的游客离开常住地,以购物及其他相关活动为旅游目的,满足游客需要而购买、品尝商品,以及在购买过程中观看、娱乐、欣赏等行为。

广义的旅游购物是指游客在旅游目的地或在旅游过程中购买商品的活动以及在此过程中附带产生的参观、游览、品尝、餐饮等一切行为。旅游购物不是单纯地购买商品的行为,这与日常生活中的购物不同,其中包括了与旅游相关的休闲娱乐等活动,通常与特产店、景区门票、农家乐、酒店住宿组合在一起,增加了旅游购物的乐趣。旅游购物作为一种旅游行为,对当地社会文化、经济、其他领域以及旅游政策都产生影响。

### 4.1.2 传统旅游购物的突出问题

旅游购物是旅游活动的重要组成部分,旅游购物本身就是旅游资源。但是和世界旅游业发达的国家和地区相比,旅游购物是我国旅游业发展的一个薄弱环节。目前,世界旅游发达国家购物收入已占旅游总收入的40%～60%,而我国却长期徘徊在20%左右。同时伴随着旅游购物市场的长期失序,旅游商品销售不规范、旅游商品雷同、旅游商品质量差与价格不符等,这些问题在很大程度上制约着我国旅游经济的发展。

长期以来,旅游购物市场信息不对称。由于旅游活动是跨地域进行的,多数情况下游客对旅游目的地是第一次接触,因此,游客很难了解有关旅游商店和旅游商品的各种信息,对旅行社的了解也只是道听途说间接了解。旅游者对旅游目的地国或地区旅游商品及商店的信息掌握,主要来自旅行社和导游,这是旅行社操纵整个旅游购物市场的根本原因。在旅游购物市场中旅游企业往往拥有比旅游者更多的信息,从而导致旅游购物市场的信息不对称。掌握客源的旅行社以旅游购物作为企业盈利的主要来源,因此,经常以高额回扣作为给旅游购物商店输送客源的重要条件。而处于相对劣势地位的旅游购物商店为了保证客源,一方面,不得不增加给旅行社、导游和司机的回扣;另一方面,尽量压低商品的进价,抬高商品的销售价,这必然损害旅游者的切身利益,使旅游者买到质价不符或假冒伪劣商品,使旅游购物成为旅游者不愿涉及的黑洞,导致旅游购物市场越来越萎缩,从而也影响了我国旅游业的整体形象和长期发展。

### 4.1.3 旅游购物电子商务的出现

由于目前旅游购物的乱象,旅游中涉及"购"的投诉比例一直居高不下,如何解决旅游发展中"购"的矛盾,应首先打破传统旅游购物中的回扣利益链。在国外,旅游购物也存在回扣,但回扣方式多为公对公的形式,不直接返给个人,比例也控制在 10%以下。从实际出发,旅游购物不可能在发展中被禁止,是旅游活动不可缺少的部分,应该得到更多的重视。可以看到在旅游发达国家,如日本、美国,旅游购物的体量很大很普遍但却没有投诉,所以需要改变的是方式。在我国旅游购物回扣的问题上,类似于多年前的出境团,本来回扣丰富,但因为旅游电商的介入,用非大众的标准来挑战传统"购物团",甚至在欧洲、澳洲等原本以回扣丰厚著称的领域推出纯玩团,虽然产品平均价格比市场高出 20%左右,但仍然获得市场的认可。

互联网最大的优势,就是将旅游中本来模棱两可的环节"透明化",细分到旅游购物环节,解决这些问题需要一个平台,而且需要依靠各方面的力量,借助于技术实现智慧化的管理,才能根本解决旅游购物中的顽疾。移动互联网、物联网技术、云计算的快速升级,为解决旅游购物的智慧管理与服务提供了可能。新一代科技背景下的信息传递、生产流程、消费习惯、服务模式等将发生前所未有的变革,有效地解决了旅游购物的异地管理和异地服务。智慧旅游新生态模式将优化社会资源创新组合,提升政府与景区管理效率,更好地满足游客的旅游体验和多元化需求,所有这些为旅游购物的智慧管理提供了借鉴,通过之后的平台实现购物资源的整合、销售管理的整合以及质量服务体系的整合。创新的智慧旅游购物模式,高效的旅游生态供应链管理,便捷的购物体验,都将共同推进智慧旅游的全业态发展。

旅游购物的另一弊端就是地域性,旅游购物产品不同于其他旅游环节,除拥有体验的属性外,也具有实物商品的使用价值。作为实物商品,旅游购物需要解决中间环节、物流环节、售后环节。过去,消费者要购买海外商品,或者前往香港、澳门地区,或者前往境外直接购买,耗费大量时间和金钱;如果是自己上网找代购,就存在很大风险;传统贸易商通过大批量进口,再到批发商、零售商,然后才到消费者手上,价格较高且耗时较长。而新的跨境电商,可以使货物先进保税仓,再直接发给消费者,物流成本大为降低,对消费者来说方便省时又省钱,售后服务也可以通过电商平台的统一管理模式进行,操作起来非常方便。通过跨境电商模式,最大的变化就是物流成本能大幅下降,消费者可以直接获益。

智慧旅游购物是旅游或旅游业中的一个重要核心要素，智慧旅游购物本身就是旅游资源，为游客提供丰富的旅游购物资源，满足游客的购物体验需求，并解决游客担心的质量之忧、价格之忧，这已成为现代旅游目的地最具吸引力的内容之一。发展智慧旅游购物既是满足我国人民日益增长的物质和精神文化需求的重要渠道，同时又是提高旅游整体经济效益的重要途径，能促进地方经济的可持续发展，也为游客增添了便利，增加了购物环节的保护神。通过搭建旅游购物电商平台游客可以很方便地在游前、游中及游行后查询、订购国内旅游目的地的名优特产、旅游商品。旅购网络为消费者提供了安全的支付与物流、严格的品质保障、完善的售后服务。这样建立起来的智慧旅游购物平台，集中解决了旅游购物中的诚信、配送、质量、服务等传统手段无法解决的难题，为游客、企业、政府之间搭建便捷沟通的电子通道，成为旅游购物新的发展方向。

### 4.1.4 基于旅游购物的电子商务的内涵

基于旅游购物的电子商务区别于传统的旅游购物电子商务，不仅仅是将旅游产品和服务搬上网络平台，开展网上交易，而是更加综合、系统和便捷的旅游电子商务。

基于旅游购物的电子商务围绕游客的购物需求，以购物为牵引，延伸出更多与旅游关联的电子商务。

## 4.2 基于旅游购物的电子商务模式

### 4.2.1 旅游购物电子商务的模式

**1. 旅游购物产品生产者的网络直销模式**

直销模式是指直接将产品通过生产商到消费者手中，没有其他环节的产生，消费者同时也是经营者。也就是说，生产者转移给消费者或使用者。直销大大减少了流通环节，免除了支付给中间商的费用，有效地降低了成本。生产者可以根据顾客的订单按需生产，并及时了解客户反馈。

旅游购物产品的生产者属于旅游目的地，旅游购物产品带有明显的地域性、唯一性。旅游目的地对于当地旅游购物产品的开发有得天独厚的优势，对于旅游购物产品的监管也最具权威性。旅游目的地通过建立 B2C 平台，可实现旅游购物产品统一生产、最优定价、无中间环节销售，保证旅游购物产品的最大利润。在保证利润的同时，旅游购物产品对于目的地也有重要的推广作用。直销可以保障旅游购物产品符合目的地形象，并逐步形成目的地品牌，与目的地其他旅游资源融合成整体。

**2. 旅游购物产品在旅游网站的分销模式**

网络分销是指充分利用互联网的渠道特性，在网上建立产品分销体系，通过网络把商品分销到全国各地。通过网上分销系统，可以节约很多成本，并且利用有限资源，跨过时间、地域限制获得更多利益。在网络上，拥有充足的空间和市场进行品牌宣传、产品推广。

为使旅游购物产品的购买更加便捷、分销渠道更广，应积极与在线旅游商合作，通过对接 OTA 销售系统，使游客在预订旅游线路时，同步弹出当地的旅游特色商品，并可以实现预购，扩大旅游购物产品的曝光量和预订机会。通过和分销商建立严格的分销协议，保障旅游特产品直接从原产地直达消费者手中。

**3. 景区体验＋线上购买的体验营销模式**

旅游购物离不开人的介入，离不开场景式的体验。旅游电商提供了门票、交通、酒店等各种选择，但在旅游购物这一环节，始终是一个空白。旅游购物不能完全走电子商务这条路，游玩购物中的氛围和感觉，才能激发出游客购买的欲望。场景和体验是电商无法替代的，因为身临其境这四个字，所调动的人的各个器官和神经，刺激到人脑的分泌激素，都不是一个电商平台的图片展示能够代替的。

为此，旅游目的地应进行交互性的多维建设，如在景区景点开设购物体验中心，游客不仅能激发体验身临其境的购买欲望，也可通过互联网对比和查询旅游购物产品的质量。

### 4.2.2　基于旅游购物的电子商务模式概述

电子商务的应用影响着旅游业的发展，作为旅游资源的一部分，旅游购物的电子商务正在各个领域蓬勃发展。作为旅游购物资源的拥有者，通过电子商务手段拓宽产品销售渠道，直接提升产品知名度和销售量。作为平台搭建者，通过电子商务手段整合不同的旅游购物资源，配套统一完善的物流、售后服务，培养游客使用习惯，逐步改善旅游购物方式，进而优化旅游购物市场。作为旅游综合服务商，开通旅游购物模块，激发游客一站式购买，使游客的选择更完整，最终完成旅游闭环交易。

**1. 旅游资源方开展的购物电子商务模式**

## 案例 1

**目的地旅游购物的电子商务解决方案**

西藏通过打造“旅游＋购物”的新型电商模式，那曲冬虫夏草、西藏藏红花、西藏牦牛肉干，如今越来越多的西藏特色产品通过网络被人们所熟知，这都要归功于各大电商平台上的网店。西藏已启动西藏电子商务工程建设，总投资 6 亿元，搭建集购物与旅游为一体的电子商务平台及体系，构建西藏区域电子商务生态系统。

西藏的电子商务工程是“十二五”时期国家支持西藏经济社会发展的 226 个重点项目之一，由自治区工业和信息化厅负责组织建设。此项工程建设共分为两期完成，一期目标为构建面向国内外的西藏特色产品高效交易平台，初步构建西藏区域电子商务生态系统的支撑平台。第二期目标为建设集中的西藏电子商务产业服务基地，构筑完善的西藏区域电子商务生态体系，依托电子商务平台，构建面向全国的线下销售渠道，推动电商模式成为西藏特色产品交易的重要渠道。

西藏电子商务工程将搭建以 B2C、B2B、资产电商交易平台、第三方开放平台为核心的综合性电子商务平台，并围绕电子商务平台构建第三方支付、身份认证、仓储物流、产品认定、标准规范、信用服务、公共服务等 7 大电子商务支撑体系，并实现交易平台与支撑体系良性互动。B2C 网络购物平台将采用“旅游＋购物”的新型电商模式来打造，把西藏独特的自然景观、人文文化等融入消费者购物体验中，将西藏特色优势产品展示、推广、销售给国内外消费者。B2B 商品交易平台方面，则是在西藏产权交易中心现有的中药材商品交易平台基础上，升级交易系统、拓展交易功能，构建满足矿产品、天然饮用水、藏药材、农畜产品等综合性大宗商品交易平台，以及类似“产权交易＋淘宝网”的资产电商平台。7 大电子商务支撑体系主要是为自有电商平台和西藏其他各类电子商务企业提供服务支撑。

2012 年，淘宝网食品类目重新组建了特色中国项目，人们只需要用鼠标一点，便可以在异乡享受到家乡的味道。目前国内已经有 22 个省份开通了特色馆。在当前条件下有必要充分借助第三方平台的优势。目前，西藏产权交易中心已经与阿里巴巴方面达成协议，开设“淘宝特色中国——西藏馆”。

## 案例 2

### 免税店的电子商务解决方案

在电子商务快速发展的背景下，免税店电子商务模式的开发将极大地缩短顾客的购物时间，解决免税商品流转，使游客足不出户交易免税商品。近年，基于国家政策的有力支持，离岛免税政策的实施、上海自贸区的建立，为免税店的电子商务发展提供了可能。中免集团依托电商强大的运营能力，建立三亚免税店网上商店，为客户提供专业化电子商务服务，从而赢得客户的尊重和信任，实现互惠双赢，不仅扩大了销售规模，而且利用网络平台丰富的销售渠道，提升了企业的品牌知名度。

响应国家发改委委托海关总署实施跨境贸易电子商务服务试点的计划，上海电子口岸搭建了跨境电子商务服务平台——“跨境通”，在这个平台上，合作商户都经过海关备案，消费者可避免买到假货的风险，全程电子化管理也可实现商品追溯，让消费者获得服务保障。同时，平台上每件产品，都会标明商品本身的价格、进口关税和物流费用，使消费者对自己的支付价格组成一目了然，避免商家在价格上“打闷包”，消费者还能获取相应缴税凭证，购物渠道更规范透明，价格比境内实体店更实惠。确定购买、生成订单后，由于消费者是经过实名认证的，确认商品符合海关规定的个人物品合理自用数量及金额限定后，就可网上付款。

传统购物网站也纷纷瞄准免税商品，如天猫国际成立了 O2O 事业部，具体实现形式是：消费者在出国前、出国中，都可通过天猫国际提前购买海外机场免税店里的商品，在归国时，直接去机场免税店自提即可。但这种免税店 O2O 的模式并非天猫国际首创。韩国乐天免税店就推出了中文版购物网站，以方便日益增多的访韩中国游客在乐天免税店购物。中国游客可以在“乐天网上免税店”上提前购买免税商品，结束在韩国的旅游回国时可方便地领取商品。“线上下单线下自提”的方式，可以提升消费者在免税店的购物体验，譬如有更宽裕的商品挑选时间、免除买单排队、削弱消费者与导购语言不通的影响。图 4-1 所示为免税让消费流程。

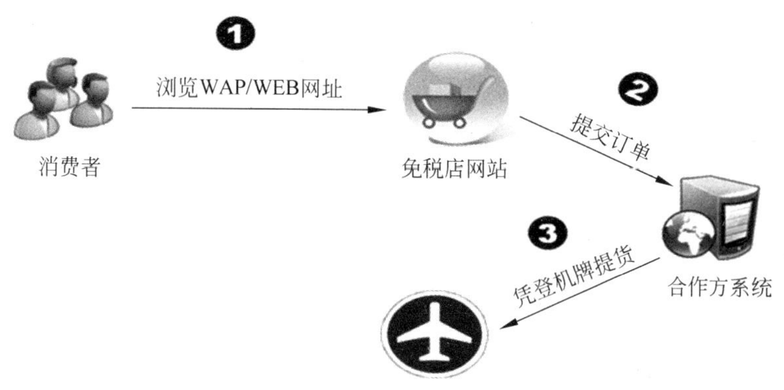


图4-1 免税店消费流程

**2. 平台方开展的购物电子商务模式**

## 案例3

### 景区体验馆十APP下单的电子商务解决方案

旅购网络是国内唯一一家基于OTA平台提供旅游商品供应链服务提供商，搭建国内最大的目的地旅游商品库以标准API接口形式对接OTA，获取OTA平台目的地特产频道及商品关联销售运营商。旅购通是国内最大的旅游商品B2B2C分销平台，旨在从商品的源头把旅游特产直供给旅行社，旅行社直销特产商城，让每一个导游都成为旅游中最好的导购者。

旅购网络拥有两大电商平台：一是旅购通商家平台，为客户提供智能化平台管理、供应链管理、B2C移动商城、OTA分销渠道、实体店分销渠道等综合服务；一是旅购商城APP平台，是面向移动端用户的旅游购物商城，为游客提供汇聚全球的名优特产、购物指南、便捷物流以及第三方担保等旅游购物O2O全流程服务。

通过旅购网络的用户端APP，游客可以很方便地在游前、游中及游行后查询、订购国内旅游目的地的名优特产、旅游商品。旅购网络为消费者提供了安全支付与物流、严格的品质保障、完善的售后服务。

下载旅购APP，系统自动定义到游客所在的景区和城市，推荐旅游特产和纪念品。比如到乌镇，会有乌镇白菊、手工乌酒、蓝印花布、糖果糕点、姑嫂饼等提供参考。游客可以在当地签约店铺采购，也可以直接手机下单。购买后，游客可以直接在当地取货，也可以为游客运送到指定地点。至于回扣佣金，也很透明，商品成交后旅购会向店家收取3%的佣金。为此，旅购网(http://www.lvgoutong.com)在景区景点开设了购物体验中心，比如黄山、千岛湖、乌镇等。在黄山与景区合作，在新游客中心建立1000平方米提货点，提货点里还提供免费WiFi服务，游客不仅能购买景区自行开发的旅游文化创意商品，也能通过扫码、收藏等方式，随时随地查询、购买当地特产，并享受可以自行提取或快递到家的物流服务。

## 案例 4

### 线上下单＋电子提货的电子商务解决方案

手礼网(http://www.shouliwang.com)依靠机场资源及电子商务行业的飞速发展，提出了“电子商务＋机场提货”的模式，希望能把机场作为一个提货点，人们旅游出差归时只需要提前通过网络、电话或手机客户端订购，在离开时到机场提货付款。网站创始人在这个想法的基础上实践，用了半年时间作调研，花3个月作系统采购产品等筹备。手礼网是依托电子商务的销售平台，通过机场提货的创新物流方式，为机场进出的航空旅客提供地方特色礼品的销售体验平台，不仅为航空旅客提供电子商务＋机场提货服务，更会在选礼上进一步优化体验。

手礼网的供应商基本上都是厂家，打造的是老字号汇集的概念，就是要把当地具有传统又有人气的好东西挖掘出来。通过有效的营销手段将目标客群吸引到线上入口，如网站、手机客户端或电话，客户在选择商品完成订购后，在预订的时间内到手礼网的机场门店提货付款，再以机场门店零售作为补充。

分销方面，线上手礼网已经在天猫、淘宝、京东、一号店等电商平台开设了店铺，线下则与接散客的旅行社和家庭旅馆合作，线上采取的是小步快跑的推进方式，线下和线上营销本身就是要形成组合的。

另外，手礼网还有专门的设计团队开发创意商品，针对旅游商品店开展一些批发业务。

手礼网与厦门、福州、武夷山三地机场是租赁合作，也就是在候机楼内租赁场地作为提货点。当然合作方式不拘于此，未来手礼网向省外机场进行模式复制，更多的合作模式都可以探讨，但前提一定是以手礼网为主。目前尚没有复制到火车站的计划。

盈利模式除了差价外，整个平台的规模不断扩大影响力增强后，会有相关的各类附加收入，以及量带来利的增加。在机场附近有建仓，仓库人员可人工将货物送至候机楼。

自主开发创意商品是手礼网三大产品线之一，手礼网除了设计团队自主开发以外，网站还会跟供应商强强联合，合作推出双品牌商品。前不久与旷野茗茶共同推出的“手礼好茶”就获得了第二届海峡两汉茶文化季“海峡两岸茶品牌新势力”的荣誉。

手礼网的未来发展战略是“多点复制，单点做精”，力图把模式复制到省外机场，最终形成“手礼中国”的大网。

### 3. 旅游综合服务OTA的购物电子商务模式

## 案例 5

### 旅游购物频道的电子商务解决方案

携程旅游正式推出旗下首个购物电商平台“游易购”(g.ctrip.com/mall)，为游客提供一个可方便购买旅游纪念品、地方特产及“伴手礼”的购物平台；“游易购”域名受关注。

据悉,携程旅游此次推出的"游易购"电商平台,集合了全球优质的供应商,品类齐全,并将目的地旅行和购物整合,推出"线上下单,线下取货"的便捷模式,用户可还可选择机场提货或酒店提货,省时省力。

目前,携程"游易购"已覆盖到全球 20 个站点,包括韩国、日本、中国香港、中国台湾等国家和地区,以及上海、北京、南京、广州等国内热门旅游目的地。携程"游易购"将会根据客人的喜好和建议,及时调整商品目录,提供更多价廉物美、富有当地特色的伴手礼。未来,携程"游易购"平台将不断丰富产品品类,完善用户体验,予以客户放心的服务、贴心的价格。

## 4.3　基于旅游购物电子商务的旅游综合服务发展趋势

类似上文提到的案例还有很多,而且逐渐成为常态。随着电子商务在旅游业的发展,游客已经从中享受到了一些原来没有的服务。随着科技的进步,服务的内容和形式将更丰富、更全面、更人性化,也让游客的出游更加便利轻松,同时为相关企业带来了更多收益。而传统店家只是在一味埋怨游客不进店,买东西少。或者仅仅在产品的品种数量上下功夫、做文章,虽然天天都在谈创新,却忽略了信息时代的服务创新,仅仅把信息理解为提供消息、发送广告,没有从游客的需求、困难、习惯去考虑、分析、研究,更没有采取相应的科技手段为游客提供满意的服务。随着移动旅游购物渐渐被商家所认识,也渐渐被游客所熟知,商家是否提供相关服务,必然会影响到其商品销售的数量。

依托电子商务的旅游购物的服务还处于刚刚起步阶段,可提供的服务还有很多。随着新技术的不断涌现,手机端的不断开发,线上体验、比较、选择、购买、支付、物流、售后以及线下体验将逐一被打通。最终旅游购物将以体验的形式成为旅游活动的一部分,旅游购物的商品将和日常消费品一样买得令人放心。

### 4.3.1　AR 技术增强虚拟体验

所谓 AR(augmented reality),即现实增强技术。AR 技术利用计算机生成一种逼真的虚拟环境,通过各种传感设备使用户"沉浸"到该环境中,可以即时生成图像,或者形成真实的触摸感,体验到商品的穿戴效果、质感、材质和质量等。游客通过加载 AR 技术的软件设备,可以不亲临现场便可体验商品。通过 AR 技术,游客也可在实体购物商店内,用设备对准商品,发现商品背后的旅游文化内容以及商品质量信息。

### 4.3.2　定位导航帮助快速找到目标商品

现实生活中,GPS 定位是主要用于对移动的人、宠物、车及设备进行远程实时定位监控的一门技术。GPS 定位是结合了 GPS 技术、无线通信技术(GSM/GPRS/CDMA)、图像处理技术及 GIS 技术的定位技术,在旅游购物时主要可实现定位游客地点、推送附近旅游购物场所,使游客可以即时到达购物场所。

### 4.3.3 语音导览激发购买欲望

语音导览功能是虚拟导游应用较广的一项技术，它可以把景区和陈列展示的物品声情并茂地表现出来，使景区和陈列延伸得更加生动，使观众在边看边听中汲取知识、了解内涵、享受文化。基于语音导览功能和定位导航功能，可以让旅游购物产品真正成为一种旅游资源，成为当地旅游文化的一部分，通过讲解让客人了解，并激发其购买欲望。

### 4.3.4 移动支付取代传统钱包

移动支付也称为手机支付，即允许用户使用其移动终端(通常是手机)对所消费的商品或服务进行账务支付的一种服务方式。通过移动支付取代传统的现金、刷卡方式，可以在旅游产品和游客之间建立第三方的信任平台：一方面监管游客支付；另一方面监管产品质量，使旅游购物产品和实物产品一样享受退换货等售后服务。

### 4.3.5 大数据的应用

电子商务可以有效精准地掌握用户数据，从购买浏览意向、成交量、成交方式、售后情况等多方面收集数据，经过专业分析后，科学控制产品设计、产品储量、淡旺季营销方式一系列产品相关环节，促使旅游购物产品优胜劣汰、健康发展。

# 第5章

# 基于旅行社的旅游电子商务

旅游业是信息密集型和信息依托型产业，也是跨国界合作和跨空间运作的典型产业。信息搭载量巨大、实时畅达、广域连通的互联网络信息手段在旅游业中能发挥突出的作用。旅游业由于其自身的特性：绝大多数旅游产品具有不可转移性，较少涉及实物运输；旅游产品具有的个性化、信息化、时令化等特征，使旅游业与电子商务具有优越的、天然的适应性。随着互联网的快速发展，旅游者越来越倾向于在线浏览旅游信息、比较产品价格、预订旅游线路，甚至网上支付、途中分享等，旅游电子商务化已成为旅游业发展的必然趋势。

旅游业价值链的主要构成部分有：包含旅游目的地、交通运输部门、住宿与餐饮部门在内的旅游产品供应商，旅行社和旅游者。作为旅游业三大支柱之一的旅行社，是连接旅游者和旅游目的地之间的桥梁，是旅游行业的中间商。旅行社通过整合酒店、航空公司、旅游景点等相关企业的产品，以信息产品的方式提供给旅游者，为旅游者提供食、住、行、游、购、娱的一条龙服务。旅行社开展电子商务可以提升整个旅游产业的效率并保证适当的公平。

## 5.1 旅行社电子商务概述

### 5.1.1 旅行社电子商务的基本概念

旅行社电子商务是指旅行社基于网络、通信、电子支付等现代技术，以市场需求为导向，在互联网上发布旅游信息，进行网上促销、旅游市场调研和实施交易的电子商务活动。[①] 旅行社应用电子商务，调整企业同消费者、企业同企业以及企业内部之间的关系，从而扩大销售，拓展市场，并实现内部电子化管理的全部商业经营过程。

### 5.1.2 旅行社电子商务的发展基础

旅游市场的特征决定旅行社需要尽快发展电子商务。

**1. 休闲旅游占据主导**

休闲旅游在未来将占据中国旅游市场的主导。随着中国人均可支配收入的持续增长和人们出行观念的变化，休闲旅游将超过商务出行占据旅游行业主导地位。

---

① 王真慧，张佳. 旅行社实施电子商务经营管理模式创新探讨[J]. 生产力研究，2009(5)：146～148.

**2. 散客化趋明显**

散客市场持续增长，自由行市场上升。2011 年抽样调查数据显示，国内城镇居民团体旅游占 17.5%，散客旅游占 82.5%；农村居民团体旅游占 6.9%，散客旅游占 93.1%。散客旅游成为旅游活动的主要形式。此外，越来越多的游客选择“半自助游”或者“机加酒”的方式，对于产品的定制化要求逐渐加大，搜索服务成为旅游产业链的重要一环，贯穿旅游用户的产品决策、启程前、行程中与行程后。

**3. 网络购物用户增多**

自 1995 年至 2014 年，全球人口中的互联网用户渗透率从不到 1%上升至 39%，达到 28 亿，手机用户数从 1995 年的 1%上升至 73%，达到 52 亿。未来休闲旅游和商务出行选择在线渠道的用户将有大幅度提升。中国网民数量已经位于全球首位，但互联网渗透率还不到美国等发达国家的 1/3，随着中国互联网渗透率的进一步提升，通过互联网购买旅游产品、解决旅行问题的用户将越来越多。

### 5.1.3 旅行社电子商务的基本特征

旅行社电子商务具有 5 个基本特征：

(1) 旅行社电子商务的主体是旅行社或旅行中介服务机构(travel agent)；

(2) 旅行社电子商务的核心是一系列规范的业务流程(business procedure or work flow)；

(3) 旅行社电子商务的基础是互联网技术(internet)和万维网(world wide web)技术的应用；

(4) 旅行社电子商务的创新竞争力在于在线旅行服务模式(online travel service, OTS)，这种服务模式的最大特点是在线、即时地为旅游者服务，在时空上体现出快捷和便利；

(5) 旅行社电子商务体系是一个“人—机”结合的系统，涉及企业运作的各个层面(产品设计、市场营销、企业管理 MIS、客户管理 CRM、资源管理 ERP、供应链管理 SCM)，绝对不只是一个纯粹的“机器人”计算机系统。所谓“鼠标＋水泥”，或“传统业务＋现代手段”只是一种通俗的说法而已。

### 5.1.4 旅行社电子商务的应用层次

从类别上看，旅行社电子商务有 B2B(网站对交通、住宿、景点等企业)、B2C(对游客)以及 C2C(游客自行组团)等模式。

从应用层次来看，旅行社电子商务可分为两个层次：

一是面向市场，以交易活动为中心，包括促成旅游交易实现的各种商业行为——网上发布旅游信息(包含网络旅游新闻媒体)、网上广告宣传、旅游市场调研和实现旅游交易的电子贸易活动，如网上洽谈、售前咨询、网上交易、在线支付、售后服务等。

二是利用旅行社业务流程重组和内部网络平台建设而形成经营管理活动，实现旅游企业内部电子商务，包括旅游企业建设内部网络和数据库，利用计算机管理系统实现旅游企业内部管理信息化。可以预见的是，发展到成熟阶段的旅游电子商务，将是旅游企业/机构外部电子商务和内部电子商务的无缝连接，这将极大地提高旅游业的运作效率。在这一方面，区别于传统意义的、连接内部数据库系统和业务流程的新型呼叫中心和B2C网站，是极好的运作示范典型。

## 5.2　旅行社电子商务的发展阶段与现状

### 5.2.1　基于旅行社的旅游电子商务的基本内涵

基于旅行社的电子商务是指旅行社根据客源市场，在互联网上实时进行线路咨询、业务洽谈、网上交易、在线支付、售后服务等。同时，旅行社可以对企业经营管理活动进行资源重组和组合，建设企业内部办公网，依托旅行社业务管理、旅行社客户关系管理和财务管理等经营管理系统，实现旅行社经营管理信息化。①

### 5.2.2　基于旅行社的旅游电子商务的发展阶段

基于旅行社的电子商务发展通常经历以下4个阶段。

**1. 基础准备阶段**

该阶段的特点是：企业内部选择优质资源整合，分阶段进行整合。

**2. 电子商务应用阶段**

该阶段的特点是：电子商务价值创造，通过关注用户体验全面实现在线销售、在线购物、在线服务，从而达到扩大市场、增加销售和降低成本的目的。

**3. 产业链整合阶段**

该阶段的特点是：通过电子商务平台，以本企业为核心搭建旅游行业外部产业链，通过核心企业的控制能力，加快整合上游供应资源，进行产业链的纵向延伸，加强渠道控制能力，实现产业链上价值的重新分配。

**4. 电子商务生态圈阶段**

该阶段的特点是：从单一网站进化为多物种的电子商务生态系统，将互联网作为竞争和沟通平台，通过虚拟、联盟等形式进行优势互补和资源共享，结成一个有机的生态系统，最终实现电子商务各“物种”成员的生态共建、生态共生以及在此基础上的价值创造、价值共享和共同进化。

电子商务的本质可以说是将客户的价值最大化的智能商务，传统企业即使不是在线销售也必须从事这种以智能为特征的电子商务，否则就容易被淘汰。

美国西北大学凯洛格商学院的索尼教授把电子商务的历史概括为“3个E”：

第一个E是Every day，即每时每刻都要用到；

第二个E是Enhance，即提升既有业务的质量和体验；

第三个E是Evolution，即实现企业现有形态的进化，从非智能企业进化为智能企业。

---

① 王真慧，张佳. 旅行社实施电子商务经营管理模式创新探讨[J]. 生产力研究，2009(5)：146～148.

## 5.3 基于旅行社的旅游电子商务应用

旅行社的基本业务包括产品、开发与采购、产品销售及营销、产品促销以及旅游接待,每种基本业务都渗透着电子商务的应用。

### 5.3.1 产品开发与采购——资源库管理

旅游产品是由各个资源要素打包拼凑而成,建立全面完整的旅游信息资源库,可以随时查询到各类资源信息,便于统一管理,利于调配资源,同时还能通过全面的统计分析,提高决策依据,如图 5-1 所示。计算机快速、自动、强大的统计汇总功能,使各项数据的统计汇总变得非常简便快速。

酒店、航班、火车、邮轮、景点、票务、餐饮、签证、保险、导游/领队、购物、租车等都可以称为旅游资源要素。这些资源要素通过采购公司(或采购部门,也可以是组团社、地接社、门市等)向供应商采购之后(确定了时间区间、协议价格、流量、优惠),可以为游客提供具体的旅游服务(吃、住、行、游、购、娱),这就成为旅游资源。资源经过采购后,首先为私有,供本企业内部使用,同时也可以供其他公司进行再次分销。

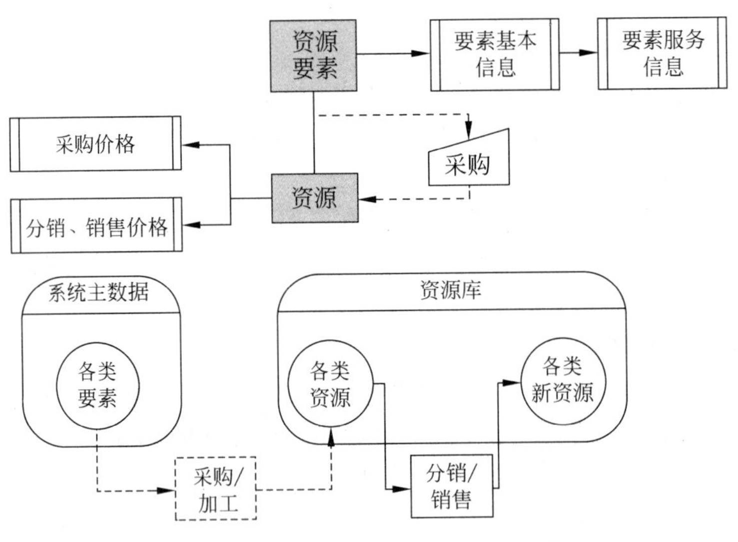


图 5-1 旅行社资源库管理逻辑

### 5.3.2 产品销售与营销

**1. 公司内部分销、企业间分销——B2B 模式**

(1) 概念

B2B(也有写成 BTB,是 Business-to-Business 的缩写)是指企业对企业之间的营销关系,它将企业内部网通过 B2B 网站与客户紧密结合起来,通过网络的快速反应,为客户提供更好的服务,从而促进企业的业务发展。

B2B 是企业与企业之间通过互联网进行产品、服务及信息的交换,随着互联网技术的发展和企业电子商务进程的推进，基于互联网的 B2B 的发展速度十分迅猛。

（2）分类

① 以提供产品供应采购信息服务为主要经营模式的 B2B 行业网站。这类网站要建立分类齐全、产品品种多、产品参数完善、产品介绍详细的产品数据库，尤其是要注重产品信息的质量，要不断更新，有更多最新、最真实、最准确的产品信息及时发布，全面提升采购体验，吸引更多采购商和供应商来网站发布信息、浏览查找信息。该类网站的盈利模式主要是向中小供应商企业收取会员费、广告费以及竞价排名费、网络营销基础服务费等。

主要代表有：途牛旅游网（http://www.tuniu.com）。其启动分销平台战略，意图打造集旅游资源采购与分销于一体的综合分销平台，建设旅游行业 B2B2C 生态圈。同程旅游（http://www.ly.com）旗下全资子公司同程国际旅行社（苏州）有限公司的注册资本已增至 1 亿元人民币，此举主要是为下一步扩大经营规模和全面进入旅行社 B2B 市场做准备。

② 以提供加盟代理服务为主要经营模式的 B2B 行业网站。产品直接面对消费者的企业，一般会找加盟商、代理商来销售产品，一般这种企业的经营模式为"设计＋销售"类型或"设计＋生产＋销售"类型。此类网站都是围绕品牌公司、经销商的需求来设计功能和页面，比如服装网站，要做好动态、图库、流行趋势等行业资讯内容，全面收集服装品牌信息，建立数量大、准确度高的加盟商、代理商数据库。这类网站的赢利模式主要是收品牌企业的广告费、会员费，尤其是广告费。

主要代表有欣欣旅游网欣旅通平台（http://www.cncn.net）。其为旅游从业者提供集营销、供销、应用、社交为一体的综合功能，依托聚拢的 8 万多家的旅行社会员进行渠道规整，形成国内最优质的旅行社分销资源。欣旅通为各地签约供应商免费提供同业分销系统。同时，欣旅通建设的国内首家实名旅游同行社区，已汇聚旅行社、景区、酒店、院校等 9 万多旅游从业者，为旅游从业者搭建社交平台，并能通过群发消息进行精准营销。此外，欣欣已开发包括手机版网店、微同步、欣欣建站等 20 余个应用，为旅行社提供应用服务。还有苏州八爪鱼在线旅游发展有限公司（http://www.8trip.cn）。该公司于 2014 年 8 月份落户成都，这是八爪鱼在线旅游首次在西南地区设立分支，主要面向西南地区经营 B2B 在线旅游业务。八爪鱼平台将数量众多的上游短线、长线、出境等旅游产品供应商和下游的旅行社整合在一个平台，让他们可以实时、低成本、高效快捷地进行旅游产品交易。

**2. PC 端——B2C 网站**

B2C（business-to-customer）是电子商务按交易对象分类中的一种，即表示商业机构对消费者的电子商务。这种形式的电子商务一般以网络零售业为主，主要借助于 Internet 开展在线销售活动。例如经营各种书籍、鲜花、计算机、通信用品等商品。

B2C 其中文简称为"商对客"。"商对客"是电子商务的一种模式，也就是通常说的直接面向消费者销售产品和服务的商业零售模式。这种形式的电子商务一般以网络零售业为主，主要借助于互联网开展在线销售活动。B2C 即企业通过互联网为消费者提供一个新型的购物环境——网上商店，消费者通过网络实现网上购物、网上支付等消费行为。

主要代表有遨游网（aoyou.com），该网是中青旅旗下专业度假网站，提供出境游、国内游、海岛游、邮轮旅游、签证办理、旅游团购、机票预订、查询、下订单送保险等服务。2005 年 5 月 31 日，遨游网首版网站正式上线。遨游网依托技术手段，立足标准化产品体系，建立在线预订、在线支付平台；致力于建立以中青旅品牌为依托和保证，具备开放性、全国性的旅游度假产品预订及旅行服务网站。遨游网既是中青旅公民旅游产品的在线销售渠道，也是公民旅游业务面向"新市场、新需求、新业态"的创新业务事业部；既是现有主业的有力支撑，也是面向未来创新型组织。

**3. 坐席——呼叫中心**

（1）行业背景

目前中国的旅行社有15000多家，随着旅游业的蓬勃发展，出境旅游和国内旅游的市场越来越广阔，另外，随着国家各种长假制度的推行，旅行社之间的竞争日趋激烈，服务的质量和效率将直接影响着各旅游企业的声誉和经济效益。如何为客户提供更加快捷、友好的服务，提高客户的满意度，长久地留住老客户，不断地吸引新客户，挖掘潜在用户；如何加强企业内部管理，在日益激烈的市场竞争中立于不败之地，已经成为各旅游企业急待解决，同时也是无法回避的问题。

客户在选择旅行社与旅游线路时，最关注的除了优惠的费用之外，还有完善的途中服务，以确保旅途愉快；以及周到的旅游保险，以便在旅途中出现意外时可以获得积极的补救。主动的服务、积极友好的态度、良好的形象与较高的信誉成为客户在选择旅行社时非常重视的因素。

旅行社引入呼叫中心系统后，可以通过自动语音导航方便快捷地为游客提供旅游线路查询、票务预订、旅游投保等各项服务，还可以提供景点介绍、旅游路线查询、交通路线查询等自助服务，成为"电话导游"。通过呼叫中心这一窗口，旅行社可以跨越时间、空间，全方位地为客户提供多样化、个性化的服务，并能够及时掌握客户的各种要求，不断完善服务，从而达到留住老用户、吸引新用户、挖掘潜在客户的目的。旅游客户服务呼叫中心充分利用呼叫中心的优势，可以带来无限商机。通过电话回访等手段，既能树立良好的企业形象，又能提供完善的服务。这样对保持原有的客户群、降低顾客流失率和扩大新的顾客群都将起到很好的作用。

（2）旅行社建立客户服务呼叫中心系统的意义

① 提升旅行社形象，彰显旅行社实力，建立企业品牌；

② 有利于旅行社的宣传，开拓新的营销渠道；

③ 良好的客户关怀和服务质量，提升客户满意度与忠诚度；

④ 提高旅行社内部管理效率及员工满意度；

⑤ 7×24小时服务，保证客户服务的连续性，把握每一次商机；

⑥ 真正实现办公无纸化，节约人力、物力；

⑦ 优化业务流程，多方面降低旅行社管理和运营成本；

⑧ 提高客服人员的服务质量和工作效率；

⑨ 增强旅行社核心竞争力。

（3）旅行社客户服务呼叫中心系统功能概述

① 业务咨询。客户致电旅行社首先进入语音查询系统，在语音导航的指引下按下不同键，选择自己想要的信息，如旅游线路查询、费用咨询、票务咨询、旅游安全知识、跟团游和个人游介绍、饭店酒店介绍推荐等信息；也可以选择接入人工坐席，坐席可以利用知

识库详细而专业地解答客户的问题，并将客户的需求生成咨询单，同时将客户咨询的内容记录在系统的数据库。当客户下次打进电话时，系统会弹出客户信息，客服人员很快就清楚客户的信息和需求，有针对性地为客户服务，让客户感觉亲切。

② 业务处理。客服人员通过登录系统来处理客户所申办的各类业务，并生成派单转发给相应部门进行处理。客服人员处理的业务包括：旅游线路订购；随团旅游预约；包团旅游；航空、火车等订票服务的咨询与处理；客户旅途中紧急救援；客户旅途中事故申报与处理；客户投诉备案与处理；客户建议反馈；旅游险种的推荐与投保受理；客户理赔等。待处理结果返回客服中心后，客服人员以电话、传真、短信、电子邮件等方式回复客户，同时将处理结果登记在系统的相关模块，方便随时进行查询。客户也可随时拨打电话通过系统来了解所申办的业务处于哪一环节及哪一部门所处理。

③ 外呼营销功能。陌生客户推广：系统支持批量导入客户资料并由管理人员进行分配，坐席人员根据分配到的资料进行外呼营销，主动拨打客户电话推广旅游产品，并记录有意愿的客户的信息资料，对客户进行持续跟进，不断地告知客户最新的促销信息，引起客户的消费兴趣，促成订单。

老客户二次销售：坐席人员主动拨打老客户电话进行客户关怀，同时根据老客户消费情况和旅游偏好推荐最新、最优惠的旅游路线，挖掘老客户的潜在消费机会。

④ 自动短信通知。坐席人员可以通过系统的发送短信功能自动给客户发送短信，客服人员先通过系统设置条件并设置短信模板，系统将根据条件自动发送短信对客户进行提醒、通知，如：自动在每天 17:00 对第二天出发的游客发短信，提醒游客出发时间和注意事项；自动在每天 12:00 对昨天返回的游客发短信，对前一天的服务进行调查、跟踪、回访；自动根据客服人员设定发送其他消息，及时、方便、快捷的地与客户沟通。

⑤ 订单管理。客服人员将每日的订单录入系统形成订单信息，并通过电话或者短信告知客户预订成功，管理人员可以在系统中查询订单信息，对订单进行审核、修改、变更等操作，管理高效方便。

⑥ 紧急救援处理。当旅客在旅游过程中遇到问题需要救援时，旅客可拨打服务热线寻求救助，客服人员在接听后第一时间确认旅客的问题，并根据情况安排相关的部门派工，做出相应处理；同时通过电话告知旅客已经派工，并做旅客安抚工作。救援结束后，客服人员将事件处理情况记录入系统以方便管理人员查询，同时对旅客做事后关怀工作。

⑦ 客户关系管理。会员制度管理：根据客户消费情况建立会员积分，不同的积分等级可以享受不同的优惠活动，客服人员定时根据会员等级发送不同的优惠活动信息，增加销售机会。

客户关怀管理：在节假日及客户生日时送上祝福和问候；告知老客户最新的活动消息、优惠路线推荐，新客户路线推荐、出行指导等；客户旅途关怀等，提高客户对公司的忠诚度。

⑧ 满意度调查。系统自动在客户和客服通话结束后转接语音提示，对服务满意度进行调查(满意 1，基本满意 2，不满意 3)，调查结果记录在数据库；客服人员在客户旅游结束后主动拨打客户电话进行回访调查，并将结果记录在数据库，以方便管理人员查询，并作为绩效考核的依据。

⑨ 统计分析。系统可根据来去电的详细情况进行有效统计，包括客户在线等待时

间、来电记录、自助查询记录、收发短信息记录等，并且生成各种统计图形。旅行社的客服人员可以灵活地自定义统计内容，为公司决策提供权威有效的数据。统计报表主要包括以下数据：客户在语音查询中对每个旅游线路的查询统计；每一位客服人员接入、拨出电话的数量、时间统计；每一通来电的客户在线等待时间的记录与统计；客服人员每通电话处理的时间统计；收发短信的记录与统计；等等。

⑩ 投诉处理。通过人工服务、语音信箱、电子邮件等方式，客户可将投诉或建议反馈给客服中心。客服人员接到反馈信息后，形成投诉单转交给有关部门处理，或者当时将电话转给有关部门负责人处理，处理后将结果记录在数据库以方便查询，同时电话或者短信告知客户处理结果，做好客户安抚工作。

⑪ 其他功能。权限管理：根据岗位需求设置不同的权限等级，客服人员只能操作本权限以内的事务，避免出现越权和管理混乱。

录音管理：系统提供全程电话录音，管理人员可以对录音进行回放、下载、保存等操作，可以依据录音对客服人员服务质量进行考核，同时在出现问题或纠纷时可以作为凭证。

(4) 举例：旅行社呼叫中心解决方案——应用小灵呼订单工作流

小灵呼在旅游业的客户：南京中国旅行社、黄山网络旅行社、福建康辉旅行社、青岛春秋旅行社、洛阳永安旅行社等。

小灵通提供的旅行社呼叫中心解决方案为旅行社提供强劲的客户关系管理能力(CRM)、自动业务导航能力(IVR)、交互式协同工作能力(workFlow)，并可通过基于各业务代表技能特点的路由选择 ACD 技术，将客户来话接到最符合要求的业务代表处；对于老客户还可以建立一对一的关系，将老客户的来话直接接到以前曾与之通过话的业务人员处，使其倍感亲切。同时，作为旅行社各种商业活动的支持，高度集中的客户服务中心可以使公司用最低成本向顾客提供最有保证的服务和支持，不论在商机管理、客户服务还是顾客群维系等诸多方面，都是呼叫中心发挥其巨大作用的领域。旅行社充分利用呼叫中心的优势，可以带来无限商机，这已经是一个毋庸置疑的话题。

订单工作流的小灵呼呼叫中心为旅行社各部门实现协同工作：

小灵呼针对旅行社各部门、各岗位的智能特点设计了完善的订单工作流，通过和客户方的不断沟通协调，设计出了以下工作流模式(见图 5-2)。它将一个客户从电话打入咨询开始，到旅行归来回访关闭纳入一套环环相扣的流程，从而实现了协同工作。

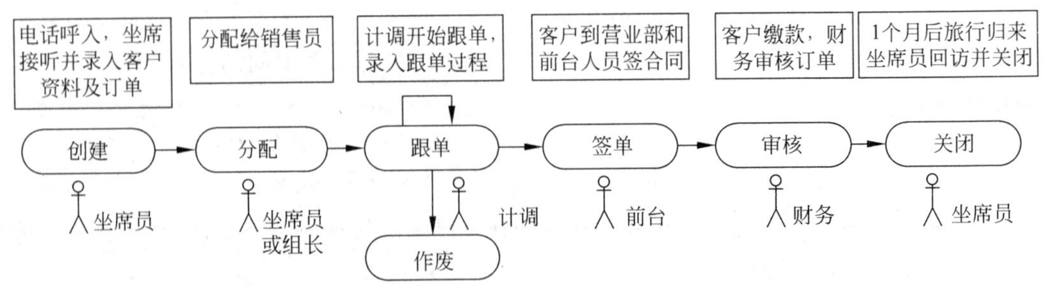

图 5-2　基于订单工作流的小灵呼呼叫中心

(1) 客户的电话咨询，由坐席员首先录入系统并创建订单。

(2) 坐席组长会根据客户需求，比如国内旅游、国际旅游，将此订单分配给特定的计调。

(3) 在第一次分配后的创建者、分配者、所有者分别是坐席、坐席组长、计调。

(4) 计调进行跟单操作，可以重复跟单操作，与客户谈成后，再做一次分配。

(5) 在跟单后的第二次分配动作后的创建者、分配者、所有者分别是坐席、计调、前台，这样可对三者进行订单数统计，以进行业绩考核。

(6) 跟单失败后，计调可以作作废操作。

(7) 如果客户直接前来签单，则前台需通知计调作分配操作。

(8) 财务审核之后可以作付款及收款操作。收款支持分期付款模式，系统记录每笔收款记录，领导可随时查看每笔订单的应收款和实收款。

(9)在签单之前，可以增加或删除商品(即旅游项目)，之后不可修改。

(10) 财务审核之后，可以直接关闭，在关闭的时候填入摘要内容即为回访内容。

(11) 如果付款期拉得比较长，则可以在旅客返回日期的第三天即进行回访，以后再由坐席进行关闭。

(12) 关闭适用于该旅客返回后，回访完，所有付款结束的一个操作。

(13) 计调在适当的时候，可以对该订单录入每笔费用支出、付款记录，如地接费用、宾馆住宿费等，领导可随时查看每笔订单的成本，从而结合前面所述的实收款得出利润。

(14) 所有过程订单内容是可以修改的。

(15) 每个环节进入下一环节的时候，系统将自动对相关操作人员发送消息提醒，以便下一环节的人员立即反应。系统也将通过模板对客户发送短信，以提醒订单进度。

**表 5-1　系统配置要求**

| 系　　统 | 配 置 要 求 |
|---|---|
| 服务器硬件配置 | 一台配置较好的个人电脑 PC 机或 PC 服务器或工控机，内存 1GB 以上，硬盘 160GB 以上 |
| 服务器系统软件 | Windows XP 或 2003，数据库 SQLServer 2000＋或 Access |
| 坐席电脑 | 普通 PC 机，内存 512MB 以上，硬盘 40GB 以上，Windows XP，IE 8 |
| 网络 | 局域网即可 |

**4. 移动端**

(1) 手机网站

① 概念。手机网站是指用 WML(无线标记语言)编写的专门用于手机浏览的网站，通常以文字信息和简单的图片信息为主。随着向手机智能化方向发展，安装了操作系统和浏览器的手机的功能和电脑是很相似的(这种智能手机也就是“口袋个人电脑”(PPC))，使用这种手机可以通过 GPRS 上网浏览几乎所有的 www 网站，无论网站是不是专门的 WAP 网站；而且还可以安装专门为手机设计的程序，如手机炒股、QQ、MSN 等。由于手机的屏幕尺寸和 CPU 处理能力有限，专门为手机进行优化的网站更为方便用户浏览，这也为网站设计提出了新的要求：网站要适应手机浏览。

② 用途。提供线路查询、产品预订、伴游信息查询等服务。

③ 功能模块。前台功能:如会员系统、互动留言系统;站内搜索系统,天气预报,机票预订系统,酒店预订系统,论坛(社区)系统等。后台功能:会员管理系统;新闻、信息、广告发布系统;页面访问统计;友情链接;站内信息检索系统等。

(2) APP

① 概念:APP 即以手机等移动通信设备为使用平台的无线应用软件,与传统营销模式不同的是,APP 营销不再受时间、地点的限制,也不再只是信息单向流通。

② 举例:欣欣旅游网新推出的"旅游同业管家"APP 4.0,在提升产品丰富性的同时,更再次强调自身市场定位——专注为旅游从业人员开发的"消息盒子"。旅游从业人员可以通过 APP 随时随地查阅系统消息、订单消息、同行消息、账户消息等,同时这也是一个可以浏览旅游资讯、帮助旅行社洞察行业的旅游新闻资讯平台;旅游从业人员也可以及时获取同行询价及同业推广合作信息等,旅游同业管家在为旅行社用户带来网店管理方便的同时,也有助于实现旅游同行间的对接,从而带动这些旅游行业业务量的增长,实现经济效益的增长。

(3) 微博

微博营销是指通过微博平台为商家、个人等创造价值而执行的一种营销方式,也是指商家或个人通过微博平台发现并满足用户的各类需求的商业行为方式。微博营销以微博作为营销平台,每一个浏览者或粉丝都是潜在营销对象,企业利用更新自己的微博向网友传播企业信息、产品信息,树立良好的企业形象和产品形象。每天更新内容就可以跟网友交流互动,或者发布大家感兴趣的话题,以此来达到营销的目的,这样的方式就是新兴推出的微博营销。

该营销方式注重价值的传递、内容的互动、系统的布局和准确的定位。微博的火热发展也使得其营销效果尤为显著。微博营销涉及的范围包括认证、有效粉丝、话题、名博、开放平台、整体运营等。自 2012 年 12 月后,新浪微博推出企业服务商平台,为企业在微博上进行营销提供一定帮助。

(4) 微信

微信营销是网络经济时代企业或个人营销模式的一种,是伴随着微信的火热而兴起的一种网络营销方式。微信不存在距离的限制,用户注册微信后,可与周围同样注册的"朋友"形成一种联系,订阅自己所需的信息,商家通过提供用户需要的信息,推广自己的产品,从而实现点对点的营销。

微信营销主要体现在以安卓系统、苹果系统的手机或者平板电脑中的移动客户端进行的区域定位营销,商家通过微信公众平台,结合转介率微信会员管理系统展示商家微官网、微会员、微推送、微支付、微活动,已经形成了一种主流的线上线下微信互动营销方式。

微信营销包含三大类内容:品牌系统、服务系统、产品系统。

① 品牌系统(即微信定位)

a. 品牌特点;b. 产品优势;c. 在微信中搜索同行作对比;d. 将产品或者品牌细分。这四点即企业的品牌定位,需结合企业自身产品去做。

② 服务系统

a. 打造公司客服系统:建立会员制;售后服务流程培养客户黏度。

b. 打造销售的服务系统：微服务需做好服务流程的标准。

③ 产品系统

第一，制定微营销产品销售计划，如，销售什么产品，产品的方案是什么；第二，谁负责用微信来销售产品。

企业开展微信营销可以借助微信公众号或微信服务号，微信公众号是开发者或商家在微信公众平台上申请的应用账号，该账号与 QQ 账号互通，通过公众号，商家可在微信平台上实现和特定群体的文字、图片、语音的全方位沟通、互动。

## 案例 1

### 中 旅 大 连

在公众账号中查找"中旅大连"会看到该旅行社的相关信息和近期旅游的优惠活动。关注其微信账号，按照内容回复既可以帮游客办理各国签证、预订酒店，还可以看到游客想要游览景点的信息及近期特价游套餐，帮你解决旅行前到处搜集信息的烦恼，让旅游成为一种"说走就走"的享受。

据统计，中旅大连自 2012 年开通微信公众平台以来，景点门票预订及游客咨询在不断地增多，很多人都会打电话询问微信上推送的优惠线路及景点。微信平台的开通在为游客提供了方便的同时，也为中旅大连提供了一个宣传造势的平台，为其创造了一定的经济效益。

(5) 微店

旅行社微店是为店主"私人订制"的手机网站，店主可以个性化设置姓名、头像、联系方式等信息，任意推荐热销产品，并可将个人微店二维码印于名片上，或通过微信、微博、朋友圈等社交网络一键转发，在朋友圈等移动渠道分享展示自己的店铺，真正做到零成本开店，快速推广。

## 案例 2

### 众信掌上店铺

2015 年 4 月 1 日，众信旅游宣布：众信和其合作伙伴"海博智讯"在微信平台上独立开发的"众信掌上店铺"正式进入公测期。众信旅游通过掌上店铺平台整合用户流量以及购买意向，最终通过众信旅游强大的旅游顾问团队实现订单的转化和服务的落地。对于注册开店的"卖家"们，众信旅游掌上店铺目前实行分层佣金制度，用户单击、意向客户、完成订单，"卖家"都将获得一定的佣金回报，实现真正的"边玩儿边赚钱"。目前，卖家店铺内的数据已与众信旅游直客销售后台完全同步。

**5. 电子合同**

2015 年 4 月，国旅总社首次推出了旅游电子合同，并率先实现 CA 认证技术应用，成为中国旅行社业内首家推出最权威、最安全电子合同签约标准的企业。旅游电子合同的推出，以方便消费者、真正保护消费者合法权益为根本，旨在凭借互联网和 IT 技术，让消费者享受更为便捷、安全、高效的旅游合同签约体验。

### 5.3.3 产品促销

网络促销是指利用计算机及网络技术向虚拟市场传递有关商品和劳务的信息，以引发消费者需求，唤起其购买欲望和促成购买行为的各种活动。网络促销是在网络营销中使用的手段之一，在适当时候利用网络促销，可以更好地促使转化销售，更好地为销售服务。以下几种是比较常见的网络促销手段：

(1) 打折促销。打折促销是最常见的网络促销，需要所销售的产品有价格优势。

(2) 赠品促销。在客户买产品或服务时，可以给客户赠送一些产品或小赠品，以带来主产品的促销。在赠品的选择上要选一些有特色、让客户感兴趣的产品。

(3) 积分促销。很多网站都已支持虚拟的积分，客户每消费一次，如果是会员，就会给积分，这些积分可以兑换小赠品或在以后消费中当现金使用。

(4) 抽奖促销。抽奖促销也是网络上促销常用的方法，抽奖时要注意公开、公正、公平，奖品要对大家有吸引力，这样才会有更多的用户对促销活动感兴趣。

(5) 联合促销。如果自身网站或网店与其他网站在产品上存在互补性，就可以联合起来做促销，这对扩大双方的网络销售都有好处。

(6) 节日促销。节日促销时应注意与促销的节日关联，这样才可以更好地吸引用户的关注，提高转化。

(7) 纪念日促销。如果遇到了建站周年，或访问量突破多少大关，成为第多少个用户，成交额突破多少额大关等，可以利用这些纪念日展开网络促销。

(8) 优惠券促销。购买产品时，每消费一定数额或次数，就会给用户优惠券，这样既可促使用户再次消费，也达到了网络促销的目的。

(9) 限时限量促销。限时限量促销可以刺激消费者的抢购欲望，从而达到增加销量的效果。这种方式在网络促销中同样受用。

(10) 反促销促销。声明自己的网站或网店质量有保证，从不打折促销。这样做需要有一定的实力，以不促销作为促销的卖点。

## 案例 3

**天猫双十一网络促销方法**

2009 年，淘宝尝试双十一概念，提出在光棍节进行大促，当年的销售额是 5000 多万元；网购狂欢节引爆了这个时间点的网络消费热情，并且一发不可收拾。次年双十一，销售额再次突破 9 亿元大关。到了 2011 年，这个数字已经飙升到 52 亿元；热情不减，当天销售额竟然达到了令人咋舌的 191 亿元。2014 年天猫双十一交易额突破 571 亿元。其中，开场第 1 分钟交易 83 万笔，零时 3 分交易额突破 10 亿元，38 分 28 秒冲到 100 亿元，其中无线占比 45.5%。有关数据显示，本次双十一天猫国际共有 217 个国家和地区成交，其中中国香港、俄罗斯、美国是除中国大陆外消费额最高的地区。

**预售:**

提前一个月便开始在用户群体预热、传播,起到了很好的传播和宣传作用。10月15日起,天猫开始预售双十一产品,进入预售平台付定金再付尾款即可购买。预售产品的好处很明显:缓解双十一当天压力、提前备货、更加精准锁定用户群体、有效管理供应链。可谓业界对电商促销模式的一种新尝试与探索。

**抢红包:**

双十一另一大举动为抢红包,继续添油加火为网购狂欢节预热。11月1日开始,天猫、支付宝、聚划算联合推出提前充值抢红包、11.11支付宝余额支付抽现金、付定金获红包等系列活动,在活动前11天就开始引爆用户热情及活动氛围,效果明显。

**五折包邮:**

这个噱头不用多说,五折封顶就是用户为什么扎堆在双十一购买的最直观、最实际的原因。所有参与活动的产品都被系统自动标上"11.11购物狂欢节"的字样,并且承诺价格是近30天最低价,部分产品还有五折封顶的标识。"全场五折"这一优惠不得不说是直接刺激到了用户神经最敏感的部位。

**移动端:**

手机下单可在整点时段参加抽红包,还能浏览最热宝贝、最八卦内容、附近的人购买(收藏)了哪些宝贝等,此举为上网不便的用户提供了很多便利。

### 5.3.4 旅游接待

旅游接待人员一般指导游和领队等服务人员,在接待过程中也会涉及游客满意度、意见建议等,因此旅游接待人员及接待过程也应该通过技术手段进行记录及汇总。

## 案例4

**金棕榈棒导游平台**

该平台的主要作用有以下几方面:

(1) 线路行程单在线查询。

(2) 游客信息实时查询管理。

(3) 游客满意度、投诉建议、下次出行计划等的在线实时提交。

(4) 接待人员记账、分房、位置签到、接待供应商记录及评价、接待人员带团日志等。

(5) 提供给旅游执法部门的行程单二维码(具有地区性特征)。

(6) 领队/导游行业社区交流。

(7) 导游词查询、天气查询等。

(8) 接待人员个人信息管理和证件有效期提醒。

(9) 相关通知、公告管理等。

### 5.3.5 客户关系管理

旅行社建立客户关系管理(CRM)系统的主要目的是加强对旅游客户的信息管理,包括团体旅游客户和个体旅游客户，通过对旅游产品销售分析，客户消费记录分析、为旅行社企业领导提供决策依据。

以金棕榈客户关系管理系统(http://www.goldpalm.com.cn/page/product/CRM)为例，旅行社 CRM 系统功能模块主要包括以下几部分。

**1. 客户资料管理**

客户资料管理功能完成对旅游客户档案资料的输入和维护管理，用户可以根据业务的需要方便地增加、修改、删除、查询、输出、打印客户档案资料，联查客户历次消费记录和消费积分，还可进行生日提示、导出至 Excel、清单打印、信封打印等。

**2. 客户意见调查记录**

通过客户意见调查记录功能，实现对旅游客户意见调查资料的录入和维护，便于进一步的客户满意度分析；用户可以按照需要方便地按团队和游客姓名增加、修改、删除、查询客户意见资料。内容包括旅游总体满意度、旅游车满意度、导游满意度、酒店满意度、餐饮满意度等 5 个方面。

**3. 产品分析**

产品分析功能提供一系列的旅游产品分析指标，可以根据一定的时间段对各种旅游业务和线路按部门、游客年龄、性别、学历、身份、地区等进行分析，从而获取对旅游产品策划设计有利的数据指标。

**4. 客户分析**

实现按一定的时间段对客户的信任度、满意度和忠诚度进行分析。

## 5.4 基于旅行社电子商务的旅游综合服务特征

### 5.4.1 从消费互联网转向产业互联网

(1) 以消费者为主要用户转向以生产者为主要用户。

(2) 以方便消费过程的体验转向通过生产、交易等各个环节的网络渗透，以达到提升效率、节约成本等作用。

(3) 从眼球经济转向价值经济，即通过与互联网的融合，寻求全新的管理与服务模式。

### 5.4.2 从旅游产品消费转向综合服务消费

旅行社的角色要转变为旅行服务机构，为游客提供更加综合性、体验性更好的服务。

(1) 从组团出发时开始服务转向无限提前和延伸服务，即提供旅游咨询、文化分享、与旅游相关的生活体验服务等。

(2) 从提供笼统化的服务转向提供差异化、定制化的服务体验。

(3) 从一对多的粗放型服务转向一对一的集约式服务。

### 5.4.3 从纯线下经营转向线上线下一体化

充分利用线下资源的优势，拓展线上平台，完善线上支付及电子商务安全等，也促使业务由线下转移到线上交易；并将线下的物流、投诉、售后评价等业务流程进行线上管理，最终实现线上线下一体化。

### 5.4.4 从信息化转向智能化

从信息化转向智能化并不是简单地将线下业务通过信息化搬到线上，而是要全面地在旅游管理、旅游营销、旅游服务、旅游体验上进行智能化变革。

### 5.4.5 从争夺传统途径的客源转为争夺信息入口

从传统的客源形式(组团社、服务热线、单团客户、散客等)转变为通过各种途径争夺入口(如 PC、手机、APP、微店、多媒体 TV 等)。

## 5.5 基于旅行社电子商务的旅游综合服务发展趋势

### 5.5.1 转向生产性服务业

转向生产性服务业是指将以前为了方便消费者所做的优化应用于旅行社内部，把任何一个要素都当作客户，提高供应效率。

例如：

(1) 优化各渠道操作系统的易用性、体验性和二次销售的美好功能，如 B2B 系统、APP 后台应用、微店后台管理等；优化要充分考虑内部员工的使用性感受。

(2) 引导员工变老板：要充分引导员工进行客户收集及二次销售，提高主人翁意识。

(3) 导游、领队：优化针对导游及领队的 APP，实现途中体验记录、客户挖掘、经验分享等。

(4) 车队、旅游大巴公司、司机：把他们当作经营主体，合理记录并配置资源。

### 5.5.2 不断向产业链上游延伸

旅游活动是以人们的空间移动为前提的，为空间移动的人们提供从信息整合、行程安排到目的地期间所消费的餐饮、住宿、交通、游览、购物、娱乐以及商务活动和休闲体验等方面的协助，都属于旅行服务业的范畴。所以旅行社要不断向产业链上游延伸，掌握更多的旅游资源，开发出真正符合客户需求的旅游产品，不断扩大边际效益。

### 5.5.3 产业链大平台——一站式的服务平台

旅行社要打通各要素供应商、代理商和终端消费者的通路，完全改变传统的经营方式，使各要素的预订及确认环节更快速、便捷和智能，形成一站式服务平台；并联合上述环节与政府携手，促成公共服务平台。

### 5.5.4 基于LBS(Location Based Service)的更深层次的旅游预订方式

智能移动终端的普及,打破了互联网时代的场景单一(都面对PC)。移动互联网时代下,应用场景却是多样化的:家里、办公室、车上、景区、城市等,这就要求旅行社每个产品做的服务,一定要盯紧场景。

### 5.5.5 重视数据积累,从业务驱动转向数据驱动

旅行社数据可以包括客户数据、资源数据、一线人员数据等,旅行社要把所有数据进行收集、积累,把数据当成企业的重要乃至核心资产;要进行数据分析,并通过分析的结果进行决策,比如何时进行包机、开发哪些新线路、如何找准市场定位等。

### 5.5.6 建立产业园区

产业园区的搭建,有利于吸引旅行社龙头企业、产业链和产业集群,通过电子商务等手段进一步实现产业集群向"在线产业带"的转型,用电商和互联网平台推进企业信用信息服务平台建设,在产业园区内最终建立起专业市场投融资体系。另外,还可以方便创业者快速找到适合自己的创业项目,引发新的商机。

**众信旅游**

北京众信国际旅行社股份有限公司(简称"众信旅游")是经国家旅游局、北京市工商行政管理局批准设立的具有独立法人资格的股份制企业,注册资本5100万元。公司主要经营出境游批发、零售、商务会奖旅游业务。2014年1月23日,北京众信国际旅行社股份有限公司正式在深圳证券交易所挂牌上市。众信旅游成为A股市场上首家民营旅行社上市公司。作为国内首批从事出境游业务的旅行社,如今众信旅游已发展成为国内领先的出境旅游运营商。

公司旗下的众信旅游网作为专业的旅行服务电子商务网站,为旅游者提供团队游、自由行、酒店预订、签证服务、会员服务等一站式全方位的旅游服务。2006年众信旅游网被中国社会科学院旅游研究中心评为中国十大优秀旅行社网站。众信旅游2011年实现营业收入15.93亿元,相比于2010年的10.35亿元增长53.91%;2011年实现净利润4544.61万元,同比增长47.78%。

众信旅游在营业收入的构成上,按业务类型划分,主要有出境旅游以及商务会奖旅游,其中出境游又分为出境游批发和出境游零售。出境游批发占了营业收入的一半以上,是众信旅游的主要收入来源。按出境游目的地划分,欧洲在营业收入构成中占了绝对的优势地位,其次是亚洲,大洋洲、非洲、美洲的比例都较小。按客户所在地去划分,北京大区和华东大区占主要地位,占了3/4左右。2009年至2011年,众信旅游的网站和呼叫中心收入呈现明显的增长趋势,2009年为2.38%,2010年为7.78%,2011年为6.91%。

众信旅游从2007年起将批发业务转向批发零售一体化,由依托线下营销转向线上

线下相结合。在做强实体店的同时，更加注重在线旅游的发展，通过 B2B 分销平台拓展批发业务，通过众信旅游网这个 B2C 平台来拓展零售业务。众信的 B2C 平台提供旅游信息查询、产品查询、实时预订、在线支付一站式服务，及旅游分享、互动、结伴同游、团购服务，提升用户价值及用户活跃度。众信旅游网不同于携程、艺龙、去哪儿网等，既不是一般意义上的旅游代理商，也不是提供旅游信息的垂直搜索引擎。它是作为众信旅游的网上营销途径而存在的，直接为众信旅游的产品营销和销售服务。

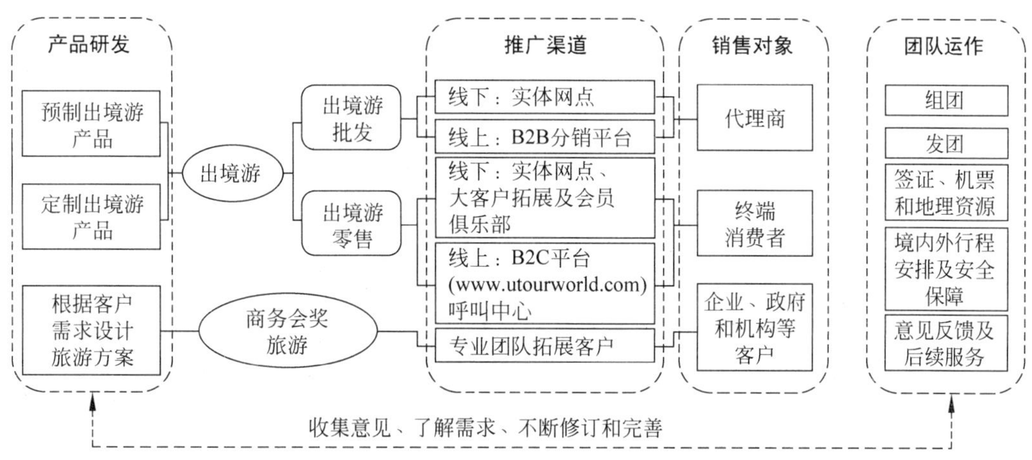


图 5-3　众信旅游的电子商务模式

众信旅游也积极向综合性旅游服务商转化，通过以下几个 2014 年的大事记，可以看出众信日后的几个发展方向。

**1. 战略投资悠哉旅游网，全面开展 O2O 合作**

2014 年 12 月，众信旅游与悠哉旅游网签署战略合作协议，正式宣布，众信旅游将对悠哉旅游网进行战略投资及全面线上线下 O2O 合作。众信旅游将收购悠哉旅游网部分股份，并向悠哉旅游网提供资金及业务支持，以深化双方未来合作。通过此次战略合作，众信旅游与悠哉旅游网双方将各自发挥自身优势，加强出境游产品线下资源与线上渠道（包括移动端）的紧密结合，实现传统批发和线上零售、线下门店和线上资源的全面 O2O 资源整合。在未来，双方还计划就广泛的境外目的地旅游资源开发，移动端旅游产品创新，全国区域市场拓展，系统研发、大数据和客户资源共享，以及资本层面有更多的深入合作。

**2. 大胆颠覆打通渠道，金融合作惠及上万用户**

2014 年，众信旅游金融合作渠道百花齐放，在激烈的市场竞争压力中探索前行，令人目不暇接、喜闻乐见的优惠补贴更在全年惠及上万客户。开年之初，众信旅游与北银消费合作打造“无障碍”支付体验，0 手续费，0 利息，0 首付，首次实现银企合作薪新模式，让出境游旅游贷款更加贴近百姓生活。纵观全年，众信旅游打通“全银行”覆盖网，与多家银行开展线上线下多项补贴合作，为游客打通报名参团的多种优惠通道。更联手资和信消费卡，为游客提供更加便捷化付款方式，成功颠覆出境游行业金融合作模式。

**3. 积极开展全方位跨界合作**

2014年，众信旅游与越来越多的跨业伙伴展开合作，力图通过跨界合作为游客带来更多、更新、更专业的出境旅游体验。例如，中秋佳节来临之际，众信旅游与全球知名连锁便利店集团7-Eleven跨界携手，一举打破传统的旅游产品销售模式，旅游产品入驻7-Eleven连锁便利店，开启旅游"快消"的全新时代；在七夕节"情侣"周边产品大热之时，众信旅游逆潮流而行，携手中国最大的婚恋交友运营商——世纪佳缘共同研发"巴厘岛单身派对"主题旅游产品，在这场"七夕大战"中一枝独秀。作为邮轮专家，众信旅游还携手中国真人密室线上第一平台——"密室达人"独家巨献国内首个海上密室逃脱邮轮版产品，开创邮轮产品先河，为游客带来了前所未有的邮轮旅行新体验。此外，众信旅游大客户部在2014年年底，更牵手易到用车，开启全民免费接送新时代。从旅游贷款到惠民补贴，再到免费接送机增值服务，众信旅游一路引领出境游行业新风，成就多个行业新创举。

**4. 加速促进体育与旅游两大产业的融合发展，联合成立"2014年仁川亚运会中国票务及接待中心"**

2014年7月，众信旅游再度携手中国奥委会授权的仁川亚运会中国大陆地区唯一票务代理——中体华奥，联合成立"2014年仁川亚运会中国票务及接待中心"。这是双方继年初刚刚落幕的俄罗斯索契冬奥会后的又一次跨界合作，凭借丰富的旅游接待经验出色完成索契冬奥会各项接待服务工作的众信旅游，以及中国奥委会授权，国家体育总局下属中体产业集团旗下的中体华奥，双方充分利用各自资源优势，再次共同圆满完成了本届仁川亚运会的票务及接待等重要工作。未来，众信旅游也将继续致力于在该领域的开拓，进一步深化与其他各类世界大型体育赛事的紧密合作，加速促进体育与旅游两大产业的融合发展，为体育旅游市场的长远发展作出更加杰出的贡献。

资料来源：根据众信旅游官网等相关资料整理。

## 德国TUI

德国国际旅游联盟(TUI)(官网：英文版 http://www.tui-group.com/en，TUI China：http://www.tui.cn/)1968年成立于德国，到1974年时，已使4家旅游经营商达成完全一体化，包括Tourapa、Scharnow、Hnmmel和Dr. Tigges，之后TUI发展成为德国最大的旅游经营商。

以"World of TUI"为品牌战略的TUI集团在整个欧洲市场占绝对领先地位。国际旅游联盟集团是从工业集团Preussag AG发展成为一个富有活力的旅游和航运集团。其经营范围包括航空、酒店、旅游批发、旅游零售乃至旅游目的地接待。此外，集团还经营旅游业之外的行业，如运输业、石油及天然气开采等。

TUI集团旗下有旅游批发商81家，遍及比利时、丹麦、德国、英国等地，每年向世界各地输送的欧洲游客超过2000万人。

TUI集团经营范围和主要产品：TUI是欧洲最大的旅游公司，经营旅行社、组团、飞机、目的地管理和旅馆等一切与旅游相关的服务业。

TUI集团目前主要的商业活动是旅游服务。在欧洲以130亿欧元的营业额占据市场的主导地位。超过80%去欧洲旅游的度假者都会选择TUI集团的包价旅游。2004年集团接待了 1800 万顾客。同时，TUI 集团拥有大约 3500 家旅行社，超过 100 架飞机，37 家收入机构以及 285 家旅馆(分布在 28 个国家，拥有 163000 个床位)。

2004 年，集团主要的收入仍然来自旅游服务，占总营业收入的 70%。公司的长期目标是，使旅游与航运收入达到 1∶1 的比例。

途易旅游公共有限公司(TUI Travel PLC)是一家在伦敦证券交易所上市的欧洲最大休闲旅游公司，总部位于英国西萨塞克斯郡的克劳利。它成立于 2007 年 9 月 3 日，由途易股份公司的旅游部门及首选假日旅游公司合并而成，其中途易股份公司持有该公司 55.9%的股权，业务覆盖全球 180 个国家和地区，每年为近 3 千万的客户提供服务。途易旅游也是伦敦金融时报 100 指数的成分股，在欧洲拥有约 3500 家旅游门店、155 架飞机、243 间酒店，以及全球范围内的近 50000 名员工。该公司主营休闲旅游业务，并组织和管理四大核心业务部门：综合部、专项部、活动部及网络服务部。

途易公司最早以"普鲁士采矿及冶炼有限公司"(德语：PreußischeBergwerks und Hütten-Aktiengesellschaft)的名称作为工业部门成立于 1923 年。1956 年首次在法兰克福证券交易所上市，并在 1964 年更名为"普罗伊萨格股份公司"(Preussag)。普罗伊萨格在 2000 年和 2002 年分别收购了汤姆森旅游及赫伯罗特后组成了国际旅游联盟(Touristik Union International)，便将其公司本身更名为途易有限公司(TUI AG)。

首选假日最早以"户外之主"(Owners Abroad)的名称作为旅行社成立于 1973 年。1982 年首次在伦敦证券交易所上市。1987 年设立空中 2000 航空，并在 1990 年收购雷德温公司。它于 1994 年正式更名为首选假日。

途易公司于 2007 年 3 月 19 日宣布了其旅游部门将与首选假日合并的计划，并于同年 6 月 29 日得到欧盟委员会的批准。2007 年 7 月 25 日首选假日的股东最终接受合并计划，新公司途易旅游于 9 月 3 日首次正式在伦敦证券交易所上市。途易旅游的财务报表将纳入途易股份公司。新成立的途易旅游由原首选假日老板彼得·隆格担任 CEO，途易股份公司总裁米歇尔·弗伦策尔博士则担任董事会主席。

运营：途易旅游分为 5 个部门，如图 5-4 所示。

| 途易旅游 | | | | |
|---|---|---|---|---|
| 途易中欧<br>TUI Central Europe | 途易北欧<br>TUI Northern Europe | 途易西欧<br>TUI Western Europe | 途易酒店及度假村<br>TUI Hotels & Resorts | 途易航空<br>TUI Airlines |
| 德国<br>奥地利<br>塞尔维亚<br>瑞士<br>波兰<br>俄罗斯<br>波斯尼亚和黑塞哥维那 | 英国<br>爱尔兰<br>斯堪的纳维亚 | 法国<br>比利时<br>荷兰<br>意大利 | RIU 酒店<br>罗宾逊俱乐部<br>Grupotel<br>Grecotel<br>Iberotel<br>魔法生活 | 途易飞<br>汤姆森航空(由汤姆森飞及首选假日航空合并)<br>科西亚飞<br>捷飞<br>阿尔克飞<br>Jet4you |

图 5-4　途易旅游全球战略

(1) 综合部。该部门拥有包括汤姆森和首选假日在内的 87 个品牌，分成两个组别(整套度假产品的销售及单独销售，例如机票)和 3 个地理区域(中欧、北欧和西欧)，每年为约 240 万的客户提供服务。

中欧——包括德国、瑞士、奥地利及东欧诸国，拥有 48 架飞机、1774 家门店和超过 9400 名员工。

北欧——包括英国、爱尔兰、加拿大和北欧诸国，拥有 84 架飞机、1131 家门店和超过 22000 名员工。

西欧——包括法国、荷兰和比利时，拥有 20 架飞机、689 家门店和超过 6500 名员工。

(2) 专项部。该部门拥有 25 个品牌，超过 3000 名员工，每年为约 200 万的客户提供服务。专项部分成 3 个组别(目标组、优质组及年龄组)。目标组为企业客户提供服务；优质组在欧洲、亚洲和加勒比地区提供高端休闲旅游产品；年龄组则以人口统计学为界定，主要目标为长者及学生团体。

(3) 网络服务部。该部门主要通过运营门户网站并在线上直接销售团队及个人旅游产品，共拥有 39 个品牌，超过 4400 名员工，每年为约 1500 万的客户提供服务。

(4) 活动部。该部门拥有 39 个品牌，超过 3300 名员工，每年为约 40 万的客户提供服务。活动部下设 6 个组别：海上组、冒险组、极地组、体育组、湖泊与滑雪组及学院组。

(5) 海岛巡游部。该部门以皇家加勒比邮轮公司的名义与该公司合资经营海岛巡游业务。

在华业务：途易旅游的外方投资人自 1978 年起便开办组织欧洲游客前往中国旅游的业务，包括中国各个区域的城市旅游、观光、主题旅游团、包价旅游团和散客旅游。2003 年 11 月 6 日，途易公司与中国旅行社分别以各占 75%及 25%的股权分配，共同创建了“中旅途易旅游有限公司”，主要提供中国公民的出境旅游服务。这是中国旅行业界首家，也是目前唯一一家由外方控股的合资公司，如图 5-5 所示。

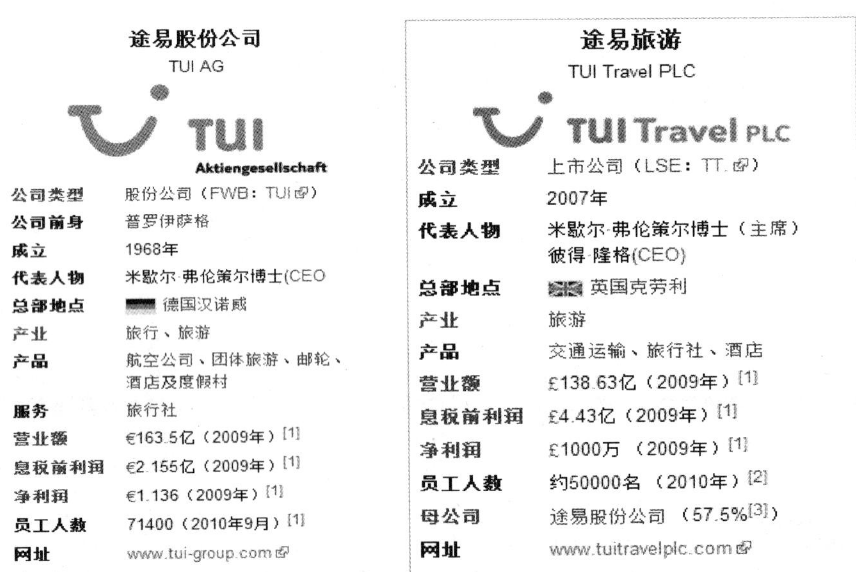

途易股份公司
TUI AG



| 公司类型 | 股份公司（FWB：TUI） |
|---|---|
| 公司前身 | 普罗伊萨格 |
| 成立 | 1968年 |
| 代表人物 | 米歇尔·弗伦策尔博士(CEO |
| 总部地点 | 德国汉诺威 |
| 产业 | 旅行、旅游 |
| 产品 | 航空公司、团体旅游、邮轮、酒店及度假村 |
| 服务 | 旅行社 |
| 营业额 | €163.5亿（2009年）[1] |
| 息税前利润 | €2.155亿（2009年）[1] |
| 净利润 | €1.136（2009年）[1] |
| 员工人数 | 71400（2010年9月）[1] |
| 网址 | www.tui-group.com |

途易旅游
TUI Travel PLC



| 公司类型 | 上市公司（LSE：TT.） |
|---|---|
| 成立 | 2007年 |
| 代表人物 | 米歇尔·弗伦策尔博士（主席）<br>彼得·隆格(CEO) |
| 总部地点 | 英国克劳利 |
| 产业 | 旅游 |
| 产品 | 交通运输、旅行社、酒店 |
| 营业额 | £138.63亿（2009年）[1] |
| 息税前利润 | £4.43亿（2009年）[1] |
| 净利润 | £1000万 （2009年）[1] |
| 员工人数 | 约50000名 （2010年）[2] |
| 母公司 | 途易股份公司 （57.5%[3]） |
| 网址 | www.tuitravelplc.com |

图 5-5 途易股份公司与途易旅游企业信息

资料来源：根据 Tui-Group：德国国际旅游联盟相关资料整理。

# 第 6 章

# 基于旅游目的地的电子商务

随着信息技术的迅猛发展，特别是互联网的普及和应用，电子商务迅速运用于旅游业，旅游目的地电子商务的发展也随之兴起。本章从旅游目的地电子商务的由来和概念入手，分析不同类型的旅游目的地电子商务的发展现状，分析目的地电子商务网站的构建和运营，并在此基础上对未来旅游目的地电子商务的发展模式进行预测。

## 6.1　基于旅游目的地的电子商务概述

### 6.1.1　旅游目的地的电子商务起源

以微电子为基础的信息技术、信息网络尤其是 Internet 的形成，给旅游业的发展提供了动力。Internet 完全不同于传统媒体，它是互动、开放、多媒体结合、不受时空限制的，尤其是基于 Internet 的电子商务的兴起，更为传统旅游业的优化和创新提供了发展动力和机会。

首先，电子商务的迅猛发展，营造了利用信息化手段改造旅游产业的大环境。以全球互联网、通信技术为核心的信息技术，正深刻改变着旅游业的经营、管理和运作模式。电子商务作为互联网经济的外在表现和实质行为，全球旅游经济和旅游企业正经受着它的冲击和影响。

其次，旅游目的地相关机构认识到电子商务是大势所趋，认识到推行电子商务战略的必要性。旅游目的地管理组织作为重要的旅游业管理组织越来越深刻认识到，旅游目的地面向公众建立权威的信息网，提供最全面、准确、及时的旅游信息，是面向远程客源市场的有效宣传促销途径，也是提高旅游目的地竞争力的有效途径之一；同时电子商务正在并将在以后深刻改变旅游目的地的管理、营销及预订等各环节，电子商务是旅游目的地发展旅游业的必然。

最后，迅速增长的上网人群及散客化旅游趋势，带来了网上旅游信息的巨大需求，同时旅游者对目的地互联网信息渠道的高度依赖，这些都呼唤面向旅游目的地电子商务的到来。目的地电子商务网站包含大量的信息，是旅游者获取相关信息的重要渠道。信息时代的到来，也使游客对目的地电子商务网站的依赖性越来越大，这些都呼唤基于旅游目的地电子商务的尽快到来。

基于以上因素和缘由，我国基于旅游目的地的电子商务逐渐兴起。基于旅游目的地的电子商务最早出现于 20 世纪 90 年代中后期，最早在国外得到开发和应用。我国的旅游目的地电子商务出现较晚。我国自 2002 年开始推广面向旅游目的地的电子商务，这是国家"金旅工程"的主体内容之一，也是我国旅游信息化的重要组成部分。国家旅游局在 2003 年提出，以建立和推广旅游目的地营销系统为切入点，整合旅游资源，完善旅游支付手段，构建中国旅游目的地总平台，提高中国旅游电子商务的总体水平。

### 6.1.2 旅游目的地电子商务的相关概念

**1. 旅游目的地**

通俗地讲，旅游目的地是吸引旅游者在此作短暂停留、参观游览的地方。旅游目的地是和旅游客源地相比较而言的，我国学者将旅游目的地定义为一定地理空间上的旅游资源同旅游专用设施、旅游基础设施以及其他相关条件有机地结合起来，就成为旅游者停留和活动的目的地，即旅游地。旅游目的地不仅是一个特定的旅游区域内可利用的旅游产品和服务的综合体，也是有统一的目的地管理机构进行管理和营销的区域，包括国家、区域、省市自治区、城市（城镇）等多个层级。

**2. 旅游目的地管理组织**

旅游目的地管理组织（destination management organization，DMO）是指为了实现旅游目的地的营销目标和总体战略，通过职能分配和人员分工，并授予相应权利与职责而进行旅游营销和行业管理的有机体。

世界各国，几乎所有的旅游目的地都设有旅游目的地管理组织（DMO）。目的地管理组织全面负责目的地综合体各元素的协作与整合以及目的地营销。目的地管理组织以不同的组织规模和类型分布在世界各地，已有至少 100 年历史。许多目的地管理组织属于政府机构，其他的属于半官方性质。

我国旅游目的地管理组织也分为多个层级，最高级别为国家级旅游组织，主要负责在国家层面上行使旅游管理和促销；其次为区域性旅游管理机构，包括省、直辖市及自治州等；再次为地方级旅游目的地管理组织，其职责为负责较小范围内区域，或城市及城镇的旅游管理。在我国各级政府旅游局或旅游委承担了相关管理职能，如领导和协调职能、规划和研究职能、产品开发、营销和促销等。

（1）领导和协调

目的地管理组织在目的地旅游中扮演着领导者的角色。目的地旅游中还存在着其他众多角色，所以目的地管理组织还在目的地团队中扮演协调各方的角色。领导和协调的一些特定任务有：

① 目的地管理组织的愿景和目标陈述；

② 为目的地管理组织撰写的战略规划和商业计划；

③ 为利益相关者制作营销和商业计划书的总结；

④ 为利益相关者提供年度报告；

⑤ 持续地记录和报告目的地管理组织的效率。

（2）规划和研究

目的地管理组织在为目的地制定旅游政策、规划和战略方面扮演着重要角色。它组织现存和潜在目标市场的研究，指导未来的营销和产品开发。目的地管理组织跟踪项目的主要竞争对手，持续地为改善产品开发和营销寻找出最佳实践案例。详细的规划和研究任务如下：

① 为目的地撰写总体旅游政策，起草旅游战略规划；

② 收集目的地形势分析；

③ 组织目的地游客概况研究，包括满意度的评估；

④ 持续性的竞争力分析；

⑤ 通过案例研究，为未来产品开发和营销获取创新点。

(3) 产品开发

目的地管理组织全权负责旅游产品的可持续开发，包括实体产品、人、产品组合和节事。它盘查目的地供给的所有产品，并持续地帮助产品质量提升。另外，目的地管理组织确认新的旅游产品开发机会，并为这些项目的实现提供帮助。产品开发任务包括：

① 确认新的旅游产品开发机会并寻找所需的投资者和运营商。

② 整理一份多年的节事战略和行动计划；目的地旅游体验的产品打包(例如线路和主题组合)。

③ 设计和维持一套质量认证标准系统；开展和提供服务培训项目，提升旅游业专业水准。

(4) 营销和促销

目的地管理组织设定全面的营销战略和制定长期和短期的旅游营销计划。它确认优先目标市场，挑选最有效的目的地形象和定位，包括有效的品牌方案。目的地管理组织使用整合营销传播方法，结合在线和传统宣传手段吸引和说服游客来到目的地。目的地营销任务包括：

① 树立旅游营销目标；挑选优先目标市场。

② 确定目的地旅游形象传播方式；设计目的地品牌系统。

③ 起草战略营销计划和年度营销计划；应用整合营销传播(IMC)吸引游客；合作关系与团队建设。

**3. 旅游目的地的电子商务**

信息技术极大地推动了旅游业在全球范围内的快速发展，伴随着互联网和 3S 技术的发展，面向旅游目的地的电子商务蓬勃发展。面向旅游目的地的电子商务既包括互联网端的旅游目的地电子商务网站，也包括线下的旅游目的地电子商务。其中，互联网端的旅游目的地电子商务网站主要包括旅游目的地信息系统(DIS)、旅游目的地网络营销系统(DMS)等；线下的旅游目的地电子商务主要指在线下提供目的地信息服务和传播功能的公共设施，包括旅游信息触摸屏、旅游集散中心、旅游咨询服务中心(站点)、旅游呼叫中心等，如图 6-1 所示。

(1) 互联网端的旅游目的地电子商务

在这种情况下，旅游目的地信息系统(DIS)应运而生，这一旅游信息化平台正越来越受到政府、业界以及学术界的普遍关注。国际上关于 DIS 的研究始于 20 世纪 90 年代初，以 Pauline J. Shenldon 的论文为代表。2001 年，世界旅游组织商业协会出版的《旅游电子商务——旅游目的地和企业使用指南》进一步阐述了旅游目的地网络营销系统

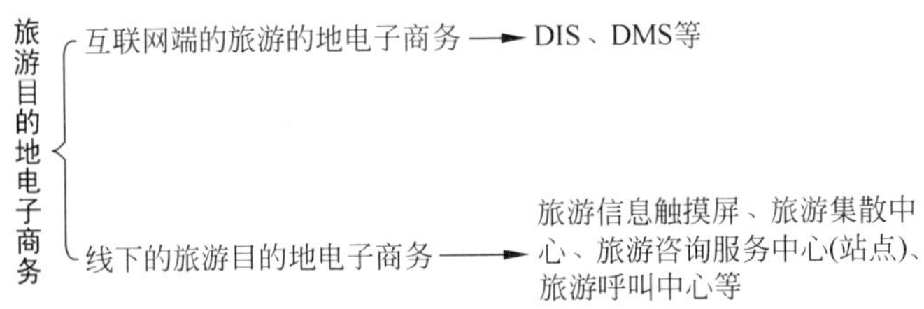


图 6-1　面向旅游目的地的电子商务的构成

(destination marketing system,DMS)。该书指出了提高目的地旅游企业参与系统的积极性、改变目的地旅游营销组织的工作方式等方面是 DMS 成功的关键因素。

我国"金旅工程"将旅游目的地营销系统定义为"目的地城市旅游信息化建设完整解决方案,它通过一系列的信息技术产品和相应的支持服务来实现城市旅游信息化"。"金旅工程"是旅游目的地营销系统的一种类型,它仅仅是城市旅游目的地的营销系统。本书认为旅游目的地网络营销系统是由政府、企业或其他相关机构,充分整合各旅游企业的信息资源及资金优势,借助电子网络手段,以树立旅游目的地整体形象为目的的网络营销系统。DMS 是构架于目的地和旅游者之间的重要桥梁,它在扩大目的地知名度、促进目的地旅游信息化的规范化和标准化、满足旅游者的信息需求、增加旅游者访问量、便捷旅游过程中的交易、提供各种旅游服务和增加目的地旅游收入等方面都发挥了重要的作用。从技术层面看,DMS 是世界旅游组织提出和大力推广的应用于旅游行业的信息系统;从营销层面看,DMS 是各类旅游机构或者企业用于宣传和适应消费者的有利手段。旅游目的地营销系统的目标是利用电子商务实现保持与改善旅游业在经济中的竞争力的地位。具体来说包括以下几个方面:

(1) 改进营销沟通以实现更好、更有效地促销旅游的目的;

(2) 利用知识管理工具改善、促进旅游的目的地旅游企业之间的通信、合作与交流;

(3) 将旅游目的地的市场促销扩展到全国乃至全球范围内;

(4) 增强、改进旅游目的地品牌塑造,提高旅游目的地的旅游战略优势;

(5) 增加旅游目的地企业的利润;

(6) 支持中小型旅游企业的流程再造。

目前我国大部分旅游目的地网络营销系统为传统的旅游目的地网络营销系统,即政府主导的旅游目的地网络营销系统,本书将其定义为由政府牵头、企业参与,充分整合各旅游企业的信息资源及资金优势,借助电子网络手段,以树立旅游目的地整体形象为目的的网络营销系统。政府主导的旅游目的地网络营销系统是世界各国发展旅游业的惯例有三大特征:一是在目的地展示上,将宣传目的地鲜明清晰的总体形象作为重点,然后在目的地形象的大伞下,逐层展示旅游目的地、旅游景区景点、旅游企业、旅游产品,内容丰富,清晰有序;二是在营销活动组织上,以政府为主导,统一规划,企业参与;三是在利益机制上,政府和企业共同出资,体现整体产业到具体企业的利益协调和相互联动。

(2) 线下的旅游目的地电子商务

近年来,旅游公共服务日益受到各旅游目的地管理组织的重视,这无疑与旅游业的逐渐成熟相关,也与各旅游目的地的竞争从过去单纯的资源竞争向综合竞争转变相关。

自从国家旅游局启动了中国优秀旅游城市评比以来，特别是中国最佳旅游城市的创建实践，把旅游目的地公共服务体系的建设提到了重要的位置。

线下的旅游目的地电子商务主要指通过线下媒介提供目的地信息服务和传播功能的公共设施，包括旅游信息触摸屏、旅游集散中心、旅游咨询服务中心(站点)、旅游呼叫中心等。

旅游信息触摸屏指分布在旅游集散中心或者旅游咨询服务中心(站点)以及酒店、景区(点)等旅游目的地接待服务地点的公共旅游触控终端。这些终端主要为旅游者提供食、住、行、游、购、娱以及天气等方面的信息，而这些信息往往具有极强的当地特色。

旅游集散中心，或称游客中心、散客服务中心，是旅游局为方便广大游客到该地旅游而设立的服务平台。旅游集散中心是由旅游局负责具体指导，由当地相关旅行社有限公司负责具体运作，将进一步整合散客旅游资源，规范散客旅游市场，满足市民个性化旅游需求，促进自助游消费市场培育的重要综合性平台。

旅游咨询服务中心(站点)(tourist information center，TIC)或游客中心(visitor information center，VC)，通用标识为 i(英文 information 字头)，是满足旅游者对于信息咨询需求的专业机构，具有公益性和服务性，由旅游管理部门审批设立，分布在交通枢纽、景区(点)或者酒店等游客较密集的场所。一般由政府出资建设，也有旅游企业出资或者政企合资建立的，承担着将公共旅游信息服务延伸至旅游者活动的每一个角落的任务。因此，旅游咨询服务站点对于公共旅游信息的广度传播至关重要。

旅游呼叫中心借助电话提供旅游信息资讯服务的方式，是为了迎合广大游客的咨询习惯而设置的。虽然携程旅行网、艺龙旅游网也设置了人工旅游呼叫中心，但是属于商业目的，而且不能为所有旅游者提供免费的旅游咨询，因此，这里所指的旅游呼叫中心是由政府出资建设的，面向全体旅游者或者市民提供的免费电话咨询服务，由政府部门运营管理。

线下的旅游目的地电子商务提供旅游信息咨询、旅游救援与投诉帮助、票务预订等服务功能。它的存在极大地便利了游客与市民的外出旅行，有助于提升城市整体形象，是目的地管理机构宣传推广目的地的有效途径，是目的地电子商务网站营销推广目的地的重要补充。

### 4. 旅游目的地电子商务网站与 OTA 网站的比较

随着互联网技术的日益成熟，在消费需求以及国内政策的支持下，在线旅游出现井喷式的发展。各在线旅游服务商不断加大对在线旅游市场的投资力度，推陈出新，开发出多种新产品、新线路，同时不断完善自身的各项功能和服务。在线旅游(online travel agent，OTA)是指依托互联网，以满足客户信息查询、产品预订和服务评价为核心目标，涵盖了航空公司、酒店、景点、汽车租赁公司等旅游服务供应商的在线旅游网络平台。

目前，占据我国在线旅游网站主体市场的企业主要有两大类：一类是以携程旅行网和艺龙旅行网为代表的在线旅游网站，为消费者提供网上酒店预订、网上机票预订、商旅管理、度假产品、在线租车等在线旅游服务；一类是以去哪儿网为代表所提供的旅游资源搜索服务。以上两种类型的 OTA 网站通过高效优质的在线旅游服务，让众多消费者享受到了超值的自助旅游服务;丰富的旅游产品选择为个体消费者旅游出行提供了方便。越来越多的人通过互联网轻松预订机票和酒店,实现周游世界的梦想,在线旅游服务已经成为消费者获得旅游产品、享受旅游服务的一种新的方式。

相比而言,OTA 网站和旅游目的地电子商务网站各有特点,本书从多方面将两者进行比较,并将两者之间的差异总结如下:

(1) 目的地电子商务网站整合当地旅游信息更加全面

旅游目的地电子商务网站是以目的地为核心,全面地横向整合目的地食、住、行、游、购、娱的信息,信息具有准确性、全面性等特点。而在线旅游网站只是重视预订量大的旅游目的地,将该目的地的旅游信息进行编辑,并趋于全面和完善。近年来在线旅游供应商对目的地的重视程度不断提高,以携程旅行网和艺龙旅行网为代表的在线旅游网站也不断丰富和完善目的地的旅游信息,但 OTA 仅仅是从大量的预订信息中挑选出预订量多的目的地,并在原有目的地信息基础上组织和完善信息,使预订量大的少部分目的地信息更加丰富,例如部分省会城市或热点旅游城市。与旅游目的地电子商务网站相比,OTA 网站的旅游目的地信息还不够全面和完善。

(2) 目的地电子商务网站承担着更多的公共服务职能,具有官方色彩,信息更加权威

目前我国的旅游目的地电子商务网站大多为政府主导的电子商务网站,具有一定的公益性和权威性,其承担着更多的公共服务职能。OTA 网站则绝大部分由企业负责建设和运营,虽然也承担着公共服务职能,但由于其本身是以盈利为目的的,其公共服务职能也下降。

(3) 目的地电子商务网站可以满足游客的个性化需求,而 OTA 网站不能

在一定程度上,消费者通过 OTA 网站的在线服务能解决旅游中旅游信息资源查询、特约商户消费、酒店与机票预订、在线预订旅游路线、在线租车等核心服务,满足自助旅游中食、住、行的基本需求。但就大部分散客的旅游产品购买上强调"点菜式"或"量体裁衣式"、游客自愿结合、自定路线、" 随走随买"的特性来看,单个在线网站服务内容和形式还相对比较单一,无法让消费者在网站上享受到方便、快捷、全面的服务。旅游目的地电子商务网站则随着人们个性化需求的增多,在网站上增设了个性化在线定制功能,根据每位顾客的不同需求,利用网络平台,实行一对一的全套旅游方案的在线定制。

(4) 目的地电子商务网站与 OTA 网站相比,更能体现一站式消费、一站式服务

旅游目的地电子商务网站,是目的地管理组织打造的、集成本目的地的各种旅游资源、旅游要素的平台,是能够在本目的地范围内实现一站式消费、一站式服务的平台。由于中国消费者长期的习惯和中国在线支付金融环境的安全问题,除酒店和机票等旅游服务产品能通过 OTA 在线预订支付,大部分的在线旅游产品服务还需通过电话联系及线下实地支付。消费者真正能够在网络上购买完善的在线旅游服务还存在着很大的困惑和困难。因此,对于 OTA 网站而言,实现一站式消费、一站式的旅游消费还很遥远。而因此,目的地电子商务网站与 OTA 网站相比,更能体现一站式消费、一站式服务。

### 6.1.3 基于旅游目的地的电子商务发展现状

基于旅游目的地的电子商务发展迅速,并呈现出多样化的发展特点,本书将根据不

同类型对旅游目的地电子商务进行介绍，主要介绍基于目的地的旅游资讯网、旅游体验网、旅游诚信网。

**1. 基于目的地的旅游资讯网**

旅游资讯网是为旅游爱好者提供咨询的服务型网站，而基于目的地的旅游资讯网则是为旅游爱好者提供某一目的地的综合信息的服务型网站，其内容涵盖了景点介绍、旅游线路、交通、住宿、餐饮等与旅游相关的各方面的咨询。基于目的地的旅游资讯网是旅游目的地电子商务发展最为广泛、旅游信息最为综合全面的网站，目前我国几乎所有省级目的地都设有各自的旅游资讯网，大多数旅游城市也都有自身的市级旅游咨询网。

青海旅游资讯网（http://www.qhly.gov.cn）包含旅游景点、旅游线路、星级饭店、旅行社、餐饮娱乐、旅游交通、旅游购物、风景图库、旅游风光和乡村旅游十大板块，信息覆盖范围更广，内容更加丰富，将为来青海的游客提供全方位的旅游信息服务。网站本着“以游客为主，为游客服务”的宗旨，在围绕“如何为游客提供优质服务”上下功夫，分析存在的差距和不足，增加了旅游信息量，增强了景区、景点图像资料，向游客准确、细致地提供了在青海与“食、住、行、游、购、娱”等旅游六要素相关的更多信息，使青海旅游资讯网真正成为游客了解青海旅游的信息平台。

随着网络功能的进一步强大，以及游客需求的不断增加，目前很多目的地在原有资讯网基础上拓展了资讯网的服务和功能，增加了旅游搜索引擎、旅游行程规划、移动版资讯网站等功能。这些新功能现在已部分或全部运用于我国东部经济发展较好的地区，尤其是我国旅游业发达地区。

近年来，天津重视智慧旅游建设，紧紧围绕“以游客为中心”的理念，深入开展智慧旅游调研，引进先进技术及理念，将天津旅游资讯网进行改版升级，改版后的天津旅游资讯网（http://www.tjtour.cn）集形象宣传、信息提供、互联营销和商务交互于一体，增加行程规划、电商平台，可为游客提供权威、全面、及时、准确、个性化的旅游信息和便捷的旅游综合服务。该网站的行程规划系统解决困扰自助游客的信息不对称难题，将全市景点和酒店信息囊括其中。游客设定好行程天数后，根据兴趣选择出行点位，可看到景区间通过自驾、公交、步行三种交通方式到达时间，并能一站式快速预订酒店，手持自动形成的路书，实现轻松游津城。目前天津旅游资讯网已实现的“智慧旅游”包括：出发前，游客在家里可以在天津旅游资讯网上进行了解，如景区、酒店、餐饮、旅行社、线路等；挑选好景点、特色游览项目和诚信的旅游企业以及适合自己的各项旅游服务后，就可以制定自己的个性化行程，并据此自动汇编成一本天津自助游手册。到了天津，在各景区内，手持手机等移动客户端就可以不用导游而畅快地游览了。

**2. 基于目的地的旅游体验网**

在体验经济时代，随着旅游者旅游经历的日益丰富，旅游消费观念的日益成熟，旅游者对体验的需求日益高涨，他们已不再满足于大众化的旅游产品，更渴望追求个性化、体验化、情感化、休闲化以及美化的旅游经历。在这种情况下，旅游体验网兴起，基于目的地的旅游体验网也成为目的地管理组织关注的重点。基于目的地的旅游体验网综合运用三维还原、时空压缩、三维动画、360 度拟真、Flash、视频等多种技术将目的地范围内的重点旅游资源以在线方式呈现给网络用户，实现网络 360 度全景观看和体验。

目前我国部分省市已经建设并开通旅游体验网，通过数字化、交互性、网络化方式满足游客个性化旅游的需求。例如，河南洛阳市旅游局和数字旅游企业合作开发了洛阳旅游体验网(http://www.lyta.com.cn)，并于2011年6月23日正式上线。洛阳旅游体验网采取三维还原、时空压缩、三维动画、360度拟真、Flash、视频、音频等多种交互式多媒体技术对洛阳旅游资源和五大都城遗址进行全方位、立体式展示，将洛阳许多原本不可触及的古文化进行"复原"，使"凝固的东西活起来，地下的东西走上来，书本上的东西走下来"，让原本虚化的古文化变得可以近距离触摸，拉近了游客与洛阳的时空距离。游客只需轻点鼠标，便可通过互联网络体验洛阳的文化底蕴和自然风光，给人"身未动，心已行"、"身临其境"之感。

**3. 基于目的地的旅游诚信网**

随着旅游业的快速发展，旅游业各类不诚信行为日益凸显。我国旅游诚信建设主要存在旅游法制建设滞后、旅游管理体制不完善、旅游信息不对称等问题，在这种情况下，旅游诚信网应运而生。基于目的地的旅游诚信网通常由旅游目的地管理组织主办，主要提供目的地范围内的最新的旅游资讯，内容包括：诚信动态、政策法规、旅游信息、旅行社排名、景区排名、饭店排名、导游排名、领队排名等，是旅游者投诉和维权的平台，是企业与旅游者和谐沟通的平台，是记录、查询旅游企业(和旅游从业人员职业)信用的平台。基于目的地的旅游诚信网的建设目的主要包括以下几个方面：

(1) 通过建设各级旅游行业管理部门政务信息交流平台，实现旅游行业监督管理的公开、透明；

(2) 通过平台中关于投诉知识的普及和投诉案例的公示，引导和告知旅游者，合法、合理、合情地保障自己的消费权益，最大程度地降低旅游纠纷，以市场来规范行业诚信水平；

(3) 通过建立旅行社、星级饭店等旅游企业和导游人员等旅游从业人员诚信档案，实现旅游企业和旅游从业人员经营和执业情况的公开、透明，搭建稳定的旅游诚信体系，为广大游客出游以及旅游企业同行合作提供选择和参考；

(4) 通过建立旅游诚信信息交流平台，解决旅游信息不对称的问题，逐步引入同行、游客评价和媒体监督功能，加强对旅游企业和旅游从业人员的自我监督、行业自律；

(5) 宣传目的地诚信旅游建设工作动态，指导各地开展工作，推动诚信旅游建设，保持在旅游诚信工作中的领先地位。

我国的旅游诚信网根据目的地级别的不同，也可以分为国家级旅游诚信网、省级旅游诚信网及地方旅游诚信网等。目前我国国家级的旅游诚信网为国家旅游局主办的中国旅游诚信网(qualitytourism.cnta.gov.cn)，该网站为全国所有用户提供最新的旅游资讯，内容包括政策法规、旅游信息、旅行社排名、景区排名、饭店排名、导游排名、领队排名等信息。中国旅游诚信网开辟"诚信公示区"，设置"诚信动态"、"诚信榜"、"曝光台"、"游客评价"等栏目，发布旅游诚信工作信息和旅游经营服务人员的良好信用信息、违法失信行为记录。

随着我国旅游业的迅速发展，我国各省也在不断探索旅游诚信建设，安徽旅游诚信网、江苏旅游诚信网、山东旅游诚信网、青岛旅游诚信网等诚信管理信息化平台也逐步建立起来。

我国安徽省高度重视旅游诚信建设，2008年6月开通省级旅游诚信网，即安徽旅游诚信网(http://www.ahlycx.cn)。该网以促进安徽旅游行业信用体系建设、建立健全旅游企业诚信档案为目的，是旅游者投诉和维权的平台，是企业与旅游者良性沟通的平台。“安徽旅游诚信网”是由安徽省旅游局主办，由省旅游质监所具体负责实施与管理，是继海南、云南、湖北、山东、天津、江苏后，全国第7家建成开通试运行的省级旅游诚信网。与其他省市诚信网相比，除了相关旅游诚信信息的全面外，更有健全的旅行社诚信档案。

安徽旅游诚信网开通后，旅游者可进行网上投诉与维权。网站通过注册投诉的流程，净化投诉的有效、真实程度，接到在线投诉后相关工作人员可直接处理，也可以按设定的处理流程将有效的投诉信息在线实时地转发给“某指定地区”的相关工作人员处理，定位到人。同时，地市质监所的工作人员也可以通过网络了解投诉双方与投诉的事实与理由并开展立案处理。该网站搭建了游客与旅游企业间的监督维权公示平台，旅游者可进行快捷方便的网上投诉，市场检查中出现的违法违规行为也在网上向社会各界进行公布，增加了旅游质监执法的透明度。诚信网将充分发挥其监管、交流的作用，净化旅游市场，维护旅游者的权益。

## 6.2 旅游目的地电子商务网站的构建及运营

### 6.2.1 旅游目的地电子商务网站的构建

**1. 旅游目的地电子商务网站的功能定位**

旅游目的地电子商务网站的目标是通过网站形式向旅游者提供全方位的旅游目的地信息，包括各种旅游产品、旅游设施、气象、交通、文化、商业、旅游企业及旅游价格等，为旅游目的地进行营销，同时提供电子商务平台，为目的地旅游企业和旅游同业以及客源地消费者之间的交流和交易服务。

旅游目的地电子商务网络系统的功能定位应是权威的(官方)目的地旅游服务平台。其所具有的具体功能应该表现为：目的地旅游局与旅游企业、旅游相关媒体的通信交流平台；针对国内外旅游管理机构，旅游媒体的客户服务管理系统、宣传促销平台；旅游企业与同业者、旅游者之间的商务信息交流平台；官方的目的地旅游产品预订入口；目的地旅游信息的有效发布平台；目的地旅游产品的有效分销平台。

**2. 旅游目的地电子商务网站的需求调研与分析**

旅游目的地的电子商务网站有多种不同的用户，如旅游者、旅游企业、旅游管理机构、旅游行业协会等多个用户群。不同的用户群体，其需求也不一样，因此，有必要对不同的用户群进行划分，并对其需求进行分析。以下为不同类型应用主体的具体需求。

(1) 目的地旅游局(委)及相关协作单位：组织目的地营销、进行行业的电子化管理、增进与旅游企业、旅游者、旅游媒体及国内外旅游管理机构的交流；

(2) 目的地旅游企业：在目的地网站上宣传企业，提供企业和产品详细信息，提供促销信息，与同业者交流、接受旅游者的预订与查询服务；

(3) 旅游者(消费者及潜在旅游者)：了解目的地信息，体验目的地虚拟旅游感受，预订旅游服务和产品，与旅游企业沟通，向旅游管理部门和企业投诉；

(4) 旅游媒体及大众媒体：了解目的地促销信息，收集宣传素材。

**3. 旅游目的地电子商务网站的构架与内容**

本书在前人研究的基础上，将旅游目的地电子商务网站的构架进一步细化，使整个目的地电子商务系统结构更加完善，内容更加丰富，信息整合和发布渠道更加多样，信息和产品表现方式更加贴近游客需求。整个系统分为三层结构，分别为数据层、应用控制层、服务发布表现层。

(1) 数据层

① 产品数据库。产品数据库主要包括酒店产品数据库、旅游线路产品数据库、旅游机票产品数据库、高尔夫数据库、租车船公司(包括游艇俱乐部)、演出数据库、旅游优惠数据库和旅游产品渠道数据库。其中旅游线路产品数据库包括旅行社提供的团队线路、旅游(专家)达人设计的线路和旅游者上传的线路。

② 旅游营销数据库。旅游营销数据库主要包括视频、音频、图片、多媒体、电子小册子数据库，包括两个后台维护系统和用户体系管理，实现局域网内部管理体系和互联网外部网络发布管理两套独立的体系。信息资料通过名称或特殊标识能够在两个体系中实现对应和快速查找。另外还包括动态 Flash 旅游线路表现数据库和动态旅游示意图数据库。

(2) 控制层

控制层也称业务逻辑层(business logic layer)或领域层，是系统架构中体现核心价值的部分，系统主要功能和业务逻辑都在这一层进行处理。控制层在体系架构中的位置很关键，它处于数据访问层与表示层中间，起到了数据交换中承上启下的作用。对于数据层而言，它是调用者；对于表现层而言，它却是被调用者。

网站系统的控制层非常庞大。这一复杂的控制层使系统功能齐全、完备，用户通过表现层进入网站系统，可以实现自己的功能需求。控制层包括两大部分：接口和应用平台。

首先，系统为每类用户预留了接口，包括酒店、景区、航空公司、其他各渠道以及特殊产品及旅游线路产品供应商等，这些用户通过这些预留的接口可以上传、更新相关信息，通过系统中的各要素发布系统，所上传、更新的信息经审核后就会发布到旅游目的地电子商务网站上，从而各组织可实现在旅游目的地电子商务网站的营销、在线预订等多种功能。此外，还有一个特殊的接口，即发布渠道接口。由于各类信息的发布渠道有两种，包括手机发布渠道和网络渠道。因此，各旅游六要素单位信息、产品信息或多媒体信息的格式需要有手机格式接口。增加手机发布渠道接口是目的地旅游业移动信息化的重要环节。

同时，系统设置了多个应用平台，各平台及其功能具体如下：

① 多媒体上传展示平台：用户可将自制的多媒体上传到网站供他人欣赏、留言、评论，或向他人提问等，增强网站的互动气氛。

② 营销活动展示平台：所有可通过接口接入系统的单位，如酒店、景区、其他各渠道以及特殊产品供应商等都可以在此平台上上传、展示自己的营销活动，包括抽奖、奖励功

能、信息反馈、更新评论、建议反馈以及奖励机制的建立。

③ 奖励信息更新评论：通过此平台，用户可以对系统给予的奖励进行留言、评论。

④ 电子小册子平台：通过此平台用户可以下载、传播或观看电子小册子。电子小册子可能是电子杂志、邮件、PDF 等格式，从类型上可以分为营销类、指南类、综合类三类。不同类型的电子小册子其特点、功能也不同，详见表 6-1。

**表 6-1　旅游电子小册子**

| 电子小册子的类型 | 特　　点 | 作　　用 |
| --- | --- | --- |
| 营销类 | 设计精美 | 对外宣传促销 |
| 指南类 | 通常表现为查询结果 | 对游客进行指导、帮助 |
| 综合类 | 通常为专题形式 | 使用户快速获取某景区、某旅游产品等综合消息，加深认识 |

控制层的应用系统和实现的功能主要有：

① 客户管理系统(CRM)。通过客户管理系统，一方面，实现在目的地范围内的客户的分级管理和赋权管理，如各市、县区、企业的使用；另一方面，客户系统还要与基础要素库形成数据交互，形成客户信息的来源，另外产品订单中的客人信息也将进入到客户数据库。

② 旅游计划(达人)功能。达人是指在某一领域非常专业，出类拔萃的人物。旅游达人即在旅游方面很精通的人，即旅游领域的高手。通常旅游达人对某地或某一景区景点的旅游情况非常熟悉，经常在网上发布旅游产品、旅游线路等，并获得网友的好评。旅游计划(达人)功能就是为类似旅游达人的网民提供了一个平台，让旅游达人可以在网站上制定旅游攻略，发布旅游线路，并将其存入达人数据库中。

③ 旅游搜索引擎功能。这里的旅游搜索引擎功能包括建设 12301 服务热线搜索功能。通过建设复合型的旅游搜索，可进行分类选择(例如百度)，包括对关键字城市、景区、主题、产品以及其他旅游要素进行搜索组织排列。

④ 周边信息。周边信息功能是指基本数据库中六要素单位的信息展示发布，要有周边信息，其组织方式包括产品类和要素类，例如查一个要素或城市的信息，周边的中心可以是城市内容和其他旅游要素内容。周边信息的组织方式有三种：一是上一级的目的地，如泰山的上一级是泰安市，长清区的上一级是济南市；二是根据地理坐标查询周围，例如几公里范围内的旅游要素；三是参照旅游线路，例如途经该要素点的旅游线路。

⑤ 目的地信息发布的分级控制。目的地信息发布的分级控制采用模块化调用的方式，便于城市、县区旅游网站功能的移植。

⑥ 产品比较系统。产品比较系统指通过该系统可以搜索出类似产品(三种或三种以上)，用户可以对产品的价位、等级等进行比较，从而选择出最合适的产品。

⑦ 关键字应用功能。即通过关键字进行信息互联。以关键字为核心进行信息组织、扩散，互联的种类包括城市综合信息、旅游区、旅游要素、主题旅游等，覆盖的范围包括静态页面、动态页面、旅游计划、旅游产品等方面。

⑧电子地图的应用。在电子地图的应用表现上，采用谷歌地图内嵌的方式，各要素

的地理信息要在数据库中体现，旅游线路的表现也有示意图。

⑨ 分享更新机制。通过分享更新机制，与朋友分享更新信息，更新信息反馈到单独数据库中，与网上咨询相结合。

⑩ 优惠查询。通过优惠查询可以获得一定时间内金穗中国旅游卡的相关优惠，各景区景点、酒店或其他旅游企业推出的优惠活动等。

(3) 表现层

表现层位于控制层的上层，也就是系统的最高层，离用户最近。它主要用于接收用户请求或返回用户请求的数据结果的展现，为用户提供一种交互式操作的界面。通俗地讲，就是展现给用户的界面，即用户在使用一个系统的时候他的所见所得。而具体的数据处理则由业务逻辑层和数据访问层去处理。

在表现层系统设计了针对各种用户使用界面，通过该界面向用户提供多种服务。除了能够提供一般旅游目的地电子商务网站的信息查询、目的地营销与旅游产品预订等功能外，增加了一些新的功能以满足一些用户的潜在的需求，也使系统在表现层呈现以下几大特色。

① 移动电子商务的实现。随着信息技术及移动终端的普及，中国手机网民呈现迅速增长态势。据 CNNIC《第 26 次中国互联网络发展状况统计报告》显示，截至 2009 年 12 月底，手机网民规模 2.33 亿，占网民总体的 60.8%。手机网民主要集中在东部沿海地区，山东即为其中的一个省份，其网民规模年增幅达到 39.6%。人们对旅游信息化的需求越来越大。而移动电子商务又具有可以打破传统使用网络条件的限制，可以随时的特性，因此可以为游客带来极大的便利。

旅游路线都是旅行社事先规划设计好的，游客可以自己从中选择旅游线路，从而决定旅游行程安排。或者，游客通过沟通将自己的旅游路线传达给旅游中介机构，中介机构根据这一线路进行包价组团。然而这种传统的包价组团方式不能满足游客的差异性需求。智能行程安排系统就是考虑到游客的个性化需求，可以进行智能行程安排，自动生成旅游路线的系统。这一系统是通过语义网技术实现的，当游客在指定地点输入“出发地、目的地、交通方式(火车、飞机、汽车)、时间、预算费用”等关键信息时，系统会自动生成一条或几条旅游线路，供游客选择。智能行程安排系统，相比较以前传统的线路选择，除了满足了游客的个性化需求外，具有更强的针对性，同时具有较大的灵活性，游客可以根据自己的需求随时改变旅游行程，最大限度地满足了游客的愿望。

② 旅游搜索引擎功能的强化。旅游搜索引擎功能的强化主要表现在可以进行复合型的旅游搜索，可进行分类选择，包括对关键字城市、景区、主题、产品以及其他旅游要素进行搜索组织排列。另外，旅游搜索引擎功能的开发，实现了 12301 服务热线的在线搜索功能，对 12301 服务热线提供了方便，同时也为游客提供了便利。

### 6.2.2 旅游目的地电子商务的运营及面临的问题

#### 1. 互联网端的旅游目的地电子商务的运营及其面临的问题

(1) 互联网端的旅游目的地电子商务的运营流程

旅游业是信息密集型产业，旅游目的地电子商务网站是建立在大量数据基础上的。

网站要想获得持久的吸引力，必须有及时、准确的数据和信息作保障。同时，由于旅游目的地电子商务网站涉及酒店、旅行社、景区、娱乐场所、旅游咨询服务中心、旅游管理部门及其他组织或机构等多种用户，很多信息需要这些用户自身进行上传和更新。大量的用户及大量信息的上传为系统信息更新与管理带来了较大的难度。因此，对于旅游目的地电子商务网站来说，为保证信息上传的质量、速度，降低维护的难度，有必要制定一整套信息收集、审查、发布、互动、利益相关者管理的信息管理体系。图 6-2 为旅游目的地电子商务网站的运营管理流程图，运营管理主要分为信息采集、信息整理、发布信息、营销互动与利益相关者管理等几个步骤。

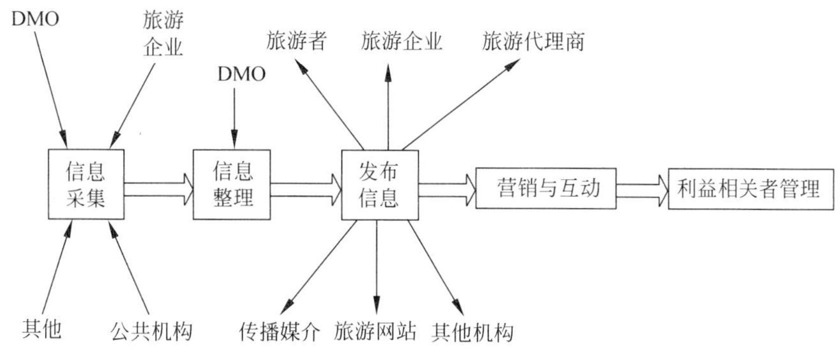


图 6-2　互联网端的旅游目的地电子商务网站运营管理流程图①

① 信息采集。为保障旅游目的地电子商务网站的有效运营，首先要保证网站能够为旅游者提供充足详细准确的信息。这就要求从系统信息的收集开始，旅游目的地行政管理部门、目的地当地旅游行业协会、旅游企业等机构应该积极地通过各种信息渠道收集旅游目的地的信息。例如包括旅游目的地概况、旅游资源以及地方文化简介、旅游企业基本信息、当地特色旅游产品、旅游交通信息总汇、餐饮情况以及旅游新闻和公告等。

② 信息整理。DMO 对旅游行业协会、旅游组织、旅游企业发布的信息进行审核和整理，通过审核的被确认准确无误的信息可以整理进入旅游目的地电子商务网站的数据库中。目的地营销系统网络的成功与否在很大程度上依赖于其所容纳的信息的准确性和新颖性。目的地营销系统网络中的任何一条信息出现错误可能会使整个系统失去可信度。因此，保证目的地营销系统网络中的信息质量显得尤为重要。在这一方面，DMO 应该对收集的信息作严格的检查以确保信息的准确性。

③ 发布信息。由于旅游目的地电子商务网站是一种新型公共品，因此在其运营的过程中就要求 DMO 将审核通过的信息分类汇总后，显示在网站的各个栏目中，并且可以通过利用导航和搜索功能，使前来网站登录的用户在系统中获得所需要的信息。

④ 营销与互动。旅游目的地电子商务网站在具体的营销过程中，也应该注重对先进营销手段与技术的运用。针对目标市场进行详细的划分，并对不同的目标市场进行有针对性的营销。

① 李苹苹. 国内旅游目的地营销系统运营研究——以大连旅游营销系统为例 [D]. 上海：上海师范大学，2009.

⑤ 利益相关者管理。由于旅游目的地电子商务网站的公共产品属性，其在运营的过程中涉及旅游目的地行政管理组织、旅游企业、公共机构、旅游者、旅游代理商、网站运营商等多个组织和机构。由于牵扯到众多利益相关者之间的利益划分，因此在运营的过程中其运营主体 DMO 应该充分发挥对各利益相关者之间的协调功能，例如负责后台管理和业务监测，充分发挥政府作用，协调各利益相关者之间的关系，这样才能够使 DMS 进行良性循环，保障各利益相关者的利益，确保各利益相关者在 DMS 运营过程中实现"共赢"。

（2）互联网端的旅游目的地电子商务面临的问题

旅游网站的兴起以及旅游者对信息的依赖性极大地带动了一些旅游目的地网站的发展。虽然这些网站确实在一定程度上促进了旅游业的发展，但严格来说，这些网站还不能算是真正意义上的旅游目的地电子商务网站。旅游目的地电子商务网站，除了是以"目的地"为原则来组织信息外，目的地范围内的所有旅游企业可以通过专门的接口进入该网站，然而，目前大部分目的地网站还未能实现这种接口功能。

第一，在网站的旅游信息标准方面，缺少统一的旅游信息标准，导致信息共享性差，且流通不畅。旅游目的地电子商务网站涉及食、住、行、游、购、娱等各方面的信息，信息量大且繁杂。另外旅游目的地电子商务网站涉及的用户有多种，包括旅游管理机构、旅游企业、旅游媒体、游客及潜在游客等。庞杂的信息和众多的用户，使网站的旅游信息描述千差万别，给旅游信息基本数据库的建设和日常维护增加了很大的工作量，耗费了很大的财力。面对如此多且复杂的信息和用户，我国却没有一套较成熟的、行之有效的旅游网站信息标准，这对网站信息共享及流通带来了很大的阻碍。

第二，在网站的更新维护方面，多数旅游目的地电子商务网站发布信息更新不及时。旅游业是信息依赖型产业，旅游网络营销只有以准确、可靠的信息为前提，才能长久生存发展。然而很多旅游信息资源分散在各地各部门各企业，或在目的地范围内没有形成有机联系的网络，导致网站信息更新速度慢，不能满足用户的需求。这在一定程度上阻碍了旅游电子商务网站的发展。

第三，在功能方面，网站功能简单，提供的旅游服务较少，未能满足不同用户的需要。现在的很多旅游电子商务网站只是对外形象宣传的窗口，功能上只能实现信息查询和预订，而不支持一些较高级的功能，例如智能行程安排、虚拟旅游、目的地管理等功能，更不能满足用户的个性化需求。

第四，在网站接入途径方面，目前大多数旅游目的地电子商务网站只支持传统的计算机终端接入，不支持其他途径接入，这也逐渐成为旅游电子商务网站发展的一大瓶颈。随着新兴媒介的发展，人们对移动通信设备、城市多媒体终端和互动数字电视连接入网的要求越来越高。例如通过移动设备的途径，可以多方面突破传统计算机终端方式接入的限制，为游客带来更大的便利。

**2. 线下的旅游目的地电子商务建设情况**

线下的旅游目的地电子商务主要指在线下提供目的地信息服务和传播功能的公共设施，这些公共设施的建设具有较强的公益性质，属于我国旅游公共服务系统的建设内容。由于公益性，按市场机制操作就有难度，很少有企业愿意投资旅游公共服务领域，所以，线下的旅游目的地电子商务所涉及的公共设施一般都由政府牵头组织实施。因此，旅游目的地管理组织在线下的旅游目的地电子商务建设中，强调政府主导和投入。

目前，我国各地对线下旅游目的地电子商务的重视程度不一致，建设水平也不平衡。旅游业起步较早、较成熟的地方，对旅游信息触摸屏、旅游咨询服务中心（站点）、旅游集散中心、呼叫中心等旅游公共服务设施的建设比较重视。在国家相关管理部门的倡导下，我国各地 12301 旅游服务热线逐步开通，旅游咨询热线在主要城市普遍设立，旅游咨询服务中心在各旅游城市基本建立。截至"十一五"期末，全国共建成旅游咨询中心及站点 1500 余个（不含景区内的游客中心），部分城市已形成由主中心、分中心、咨询站点、触摸屏等组成的旅游咨询网络。以游览咨询信息、假日旅游市场信息、境内外旅游目的地安全风险提示信息、旅游服务质量信息等为代表的旅游公共信息内容不断充实，信息发布渠道逐步拓宽。

与日益增长的需求相比，我国线下的旅游目的地电子商务相对滞后，尤其是旅游业相对落后的地区对线下旅游公共服务体系建设仍存在一些问题和障碍。主要有：

一是认识问题。各地对线下旅游目的地电子商务的重要性认识有差异，对旅游目的地电子商务的范围内容和认识也不尽相同，对旅游目的地电子商务建设的主体究竟应由政府主导还是市场主导认识也有不同。

二是机制问题。线下的旅游目的地电子商务建设牵涉到多个政府部门和行政系统，但各部门和各系统对线下目的地电子商务建设的认识是有差异的，旅游主管部门比较积极，认识相应也比较到位，但旅游主管部门往往缺乏必要的组织实施和推进旅游公共服务体系的建设，而交通、城管、建设、卫生、公安等部门从各自立场角度，往往难以就旅游公共服务体系建设形成高度的共识。

三是财政问题。线下的旅游目的地电子商务的建设具有一定的公益性质，需要政府财政提供必要的投入予以支撑，但各地政府财政状况不一，投入重点不一，相关的财力支持也不一样，不少城市面临财政资金紧缺的问题。

四是理念问题。各地对线下的旅游目的地电子商务的建设理念并不相同，有些地方站位较高，理念较新，相关建设符合国际标准与惯例；有些地方则不然，在规划线下旅游目的地电子商务建设时起点较低，只能满足旅游公共服务中最基本、最经常的需求，如简单的旅游咨询服务、旅游公共交通服务和旅游服务质量的投诉处理等，与国际旅游目的地的标准差距较大。

## 6.3　旅游目的地电子商务的旅游综合服务发展趋势

随着信息技术的不断发展，及旅游管理组织对目的地电子商务重视程度的提升，旅游目的地电子商务的发展也呈现出多样化的发展。例如，随着智能手机的迅速普及与旅游业的发展，旅游目的地电子商务将迎来移动端时代。此外，传统的政府主导的旅游目的地电子商务模式也将有所调整，形成企业或市场主导的旅游目的地电子商务模式。

### 6.3.1 基于移动端的旅游目的地电子商务

移动电子商务是指通过手机、掌上电脑、笔记本电脑和PDA(个人数字助理)等移动通信设备与无线上网技术相结合,所构成的一个电子商务系统。与传统通过台式电脑平台开展的电子商务相比,它能为客户提供基于位置的多样、快捷、方便的个性化服务,并能随时随地与客户互通信息,满足客户的各种不同需求。随着移动通信技术和互联网的不断发展与相互融合,移动电子商务作为传统电子商务在移动领域里的一种扩展形式,打破了传统电子商务受时空限制的客观因素,成为一种"无处不在、无处不有"的新型交易方式。截至2013年12月,我国手机网民规模达5亿,较2012年底增加8009万人,网民中使用手机上网的人群占比由2012年底的74.5%提升至81.0%,手机网民规模继续保持稳定增长[①]。2013年中国正式推出4G网络,开始步入4G时代,为移动电子商务进一步发展铺平道路。

旅游业是一个特殊的行业,旅游产品生产和旅游消费在一定程度上存在着时空上的差异,移动电子商务在旅游业中的运用为旅游消费带来了一种全新的局面。基于移动端的旅游目的地电子商务依托移动电子商务平台,为终端手机用户提供急需的双向、定时、成本低廉、安全可靠的移动旅游电子商务服务。在大数据时代,各行各业都开始借助新媒体大搞营销,微博、微信、手机客户端等新形式开始覆盖我们的生活。在习惯于依赖传统营销模式的旅游行业,这个需求就显得更为迫切。未来基于移动端的旅游目的地电子商务将成为旅游目的地电子商务发展的新模式。

**1. 移动端的旅游目的地网站**

随着旅游目的地网站的功能升级及移动终端设备的普及,越来越多的旅游目的地网站都开发了基于移动端的目的地网站。移动端设备能够提供即时、快捷的旅游信息,使游客无论走到哪儿都能感受到无处不在的旅游信息,契合了当下移动端用户的旅游需求。

移动互联网时代,旅游目的地信息的组织、管理和传播都发生了重大变化,旅游目的地系统的构建指导思想、实现路径甚至思维模式也与传统互联网不同。

2014年10月,烟台新版旅游资讯网和烟台旅游手机客户端正式上线,搭建起游客"玩转"烟台的智慧风向标。烟台旅游资讯网从2011年就已经上线,此次在2014仙境海岸(烟台)中外旅行商采购大会上正式改版上线,改版后,网站将充分考虑到游客获取信息手段、上网习惯以及阅读内容的变化,更加追求大视觉、大冲击,新版旅游资讯网将通过更为直观、便捷的搜索,让游客轻松掌握出游信息。

烟台旅游资讯网站服务大致分为仙境烟台、游玩烟台、烟台景点、活动咨询、旅游服务、精彩影像以及网上预订几个板块。每一个板块下的内容都比以往更加丰富,以"游玩烟台"板块为例,不仅有常规一日游、三日游、多日游线路产品的介绍,更是根据出游目的,分列了亲子游、情侣游、银发游等多种类型,主题旅游攻略,更是细分成渔家乐、爬山、高尔夫、滨海、乡村等多个系列,让游客可以根据自己的需求,最直观地选择推荐目的地

① 中国互联网信息中心.中国互联网络发展状况统计报告[R].北京:中国互联网信息中心,2013.

和线路。在网络平台的基础上，烟台旅游更是借助手机移动终端，开辟新的服务方式，拥有信息查询和服务预订功能的"烟台旅游手机客户端"正式上线，也使"一机在手，玩遍烟台"的想法成为现实。"无论是安卓系统还是苹果系统，都可以搜索'烟台旅游'下载APP。"客户端内收入了关于烟台酒店、美食、景点等旅游相关企业的各类资讯，同时还囊括了烟台文化与历史等内容，游客随时都能查到需要的信息。

当前，游客出游方式正由观光旅游向观光与休闲度假结合的形式转变。据统计，烟台市去年共接待海内外游客 5000 多万人次，市场调查中发现：选择休闲度假方式的游客，占到了 70％多；出游方式方面，自驾游、自助游的游客比例超过了 95％，即便是十一黄金周旅游旺季，团队游客的比例也超不过 10％。手机客户端旅游资讯网的上线，是迎合了旅游市场散客占主导的新形势。目前烟台接待的游客中，团队游客只占了 5％左右的比例，更多的散客需要通过网络和移动设备来解决游前、游中、游后的信息问题。在之前传统模式的语境下，游客获取资讯的时间段多集中在出游之前，即通过宣传页、广告、咨询电话、旅行社和部分网络介绍来了解相应景区点的信息，而在游览中遇到的新问题以及游览后的个人评价，就很难通过互动的方式进行查询和表达。为解决这一点，新改版的烟台旅游资讯网特意推出了"达人推荐"和"游友自拍"等栏目，手机客户端也实现了旅游咨询的实时查询，真正提供游前、游中、游后的全套方案。

**2. 移动端的旅游目的地微博营销**

微博的广泛应用，使得游客可以通过微博实时传播旅游观感，尤其是移动端微博的应用，一定程度上改变了人们传统的旅游观念和出游方式。为加强与用户的互动，旅游从业者纷纷上线微博，力求抢占这块营销传播的"大蛋糕"；微博的迅速"扩散"功能，也使得许多旅游主管部门和机构意识到了微博营销的重要性。澳大利亚、英国、中国香港等国家和地区的旅游机构作为先驱者纷纷在新浪、腾讯等网站开通微博，大力宣传他们的旅游景点，取得了良好的传播效果。我国各级旅游主管部门也群起效仿，以期能够利用微博这一新传播手段更好地宣传自己的旅游服务。

近年来，国内众多旅游目的地纷纷开设了官方微博，其发布内容主要为旅游目的地范围内的旅游活动、旅游资讯、美食、景区推荐、民俗介绍、旅游商品、优惠活动、天气预报等。在旅游目的地微博营销过程中，国家旅游组织和地方旅游组织是营销的主体，通过即时消息和新鲜事的更新，加之文字描述、图片宣传、网络链接等多种形式，将旅游目的地的旅游资源、民俗风情、特色产品、个性服务等全面展示给关注者，再通过密切地关注和互动，提升微博人气，提高旅游主管部门官方微博的影响力，吸引关注者全方位认知当地的旅游资源禀赋情况，进而激发旅游动机，产生旅游活动，从而拉动旅游目的地的旅游经济效益。此外，旅游目的地官方微博营销作为政府旅游营销系统的重要部分，并不是孤立运作的，而且就旅游系统来说，各部分、各机构集体入驻微博，打造旅游微博圈，未来将越来越成为旅游目的地主管部门内部管理和区域形象展示的重要阵地。

值得一提的是，在重视和提升旅游官方微博影响力的同时，不能忽略同其他沟通渠道的配合，包括官方网站、政务信息网、论坛等公开的渠道，也包括热线电话、电子邮件等较为私密化的沟通方式，有针对性地处理群众诉求，未来微博等新媒体将与传统渠道更好地结合，及时沟通、整理、反馈信息。旅游目的地官方微博营销是否能够起到应有的效果，是否运用和如何运用新媒体，形式还是次要的，重要的是能否建立起一套处理、发布信息的有效机制，而这套有效机制的建立不管在微博发展的任何阶段，都离不开其他渠道的密切配合。

**3. 移动端的旅游目的地微信平台**

微信以超低廉的运营成本，给旅游业带来了新的机遇和挑战，微信旅行电商时代已经到来。交互是微信的核心，也是旅游业愿意在微信上投入的重要原因，旅游业通过微信与用户进行互动和沟通、积累人气，这样在微信上不断地挖掘和传播品牌价值，为用户提供更好的服务。旅游目的地管理组织认识到，利用微信宣传推广旅游目的地、服务游客已成为一个重要途径。

为了抓住这一契机，各旅游主管部门积极开展“目的地旅游”微信公众平台建设工作及运营工作。在目的地微信平台上，以生动的文字和精美的图片多角度、全方位展示深圳旅游文化、景区优惠信息、美食攻略和旅游线路，以方便目的地市民、外地游客更加了解该目的地。各目的地微信平台上不仅设有常规固定栏目，还适时推出各种优惠活动，例如提供景区门票、旅游线路、酒店房券餐券等奖品，让更多粉丝体验到该目的地的旅游产品与服务。

截至2014年第三季度，微信活跃用户达到4.68亿，比上一年度同期增长39%[①]。随着微信用户数量的增长，微信营销将更加受到目的地管理组织的重视，微信在线预订、在线支付等功能将更加成熟，届时目的地在微信平台的运营及管理方面将投入更大力度，基于移动端的旅游目的地微信平台仍将迎来长足的发展。

## 6.3.2 跨区域合作的旅游目的地电子商务

近几年，我国跨区域合作逐渐增多，并延伸到了诸多领域，例如京津冀一体化条件下的交通、旅游、物流等方面的合作。在旅游业目前已有多地开始尝试跨区域的旅游合作，并取得了一定的成效，未来随着电子商务向更纵深的方向发展，跨区域的旅游目的地的电子商务将成为旅游目的地电子商务发展的新模式。

**1. 基于经济体的旅游目的地电子商务**

经济体是指对某个区域经济组成的统称和划分。近年来，随着跨区域合作理念深入人心，我国多地区经济合作的宽度和深度越来越大，形成了部分新的经济体，如京津冀、珠三角、长三角等地区。在经济发展一体化的前提下，经济体的旅游协同发展成为必然。

京津冀是环渤海地区的重要组成部分，也是我国旅游资源的重要核心区域之一。有其独特的区位优势，三省市旅游资源既有同宗同脉的系统性，又各具特色、异彩纷呈。伴随区域现代综合交通网络的初步形成，京津冀城市距离近一步拉近，区域之间的旅游活动更加便捷、频繁。京津冀三地旅游部门将在规划编制、市场推广等方面共同推进旅游一体化。京津冀三地将大力推动旅游信息服务合作平台建设，探索建立“京津冀旅游网

---

① 数据来源于腾讯第三季度财报：净利润同比增长46%，微信活跃用户同比增长39%，http://www.huxiu.com/article/101325/1.html.

络平台”，开发京津冀旅游 APP 软件，基于经济体的旅游目的地电子商务将迎来蓬勃发展。为充分展示京津冀地区丰富多彩的旅游资源，加快推动区域旅游一体化发展，让众多旅游爱好者、广大人民群众饱览地方特色、山水风情，京津冀旅游网（www. jtravel. com. cn）已基本建成。

**2. 基于高铁沿线的旅游目的地电子商务**

近年来，我国高速铁路的飞速发展，带动了高铁沿线旅游业的繁荣和发展。2009 年 12 月 26 日，世界上第一条时速高达 350 公里、里程最长的无砟轨道长大客运专线——武广高铁将正式开通。届时，广东、湖南、湖北丰富的旅游资源将使三地人的周末生活更加丰富多彩。为进一步加速放大高铁效应，共同分享高铁红利，我国多个地区已经成立了相关联盟，并开展了合作。例如我国京福、沪昆高铁 7 省（市）17 城市共同构建高铁旅游黄金通道，营造大旅游市场环境，致力推动各城市旅游产业登“高”提速、裂变升级，推动区域间合作向更高层次迈进。

随着电子商务向更纵深的方向发展，及游客对于高铁沿线城市的旅游信息需求的不断增加，基于高铁沿线的旅游目的地电子商务网站也将伴随出现，从而便于游客查找高铁沿线城市旅游信息，预订沿线城市的景区景点门票。未来，我国旅游管理部门对于高铁旅游的重视也将逐渐增加，基于高铁沿线的旅游目的地电子商务网站将成为旅游目的地电子商务的一大趋势。

**3. 基于文化的旅游目的地电子商务**

文化是旅游业发展的驱动力。在社会主义文化大发展、大繁荣的时代背景下，旅游业与文化业的相融合更趋时代性和必然性。多年来，在文化和旅游部门的共同努力下，已打造出一大批文化旅游品牌，取得了很好的经济效益和社会效益。基于文化的旅游目的地电子商务是以文化为纽带，将多个不关联的旅游目的地进行串联，形成的新的旅游目的地电子商务平台。

丝绸之路具有深远的历史文化和享誉世界的文化品牌，世界旅游组织评价认为，丝绸之路旅游是一个有着无限市场潜力的区域性旅游品牌。到 2020 年，丝绸之路沿线将形成世界上最吸引人的旅游胜地，国际市场 1/3 的游客将选择在这里观光或度假。我国丝绸之路涉及河南省、陕西省、宁夏回族自治区、甘肃省、青海省、新疆维吾尔自治区与新疆生产建设兵团六省（区）七方，随着丝绸之路沿线各省市的旅游崛起，对于六省（区）七方的旅游信息需要将大幅增加，这时就迫切需要一个能有效整合六省（区）七方目的地的旅游信息和资源的网站，为游客的旅游需求提供便利。因此，可以预见，未来基于丝绸之路的旅游目的地电子商务势必出现，它将开发出横跨多地的旅游产品，在满足游客旅游信息的查询和预订等多方面打破行政区域界限，提升文化内涵，成为以文化为纽带实现不同旅游目的地全方位互动和无障碍合作的网络平台。

**4. 基于自驾游的旅游目的地电子商务**

随着经济的发展，自驾游已经成为越来越多人喜爱的旅游方式。中国持续 30 年的经济快速增长，促进了社会发展和人民生活水平的持续提升。20 世纪 80 年代，汽车开始进入中国家庭，时至今日，中国的汽车消费已经完全由高端消费转变为大众消费。伴随着旅游产业的发展、汽车保有量的迅速增加，我国的自驾车旅游蓬勃发展。

自驾游往往跨越两个或两个以上不同的目的地，由于自驾游所涉及的目的地为多个，游客往往不能在同一网络平台上获取所有目的地的旅游信息。基于自驾游的旅游目的地电子商务就是抓住了游客的这一需求，构建基于自驾游线路中所涉及的目的地旅游网站，整合该线路中不同目的地食、住、行、游、购、娱等信息为一体的旅游电子商务平台。因此，随着自驾游的进一步增多，以相邻省市间旅游信息为主要内容，以满足自驾游需求为目的地的电子商务网站势必兴起。

### 6.3.3 非政府主导的旅游目的地电子商务

一直以来，我国的旅游目的地电子商务均由我国的各级政府管理部门主导开展，政府主导的旅游目的地网络营销在电子商务发展初期起到了较好的引导和管理作用，但这种模式越来越呈现出较多的弊端，主要表现在政府管理效率低，信息来源渠道单一、质量不高，盈利能力低，目的地旅游企业的主动参与度低等方面。在这种情况下，非政府主导的旅游目的地电子商务应运而生，例如企业主导、政府参与的目的地电子商务模式。

企业主导、政府参与的目的地电子商务模式能有效地克服由政府作为单一主体来运营 DMS 所产生的弊端：一方面，政府的参与保证了信息的权威性和公正性，并有助于协调各方力量，使系统得以顺利实施；另一方面，企业的参与增加了电子商务系统运营的灵活性，赋予系统更强的竞争力和生命力。将企业推向市场，积极引入竞争会给企业带来更多的机遇，增强企业的生存能力。

在企业主导、政府参与的目的地电子商务模式中，目的地旅游管理组织就从电子商务系统运营活动的直接组织者向监督者和协助者的角色转变，系统的组织结构也会从行政化的多层级结构向企业式的组织结构转变，以企业的身份参与到目的地旅游电子商务市场的竞争中。企业则不仅仅是为系统提供技术支持和维护，更为重要的是承担起整个电子商务系统的运营，包括系统盈利模式的设计、对目标客源市场需求进行调研和分析、信息服务的创新、建立与目的地旅游企业的合作机制、与其他网络服务提供商之间的合作、与支付以及物流服务提供商之间的合作、与目的地其他相关机构之间的协调与合作等。

目前，我国已有少数企业与政府合作开展类似探索，例如景域集团致力于打造旅游产业一站式服务生态链闭环和线上线下结合的 O2O 开放平台，把旅游规划设计、景区投资运营、品牌设计与节庆、驴妈妈电子商务及帐篷客风情酒店 5 个方面一条龙服务，与旅游目的地全面战略合作，打造“互联网＋目的地”的创新模式，用互联网思维和“互联网＋”模式，改变传统旅游目的地长期依赖门票收入的传统模式，实现旅游目的地“游客数量增加、游客消费倍增、游客满意度增加”的全新目标。目前，景域集团与山东省旅游局、福建省旅游局、黄山风景名胜区、横店影视城、北京欢乐谷、无锡灵山等著名旅游目的地和旅游景区进行了战略合作，探索实践“互联网＋目的地”创新模式，以期实现“做大增量，合作共赢”的目标。

未来，企业主导、政府参与的目的地电子商务模式将成为旅游目的地电子商务系统未来的一个发展方向，政府与企业合作经营必将成为目的地网络营销生存与发展的必由之路。

# 6.4 国内外旅游目的地电子商务实例

## 案例1

### 新加坡旅游目的地网络营销系统

新加坡是亚洲DMS的先行者。新加坡从1995年开始建立面向顾客的网站，并用网站作为信息提供的基础。1998年，新加坡旅游局通过与WORLDRee合作，引入了预订功能。

新加坡DMS(www.yoursingapore.com)不单纯是一个网站，还是一个复杂的多媒体旅游向导。它不仅提供了有关信息，还为新加坡进行了旅游目的地形象定位以及协助旅游机构进行促销活动。游客不仅能从该网站浏览各类旅游信息，同时还可以通过触屏式服务亭、当地广泛分布的"新加坡第一"网络系统以及新加坡旅游服务中心得到服务。

新加坡DMS网站的功能丰富，它为访问者提供在线预订功能，旅游者可直接寻求咨询服务或预订酒店或机票等旅游产品。访问者可以通过分类列表(如旅游地、购物商店、酒店、高尔夫或关键词)查询旅游产品和服务数据库的信息。

行程规划功能是该网站的一大特色，访问者在网站上输入旅游开始和结束地点、自己的兴趣爱好、经济承受能力等信息，网站就会为访问者推荐其个性定制的旅游活动安排，详细到每天上午、下午和晚上分别有什么活动。访问者还可以单击具体旅游项目的链接，进一步了解这个项目的细节，如介绍、所在位置、场所营业时间、费用等。

会展功能是该网站的又一特色，输入相关信息，可以在线规划会议会展，并可以根据会议主题具体查看会议场所、位置，网站会为访问者提供相关建议，供会议组织者参考。

网站还通过调查问卷收集去过新加坡的游客的感受和评价。例如，对旅游区的印象如何、喜欢什么旅游项目、有何建议，为新加坡旅游目的地的发展提供持久的保障。

## 案例2

### 浙江微信目的地营销探索

微信既是沟通工具，也是服务工具，而基于旅游局官方身份的特殊定位，目的地营销仍然是旅游局微信服务的最重要的目标。浙江旅游局经过一年的探索，通过积分商城、旅游资讯服务、信息查询服务等功能，形成了一套较为成熟的目的地营销方法，在探索移动端目的地营销方面做了积极的探索。

基于微信熟人社交的封闭特性，要在微信平台上快速发展受众用户具有一定的难度，但大数量的"粉丝"是目的地传播最重要的基础。而在微信5.0上线以后，订阅号的群发权限更是受到很大限制，这对于景区、酒店来说，虽然掌握着非常有价值的实体资源，却苦于无法将服务和优惠有效地、低成本地传播到用户，而昂贵的传统媒体的知晓到达率正在迅速下降。面对这样的问题,"浙江旅游"微信平台探索出这样的机制:一方面,从景区、酒店获得可用于营销推广的实体资源,如门票、酒店间夜、优惠券,这些资源全部被统一归集到"商品中心"当中,对于游客来说具有非常大的吸引力。另一方面,游客通过浙江旅游的微信平台的"游戏中心"功能,以及参与平台上面的"游戏"、"转发"、"游记"等各种不同的活动方式获得"积分"。"积分"相当于用户在该平台上的通行货币,用户可以凭"积分"到"商品中心"兑换各种免费的旅游资源。通过优惠资讯→活动→游戏参与→信息传播→获得积分→兑换奖品闭环,有效地完成了一次低成本的营销推广。

其中,"睡美人招募"活动整合浙江省内 50 家精品酒店资源,在微信上发起女性试睡体验员征集活动,并聘请专业摄影师及文字编辑跟随拍摄体验。活动一方面在酒店业内引起极大关注和反响,同时也激起关注粉丝的极大兴趣。该活动上线一周,征集消息在朋友圈分享数累计五万次左右,成功上传照片填写信息的报名参与人数达 3500 人。同时通过与去哪儿网、淘女郎、FM93 等平台合作,活动得到二次传播。如今活动已持续一个半月,每个酒店的体验摄影作品及专家点评将通过"浙江旅游"微信内"最美酒店"板块进行推送,并为游客提供住宿推荐。同时,此活动在酒店业界也得到了较好的口碑传播,吸引了大量业内人士的关注,是一次整合资源、多平台合作推广、创意策划营销的成功例子。

"浙江旅游"微信公众账号目前关注人数为 34 万,日均增长量在 2000 人,并且人数还在持续上升。账号每天发布一则多条图文的资讯推送。目前推出积分商城,意图通过积分换旅游商品的形式增加关注黏度,并逐步成为一个"玩微信、赚积分、换好礼"的旅游优惠平台。

## 案例 3

### 企业主导的旅游目的地电子商务——酷旅网

酷旅网(www. kulv. com)是由浪潮集团联合国内知名旅游电子商务运营商、媒体共同打造的旅游目的地电子商务网站,是国内首家专注于目的地旅游服务的旅游电子商务网站,于 2014 年 9 月 15 日正式上线。

设计最酷的目的地产品。酷旅网主打目的地旅游产品,旨在让游客体验最酷的旅途。要给用户与众不同的旅游体验,而要做到这一点,旅游产品的设计至关重要。为了打造与众不同的目的地旅游产品,酷旅网对目的地的特色、游客的需求都进行了深入的研究。"以北京为例,如果游客第一次来北京,那毫无疑问,要去故宫、天安门、颐和园、八达岭。但如果是第二次来北京,那么 798、南锣鼓巷、孟京辉的话剧、IMAX 电影等就会更吸引他,毕竟文化才是北京最重要的标签。"从旅游产品设计的角度,南锣鼓巷等地极难产品化,但酷旅网还是通过对供应商的深入挖掘,让其成为了可能。酒店、餐厅,只要精心挑选,都能打造成极酷的旅游产品。比如北京有一家餐厅,这家餐厅有一座阳台,夕阳西下的时候,在这里品着下午茶,看落日下整个前门大街的景色,也是一种极酷的旅游体验。这样的产品,正是酷旅所要设计和销售的产品。

视频营销直击游客心灵。在旅游行业,一直有一个怪现象:热门的旅游目的地,尽管利润空间极低，但人人争抢；而那些不太知名的旅游目的地，尽管给出极高的利润空间，人们还是对这片"蓝海"不屑一顾。而去卖那些不知名的旅游目的地，则需要为它做三件事：首先要打造认知，紧接着要传播互动，最后才是卖票。其高利润空间都要投入到这三件事里面。酷旅网高调地用视频帮助那些不知名的目的地做好营销。旅游是一种感性的消费，直观的视频更能直击游客的心灵。此外，随着 4G 时代的到来，流量资费势必大幅下降，人们只敢在 WIFI 环境下观看视频的时代将一去不返，而这些因素都将使视频营销的传播力度大大提升。目前，酷旅网已经组建了专门的团队，把控视频营销的内容与品质。

首批上线产品全面覆盖山东全省各地，实现在目的地网络平台上的一站式服务。酷旅网是山东旅游局重点扶持的企业，首批上线产品全面覆盖山东全省各地，酷旅网的上线将与好客山东网形成互相促进、相互补充的作用，游客可在好客山东网查询目的地信息后直接预订相关度假产品，同时也可在酷旅网查询预订产品时了解相关目的地信息，两网同步上线，将有效解决山东省旅游中"最后一公里"的问题，真正意义上满足游客在目的地网络平台上实现一站式旅游消费服务。

未来将与各地政府开展合作。随着旅游业的发展，未来政府和地方旅游机构将扮演越来越重要的角色。酷旅网所做的事情，无论是深挖目的地特色打包旅游产品，还是为不知名的旅游目的地进行营销，都在客观上为各地政府进行了极好的地方旅游宣传。未来，酷旅网将与各地政府开展良好的合作。

# 第 7 章

# 基于在线旅游服务的电子商务

近年来受到互联网和移动互联网浪潮推动，在线旅游成为生机勃发的市场。根据中国互联网络信息中心(CNNIC)2015 年初发布的《第 35 次中国互联网络发展状况统计报告》显示，截至 2014 年 12 月，在网上预订过旅行与度假产品的网民规模达到 2.22 亿，较 2013 年底增长 4096 万人，增长率为 22.7%，网民使用率由 29.3%提升至 34.2%。预订火车票、机票、酒店和旅行度假产品的网民分别占比 26.6%、13.5%、13%和 7.6%。与此同时，手机预订的用户规模达到 1.34 亿，增长率为 194.6%，网民使用率由 9.1%提升至 24.1%[①]。在线旅游市场持续稳定增长的主要原因无外乎三点：一是外部环境，旅游季节性因素带动整体规模的环比增速上升；二是核心企业，在线旅游核心企业移动端预订发力；三是新增模式，在线旅游攻略、旅游社区企业寻求盈利模式，尝试攻略的结构化和产品化，纷纷进入在线旅游产品代理分销市场。随着国民旅游需求的提升和旅游在线化进程的持续推进，中国在线旅游面临翻倍的机遇；艾瑞咨询预测到 2016 年国内在线旅游市场交易规模将达到 4440 亿元，届时将成为全球最大的国内在线旅游市场。

## 7.1 在线旅游概述

### 7.1.1 在线旅游的定义

在线旅游是指通过网络的方式查阅和预订旅游产品，并可以通过网络分享旅游或旅行经验，而非通过在线(网络)的方式旅游或旅行。在线旅游又称为在线预订旅游，是旅游电子商务体系中的重要组成部分，它是由旅游中介服务提供商或在线预订服务代理商或传统旅游企业提供，以网络为主体，以旅游信息库、电子银行为基础，利用最先进的网络技术运作旅游产品及其分销系统的旅游经营体系。在线旅游出售的是虚拟旅游产品，也可以说是信息，而信息也就是企业盈利的资本。

在线旅游产业是指依托互联网，以满足旅游消费者信息查询、产品预订及服务评价为核心目的，囊括了包括航空公司、酒店、景区、租车公司、海内外旅游局等旅游服务供应商及搜索引擎、OTA、电信运营商、旅游资讯及社区网站等在线旅游平台的新产业。该产业主要借助互联网，与传统旅游产业以门店销售的方式形成巨大差异，被旅游从业人士称为“在线旅游”。

---

① CNNIC. http://www.199it.com/archives/326814.html

### 7.1.2 在线旅游的基本含义

在线旅游是指利用互联网技术进行旅游线路查询和旅游产品预订，以及其他相关旅游产品的在线服务，还包括通过网络分享旅游过程或旅游经验、旅客间的互动等。从服务方式上，相对于传统的旅行服务商而言，在线旅行服务利用网络技术、广阔的网络平台向旅行社提供更为方便、快捷、多样与个性的旅行服务，创造更多的服务价值，使得旅行服务发生了翻天覆地的变化。而从服务内容上，在线旅行服务既可以是意向服务，也可以是一系列的服务，主要由旅行者根据自己的旅行需求而进行选择，因此，在线旅行服务包括在线提供的单项服务、核心服务、全包价服务和附加服务。

具体可以总结为以下 3 个方面(详见图 7-1)：

(1) 出发地：旅游及相应的行前准备。包括信息收集、目的地挑选、行程安排、天气查询、票务预订、地面交通、旅行证件、附加服务等。

(2) 经停地：包括转机服务、派生服务、随机服务、评论与分享等。

(3) 目的地：包含住宿、餐饮、商务、观光、休闲与度假、地面交通、附件服务、评论与分享等，具体包括旅游进行中的在线互动，查看附近的旅游景点、美食或购物点等，以及旅游结束后的分享和点评，如旅游点评、分享在旅游前后得到的经验和体验等。

综上所述，在线旅游就是把旅游服务业与电子商务相结合，用“在线”来为“旅游”服务，从而得到了一个新的服务业态，狭义上指旅游电子商务，广义上来讲，就是在线旅游产业链。

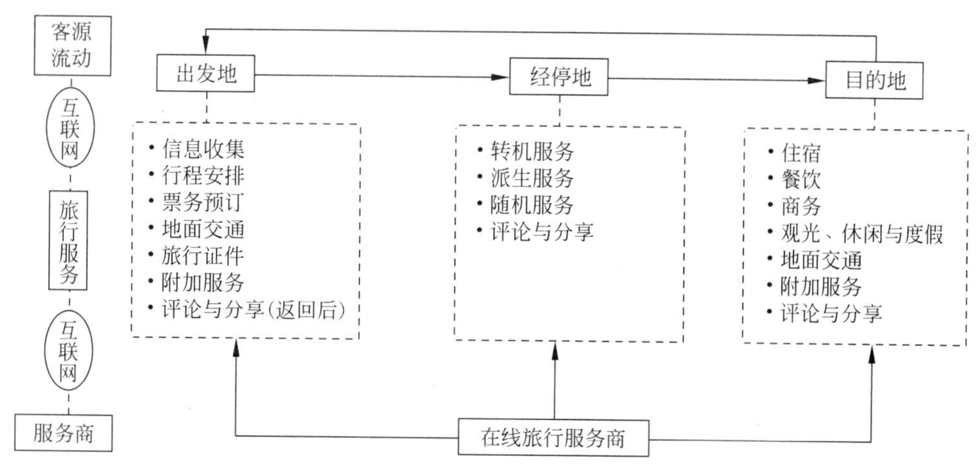


图 7-1 在线旅行服务的具体内容

### 7.1.3 在线旅游的特点

在线旅游是指以网络技术为依托，通过在线网络查阅和预订旅游产品，并可以通过网络分享旅游或旅游经验。在线旅游和传统旅游主要是信息查阅及预订方式上有所区别，除此之外没有任何其他的区别。在线旅游是一种服务手段，通过网络或移动互联网来方便用户，传统旅游和在线旅游的实质都是旅游，是服务业，都是以人为本、为旅客提供的旅游服务。不论传统的旅行社还是在线旅游网站都是具有代理中介的性质，提供游客以景区为中心的相关旅游产品体验服务，它们最终的目的都是获取利益，达到利润最大化。

传统旅游主要以旅行社接待旅游者，接待的游客主要以团体旅游为主，对价格的要求比较高。在线旅游是借助互联网技术为旅游服务，主要面对散客群体，通过网络和电话进行相关预订等。在线旅游具备的优势有：

成本的优势。传统旅行对于广告的投放量大，但回报率小；在线旅游利用互联网的优势，降低了旅游者的信息筛选成本。

价格的优势。通过垂直搜索引擎，旅游用户可以了解到不同代理商的价格差异，对价格敏感的在线用户能够买到相对比较便宜的旅游产品，因此，旅客可以通过在线途径获得旅游产品价格的认知，获得价格的优势。

空间地理的优势。传统旅游对地域因素考虑较多，而在线旅游可以最大限度地整合世界范围内的旅游咨询，进行差异化、多元化的服务。移动网络的应用更是突破了空间限制，促进了在线旅游业的发展。

宣传力度的优势。网络营销的传播速度快，传播幅度广，广告宣传效果明显。

旅游产品差异化、服务内容多样性的优势。传统旅游业主要是针对住宿与景区的服务。在线旅游业旅游产品多样化，不只有对景区介绍，还有对路线的择优选择、在线互动、酒店预订、机票预订、租车业务等；同时，在线旅游业提供定制化的智能服务，内容多元，产品多样。

旅客的网络互动优势。旅游用户不需要实地考察，就可以通过在线网络获取其他旅客分享的相关旅游信息。以往固定的旅游网站提供的样式化旅游信息已不能满足用户的需要，全新的互动式分享更能获得旅客的信任。网络的互动优势加深了旅游用户对旅游产品的信任，成为潜在客户群。

移动终端的优势。移动电脑或APP应用等移动终端为在线旅游业增加了新的优势，随时随地的无线网络服务，使旅游变得更加方便快捷。

业务运营模式的优势。互联网的使用群体多是年轻人，且受教育程度普遍偏高，在线旅游网站新颖的运营模式吸引了这群年轻化、受教育程度较高且偏爱于互联网的旅游消费者。如：在线旅游网站的模糊定价模式及垂直搜索引擎的比价差异应用等。

## 7.2 在线旅游服务的概念

### 7.2.1 在线旅游服务的含义

在线旅游服务又称在线旅行预订，是指旅游供应商或代理商以在线方式、通过网络为旅游消费者提供旅游产品和服务的预订，包括在线订（车、船、飞机）票、在线订房、在线订购旅游（度假）打包产品的服务，以及在线预约旅游目的地的租车、活动、用餐等活动。在线旅游服务业已被公认为是互联网与传统行业结合中表现最优异的产业，但由于起步较晚，各服务商在商业模式、产品差异化、客户管理等方面应对仍不足。在线旅游服务代理商（online travel agent，OTA），是指互联网化的旅游服务代理商。

在线旅行服务利用先进的网络技术、广阔的网络平台向旅行者提供更为方便、快捷、多样与个性的旅行服务，创造更多的服务价值，使得旅行服务发生了翻天覆地的变化。而从服务内容上，在线旅行服务既可以是一项服务，也可以是一系列的服务，主要由旅行者根据自己的旅行需求而进行选择，因此，在线旅行服务包括在线提供的单项服务、核心服务、全包价服务和附加服务。总之，在线旅行服务即基于互联网的旅行服务，是以互联网为平台，围绕需求链条满足旅行者全部或部分旅行需求的服务。

### 7.2.2　在线旅游服务的核心价值

在线旅游服务的核心价值：提供旅游相关信息、提供行程安排预订服务的功能。

**1. 提供旅游相关信息**

无论互联网发展到什么程度，客户都不可能自己在无尽的信息中自己整理和分析，所以他们都需要有这样的公司整理所有信息，但是这些公司提供的信息需要尽量客观中立，以便于他们做出明智的选择。随着社交网站的发展，OTA 需要提供更多客户产生的信息，即：由其他利益无关方提供的信息，这些信息更客观、更全面。

**2. 提供旅游预订服务**

旅游预订服务最终也有存在的价值，因为用户在合理的价格区间内，他们趋向于选择方便、安全的预订模式。而随着价格透明和趋同性的增强，用户会逐渐使用以前已经习惯使用并且觉得安全的方式。

### 7.2.3　在线旅游服务的特点

在线旅游服务的特性可以总结为以下五点。

**1. 整合性**

由于在线旅游服务整体上是一个在线旅游产业链，各环节协调整合在一起后的在线产品更加吸引消费者，综合考虑各个环节的内容创造出新的产品和组合，进而成为旅游业的主导。

**2. 快捷性**

旅游业是服务行业，同时，酒店、机票等旅游产品具有时效性，如果无法及时销售出去，将会造成不必要的损失。在线旅游正是利用互联网的力量及时发布和更新这些销售信息，通过网络随时为游客提供服务，这是传统旅游企业无法完成的。

**3. 交互性**

旅游者购买的是一种体验服务，是一种无形产品，并不是实体产品。在购买旅游产品前，由于信息不透明、不完善，旅游者无法亲自了解到全部信息，而在线攻略社区等互动性服务平台为消费者提供便利。随着信息技术的发展，除了可以在线浏览旅游信息、旅游产品介绍和其他旅游者的先行体验等信息外，还提供了视觉、听觉甚至 3D 效果的全新旅游体验，培养了大批潜在游客。

**4. 便利性**

由于旅游产品购买的是一种体验服务，只有实际实践之后才算完成，有时更是要突破地理和空间的限制。在线旅游服务突破了传统旅游业所没有的地理限制、空间限制和时间限制，通过互联网，旅游者可以很快了解到较远距离的产品信息。同时，智能手机和平板电脑等移动设备更是突破了空间的限制，可全天候地为旅游者服务，随时随地，方便快捷。

**5. 差异性**

各在线旅游网站都在打造以消费者为中心的差异性交互平台。服务的差异性是在线旅游网站建立并成功的前提，旅游网站不可能全都一样，但一定程度上，旅游网站之间具有相似的运营方式、服务内容或市场目标，这使得在线旅游网站之间的竞争也日趋激烈，为了获取市场份额，纷纷在运营方式、服务内容和市场目标上创新。与此同时，还要考虑以人为本，以旅游用户的需求为准，考虑旅游用户相应的购买能力。

## 7.3 在线旅游服务的发展阶段和运作流程

### 7.3.1 在线旅游服务的发展阶段

从宏观看，到目前为止整个的在线旅游行业可分为5个发展阶段。

**1. 第一阶段——在线旅游消费的培育阶段(20世纪90年代末—21世纪初)**

1997年，全球互联网投资高潮兴起，催生中国第一批旅游网站。该阶段主要依赖机票预订＋酒店预订的“佣金模式”，即网站与供应商(如酒店、航空公司等)合作，通过网络为顾客提供信息，顾客通过网站平台预订酒店或机票。这个阶段以携程和艺龙为代表。

**2. 第二阶段——在线旅游市场的发展阶段(2003—2006年)**

随着信息技术和信息化网络的发展，此阶段的电子商务应用广泛，把旅游热潮与电子商务热潮结合起来，发挥互联网自动化的作用来提高效率、降低成本。旅游服务业与电子商务的结合衍生出一个新的业务模式，即在线旅游服务业。此阶段中国特有的电话呼叫中心服务与网络相结合的预订方式出现，航空酒店大力发展网络直销业务，各种细分垂直型的在线服务商日渐兴起，如途牛等。此外，芒果、同程等进入在线代理市场，引入多元成熟的线下产品。不同代理商报价差异比较大，提供比价服务的垂直搜索网站应运而生，如去哪儿网。

**3. 第三阶段——在线旅游的快速发展阶段(2006—2010年)**

该阶段呈现细分化和社交化特点，随着社会经济的发展、人们生活水平的提高，度假的需求越来越多，出现了驴妈妈、途牛等结合旅游景点和旅行线路设计，提供在线预订细分服务的网站。这一阶段在线旅游用户成熟，需求从预订延展到交流，旅行网站呈现社交化趋势，如分享攻略的蚂蜂窝网，旅游点评的到到网。

**4. 第四阶段——在线旅游的布局阶段(2010—2012年)**

该阶段出现强大的竞争者，腾讯、淘宝、京东等几大电商企业进军在线旅游平台市场，提供旅游比价并抽取佣金。

**5. 第五阶段——在线旅游市场持续发展阶段(2013年至今)**

该阶段呈现移动化、碎片化等特点，移动端市场成为在线旅游市场的重要抢夺对象，移动APP创业公司纷纷涌现，用户对旅游的市场需求得到进一步细分。

微观层面上(特指中国在线旅游移动端市场发展现状),截至 2014 年在线旅游服务市场可以分为 4 个阶段(见图 7-2),到 2015 年在线旅游端呈现持续发展阶段,市场增量巨大。

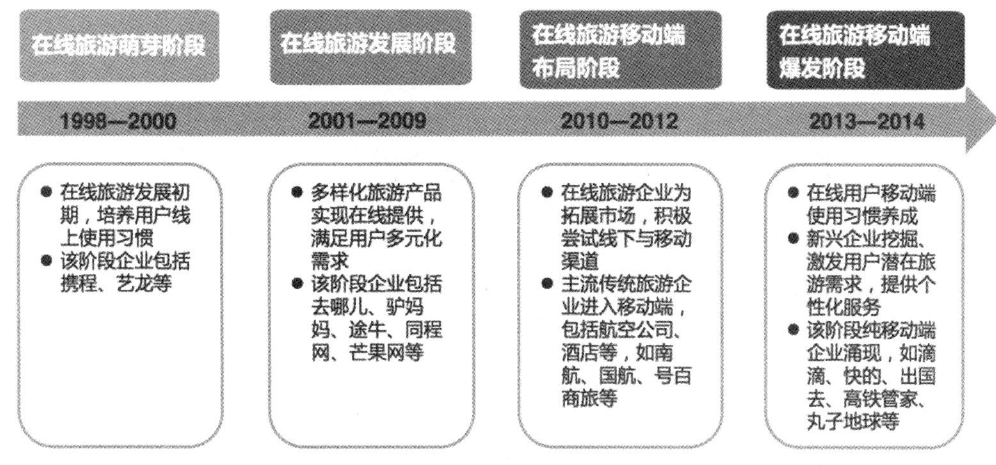


图 7-2　中国在线旅游移动端市场发展现状①

## 7.3.2　在线旅游服务的运作流程

在线旅游整体上可以分为 5 个部分:上游在线旅游产品供应商网络营销平台、在线代理中间商、网络营销平台、在线媒体和网络用户。在线旅游能够顺利发展下去,需要每一部分的配合,因此可以说在线旅游实质上就是一条在线旅游产业链。比较在线旅游产业链和传统的旅游产业链,在线旅游产业链加入了网络营销平台和在线媒体两部分,使得旅游服务业发生了根本性的变革。网络营销平台能重复提供游客对旅游路线和旅游产品的查阅和预订,满足了旅游消费者便利性的要求。在线媒体提供了搜索、社交、移动应用等服务,便于旅游消费者进行价值的比较和选择,满足其追求高性价比的要求。从近年发展趋势看,网络营销平台和在线媒体作用明显,对整个产业链的创新和价值上升都有着明显的促进作用。借鉴中国旅游局发布的报告《中国在线旅游市场发展趋势白皮书》,可以了解到在线旅游的运作流程,如图 7-3 所示。

上游旅游商品供应商一般包括酒店、航空公司、汽车租赁公司、旅游景点、娱乐设施等。有时传统地接社或旅行社出于利益考虑,会把顾客转交给更大的在线代理商。上游旅游商品的供应商除了通过线下渠道的销售,还可以通过线上渠道进行销售。线上渠道主要有两种:一是把产品外包给在线代理商,通过在线旅游代理网站或代理分销商;另一种是现今具有良好发展前景的自营直销。随着网络技术的进步和有效的广告宣传,上游供应商的官方网站建设趋于成熟,自营网站的直销力度加大,直接销售给最终旅游用户,建设了中间的环节,减少了旅客的成本,同时也减少了应付代理商的佣金成本。

① 图片来自艾瑞网,http://report.iresearch.cn/html/20150325/248003.shtml.

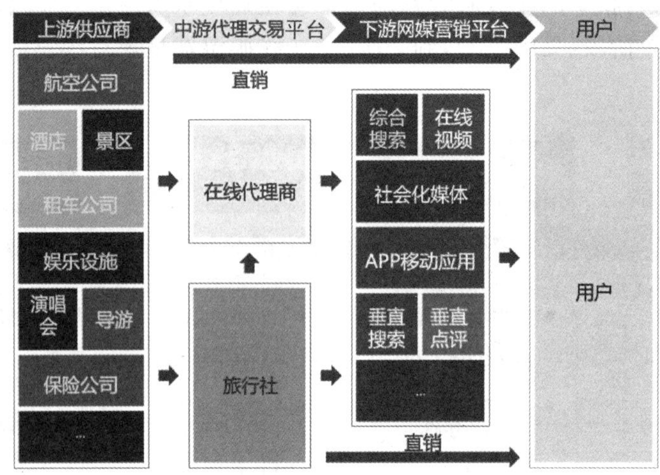


图 7-3 在线旅游服务的运作流程①

在线代理交易商汇集众多的旅游产品，以不同的形式发布给用户，产品多样，可以满足不同用户的需求；同时在线旅游代理商所代表的企业品牌力量也是对用户的保证，能获取用户的忠诚度。

网络营销平台是指自营网站和第三方平台，提供给旅游用户对旅游路线和旅游产品的查阅和预订。

在线媒体是指提供了搜索、社交、移动应用等服务，便于旅游用户进行价值比较和选择，多是指综合搜索、垂直搜索引擎、APP 移动应用、在线视频、旅游点评、攻略门户、社交媒体等。

在线旅游终端用户是指利用互联网获得旅游资讯的用户，是受教育程度普遍偏高且偏爱休闲旅游的青年人。由于老年人对互联网不熟悉，也没有使用物联网的习惯，因此较难顺利进行在线旅游服务。在线旅游终端用户的旅游方式多是休闲旅游，休闲旅游已成为主流旅游方式，根据艺恩咨询《2010 年在全球市场在线旅游趋势研究报告》显示，不论在美国市场还是中国市场，在线旅游渠道都以休闲旅游为主，而在整体的旅游环境中，美国市场休闲旅游普遍高于商务旅游，中国市场的休闲旅游普遍少于商务旅游，这也间接说明了中国在线旅游市场的巨大潜力。

## 7.3.3 在线旅游服务的发展趋势

### 1. 移动化趋势明显

根据 2014 年易观智库发布的《中国移动互联网数据盘点与 2015 预测专题报告》数据显示，中国移动互联网用户规模增速虽走低，但用户数达到 3 亿人，与 2013 年相比增长 11.8%，继续保持着超越 PC 端用户量的态势。国内移动互联网市场规模迎来增速高

---

① 中国在线旅游市场发展趋势白皮书(2012—2015) http://doc.mbalib.com/view/752f641091d5c54938fc72ebeb5f5392.html.

峰值,增长率同比达到183.8%,总量为13438亿元人民币。PC端功能弱化,最终成为移动端的辅助或被替代。

**2. 产生更多垂直细分领域**

在线旅行类产品将结合移动端碎片化、快捷化、轻量化的特点和用户使用场景而出现更多的小而美系列的垂直产品。如携程推出的"携程周末",同类的还有"美周末"、"懒人周末"。此类产品多从用户的使用场景分析入手,有针对性地解决一个场景下的一个痛点。

**3. 渗透率呈现持续增长趋势**

通过艾瑞的统计数据可以发现在线旅游市场的交易规模已然达到千亿元的水准,结合来看,其中在线机票、在线酒店、在线预订类的服务趋近于成熟,而在线度假、旅行攻略、周边游、旅行社区等细分市场发展潜力巨大。图7-4所示为中国在线旅游市场规模。

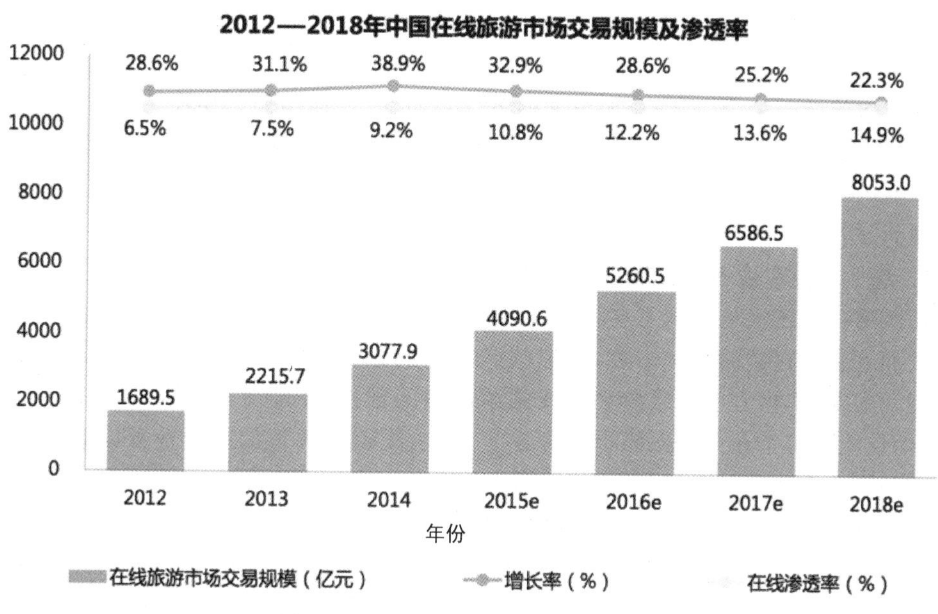


图7-4 中国在线旅游市场交易规模①

**4. 未来的在线旅游市场格局或将呈现巨头+细分垂直企业并存的局面**

随着携程与艺龙的"联姻",在线旅游的巨头地位基本奠定,且在2015—2020年间很难受到动摇,巨头垄断下的在线机票、酒店业务已然成熟,发展潜力缩小,细分垂直类企业若能充分分析用户使用场景,抓住某个使用场景的最大痛点,并提出关键解决方案,就能在市场中确立自己的垄断地位,或寻求巨头收购或自建生态系统。

① 艾瑞. 2014年中国在线旅游市场增速稳定,交易规模突破2700亿元. 艾瑞咨询,http://www.iresearch.com.cn/view/245957.html.

## 7.4 在线旅游服务商业模式

### 7.4.1 在线旅游服务商务模式的含义

在线旅游服务商业模式是指基于网络环境和信息技术的一种新型的旅游企业运作方式,是在线旅游服务企业进行价值创造的内在机制,是在内外部资源和条件明确的前提下实现企业经营运作的结构体系,是在整合多方资源的情况下为顾客提供增值产品和服务,从而获取超额利润的战略创新。

### 7.4.2 在线旅游服务商务模式的运营特点

随着在线旅游服务业的迅速崛起,其商业模式也在不断创新和演变,在发展过程中出现了新的特征,具体表现在以下几点。

**1. 供应商依托于网络媒介服务电子商务商业模式**

在整体旅游环境中,在线旅游电子商务优势明显,如使用便利快捷、交易费用低和消费者满意度高等优势,使得在线旅游在整个旅游产业的比重一直处于上升趋势。在线旅游电子商务模式中,上游的旅游产品供应商通过网络营销平台来向终端旅客销售旅游商品。因此,当下的旅游市场,供应商主要依靠网络媒介来扩大营销。

**2. 线上企业和线下企业融合的加速**

旅游服务业已经见识到了在线旅游的成功和在线网络的潜力,传统线下企业已经并将继续加大建设自营网站的力度,加速线上线下的融合。在今后的旅游市场中,商业模式将逐渐演变,不再有传统旅游和在线旅游网站的区别,在线旅游企业向线下渠道进行拓展,而传统旅游企业开始向线上服务渠道延伸,线上和线下旅游企业双向融合的双渠道经营的商业模式将是必然趋势。

**3. 在线产品更加多元化,服务愈加多样化**

越来越多的在线旅游企业投向在线旅游市场,在线产品越来越丰富,信息越来越透明,产品价格也更加趋于合理,企业间的竞争开始加剧,要求在线旅游商业模式有所创新,旅游服务与竞争优势密切相关,服务满意度越高竞争优势越大,因此在线产品更加多元化,旅游服务愈加多样化。

**4. 旅游攻略、游记分享网站发力**

以攻略门户和游记分享为主要特色的在线旅游网站,积累了众多用户资源,利用所获得的融资,加速探索盈利性商业模式。

**5. 在线旅游业发力移动互联网旅游市场,改变人们的生活方式,迎来新机遇**

智能手机的普及改变了手机的使用途径,增加了旅游业的无线网络市场,移动互联网蕴藏着巨大的旅游商机。智能手机如今还承担着微型电脑的作用,可以实现随时随地访问网络。智能手机和移动客户端可以把预订结果、延迟航班信息等资讯随时发布给旅游消费者,智能手机的便捷、快速、可随时预订的特点使得越来越多的网络旅游产品预订用户选择使用该服务。目前市面上各大在线旅游网站都在投入移动互联网及各客户端的开发。

**6. 在线旅游市场逐步趋向细分化，加速了商业模式的演变**

国际在线旅游市场开始细分，以酒店和机票预订为主营业务在线旅游网站，如携程、Priceline等在一定程度上满足了旅游消费者的要求，但随着人们生活水平的提高，消费者已开始追求旅游的质量。面对新的需求，细分市场成了必然，才有了TripAdvisor、HomeAway、Kayak、驴妈妈等细分化旅游网站的出现。TripAdvisor是全球最热门的旅游社区和旅游平台网站；HomeAway主要经营假日房屋租赁，发布房源信息，是全球最大的在线服务提供商；Kayak是专业的搜索引擎门户网站，是专精搜索旅游产品的技术服务商，同时提供租车服务；驴妈妈旅游网侧重于自助游和团体门票的定制服务；途牛引进众多的旅游产品，重在打造旅游项目，致力于打造在线旅行社；悠哉网专注于个性化旅游服务和门票、旅游产品的介绍等，做到让人们足不出户也能感受到旅行的愉悦；蚂蜂窝网则专注于用户体验和旅游攻略，是一个在线旅游社区。

最后，在线旅游服务商业模式在旅游内容上发掘新亮点。在线旅游的旅游内容不再只是酒店或机票的预订，细分化的市场为在线旅游带来更多的旅游内容。酒店、机票、周边景区门票、度假线路、娱乐、餐饮、租车和旅游装备等旅游产品越来越丰富。旅游达人及网友的亲自推荐比商家的宣传更有说服力，如果网站本身具有一定的公信力，那么就可以得到旅客的更多信息，诸如信息分享等社交化的旅游服务业逐步发展起来，旅客行前、行中、行后的分享模式将成为未来在线旅游的发展亮点。

### 7.4.3 中国在线旅游服务商务模式的运营特点

近些年，我国的在线旅游服务业发展迅速，涨势良好，在线旅游产业链上的各个企业纷纷各显其能，以不同的商业模式和运营特色吸引服务供应商和旅游消费者的关注。以携程网成立为开端，中国在线旅游业发展至今已有近20年的时间。我国的在线旅游市场发展良好，但随着竞争的加剧，如今的在线旅游也在与时俱进，寻找新的商业模式和创新机会，具有了一些不同的运营特征。我国在线旅游商业模式除了具有上述的在线旅游服务特征外，还有着其他的发展运营特征，具体体现在以下几点。

**1. 在线旅游预订向新渠道转移**

团购模式的兴起，使得旅游业务也开始加入在线团购行列。团购模式的打折力度吸引了对价格敏感和年轻化的部分旅游消费者，瓜分了部分旅游市场份额。例如，拉手网、满座网、淘宝等网站相继推出旅游频道。团购模式对携程模式产生了一定程度的挑战，对传统模式也造成了巨大的冲击。旅游团购的核心产品主要是酒店、景区门票和打包旅游服务，这些产品的标准化程度高，能够很好地打入在线旅游市场。

**2. 在线旅游企业价格竞争激烈**

中国市场的假期比较集中，时间较短，同时我国的带薪休假制度还不完善，因此如何利用假期及旅游旺季是每一家在线旅游网站都会考虑的问题。目前，中国的在线旅游企业纷纷利用价格吸引消费者，打起价格战。

**3. 景区门票竞争加剧**

景区门票的在线渗透率较低，随着景区资源的扩大，未来的市场竞争将会更加激烈，而在线旅游网站的景区门票价格战也已开始。

**4. 较低级别的酒店上线加速,国际机票加速透明化操作**

近几年团购网站发展迅速,在线旅游网站也加快了拓展酒店团购业务,低端酒店加入了竞争,与在线旅游无关的团购网站瓜分了部分市场份额。由此可见,低端酒店上线服务未来会继续上演,这对整个酒店业的线上运营起到了推动作用。此外,国际机票预订业务一直有着很高的收益,随着互联网技术的渗透,使得国际机票向国际 GDS 开发,加速了国际机票白屏化、透明化的进程。

**5. 用户规模报酬递增效应突出**

国内在线旅游市场日趋成熟,越来越多的旅游者利用在线网络购买旅游产品,从而进一步促进了旅游市场的完善。现今,中国网民数和互联网普及率说明了国内在线旅游市场发展良好并趋于成熟,同时也反映出用户规模报酬递增效应的凸显。

**6. 我国的出境旅游热潮促进在线旅游市场的进一步发展**

随着物质生活水平的提高,出境游和海外购物已经非常普及,旅游目的地也开始更多地偏向于境外。目前我国已经成为全球最大的出境旅游市场,出境旅客数及境外消费额持续高速增长。而随着签证政策的逐步放开,更催生出越来越多的出境旅游热潮。同时,我国假期时间的延长和放假次数的增加,也进一步加速了我国出境游的发展。由于出境游地理因素的限制,较适宜在线旅游商品的查询和预订,因此,当前我国的出境游热潮促进了在线旅游业的发展。

综上可见,中国的在线旅游市场涨势良好,竞争激烈,根据我国的国情和实际情况,有着独特的商业模式演变规律和运营特征。

## 7.4.4 在线旅游服务的电子商务模式

**1. 传统的电子商务模式**

(1) B2B 模式

B2B(business to business)是指商家与商家建立的商业关系。商家们建立商业伙伴的关系是希望通过大家所提供的东西来形成一个互补的发展机会,大家的生意都可以有利润。例如:阿里巴巴、慧聪。

B2B 模式是电子商务中历史最长、发展最完善的商业模式,能迅速地带来利润和回报。它的利润来源于相对低廉的信息成本带来的各种费用的下降,以及供应链和价值链整合的好处。它的贸易金额是消费者直接购买的 10 倍。企业间的电子商务成为电子商务的重头。它的应用有通过 EDI 网络连接会员的行业组织,基于业务链的跨行业交易集成组织,网上及时采购和供应营运商。

B2B 电子商务模式主要有降低采购成本、降低库存成本、节省周转时间、扩大市场机会等优势。目前常见的 B2B 运营模式主要有垂直 B2B(上游和下游,可以形成销货关系)、水平 B2B(将行业中相近的交易过程集中)、自建 B2B(行业龙头运用自身优势串联整条产业链)、关联行业的 B2B(整合综合 B2B 模式和垂直 B2B 模式的跨行业 EC 平台)。B2B 的主要盈利模式是会员收费、广告费用、竞价排名费用、增值服务费、线下服务费、商务合作推广、安询盘付费等。

(2) B2C 模式

B2C(business to consumer),供应商直接把商品卖给用户,即"商对客"模式,也就是通常说的商业零售，直接面向消费者销售产品和服务。

B2C 网站类型主要有综合商城（产品丰富的传统商城 EC 化）、百货商店（自有库存，销售商品）、垂直商店（满足某种特定的需求）、复合品牌店（传统品牌商的复合）、服务型网店（无形商品的交易）、导购引擎型（趣味购物、便利购物）、在线商品定制型（个性化服务、个性化需求）等。B2C 的盈利模式主要是服务费、会员费、销售费、推广费等。

（3）C2B 模式

C2B(customer to business)，比较本土的说法是要约，由客户发布自己要些什么东西，要求的价格是什么，然后由商家来决定是否接受客户的要约。假如商家接受客户的要约，那么交易成功；假如商家不接受客户的要约，那么就是交易失败。C2B 模式的核心，是通过聚合分散分布但数量庞大的用户形成一个强大的采购集团，以此来改变 B2C 模式中用户一对一出价的弱势地位，使之享受到以大批发商的价格买单件商品的利益。例如：U-deals、当家物业联盟。

C2B 模式的一般运行机制是需求动议的发起、消费者群体自觉聚集、消费者群体内部审议、制定出明确的需求计划、选择合适的核心商家或者企业群体、展开集体议价谈判、进行联合购买、消费者群体对结果进行分配、消费者群体对于本次交易结果的评价、消费者群体解散或者对抗。

（4）C2C 模式

C2C(customer to consumer)，客户之间自己把东西放上网去卖，是个人与个人之间的电子商务。例如：淘宝、拍拍、易趣。C2C 的主要盈利模式是会员费、交易提成费、广告费用、排名竞价费用、支付环节费用等。C2C 的一般运作流程是：卖方将欲卖的货品登记在社群服务器上→买方透过入口网页服务器得到二手货资料→买方透过检查卖方的信用度后选择欲购买的二手货→透过管理交易的平台分别完成资料记录→买方与卖方进行收付款交易→透过网站的物流运送机制将货品送到买方。

（5）O2O 模式

O2O(online to offline)，即将线下商务的机会与互联网结合在了一起，让互联网成为线下交易的前台。这样线下服务就可以用线上来揽客，消费者可以用线上来筛选服务，还有成交可以在线结算，很快达到规模。该模式最重要的特点是：推广效果可查，每笔交易可跟踪。O2O 模式的优势有：充分挖掘线下资源、消费行为更加易于统计、服务方便、优势集中、促使电子商务朝多元化方向发展。

**2. 新型的电子商务模式**

（1）B2B2C 模式

所谓 B2B2C 是一种新的网络通信销售方式。第一个 B 指广义的卖方（即成品、半成品、材料提供商等），第二个 B 指交易平台，即提供卖方与买方的联系平台，同时提供优质的附加服务，C 即指买方。卖方不仅是公司，也可以包括个人，即一种逻辑上的买卖关系中的卖方。

（2）C2C2B 模式

这种电子商务模式结合了 C2C 和 C2B 的优势，形成了新型电子商务模式。在这种模式下，作为个人可以通过介绍他人来一个更好的交易平台，为他人提供一个消费或者经营的机会，从而让他人也来推荐更多的商家入驻或者叫加盟来获得更大的消费群体，以达到增加销量的目的。在这样一个新的交易平台，消费者、经营者和商家三方达成平衡式的获利，这种理念也是在国外刚刚兴起的交互式营销的概念。

(3) C2B2B 模式

C2B2B 是指由消费者提出需求后，由从事电子商务的企业整合信息，向生产商定制高品位、高质量、高性价比的产品和服务，同时按照国际最高标准制定、检验产品和服务。第一个 B 是 C2B2B 模式中的电子商务企业，通过统一的经营管理对产品和服务、消费者终端同时进行整合，是生产商和消费者之间的桥梁，为生产商和消费者提供优质的服务；第二个 B 是 C2B2B 中的生产商，并不仅仅局限于品牌生产商、影视制作公司和图书出版商，任何的产品生产商或服务供应商都能可以成为第二个 B；C 表示消费者，是在第一个 B 构建的统一电子商务平台购物的消费者。

(4) B2G 模式

B2G(business-to-government)电子商务模式即“商家到政府”，是企业与政府之间通过网络所进行的交易活动的运作模式，比如网上采购。该模式的特点是：速度快和信息量大。由于活动在网上完成，使得企业可以随时随地了解政府的动向，还能减少中间环节的时间延误和费用，提高政府办公的公开性与透明度。

B2G 比较典型的例子是网上采购，即政府机构在网上进行产品、服务的招标和采购。这种运作模式的来源是投标费用的降低。

(5) C2G 模式

C2G(consumer to government)即消费者与政府机构间的电子商务，不以营利为目的，主要包括政府采购、网上报关、报税等。

(6) ABC 模式

ABC 模式是新型电子商务模式的一种，被誉为继阿里巴巴 B2B 模式、京东商城 B2C 模式以及淘宝 C2C 模式之后电子商务界的第四大模式。它是由代理商、商家和消费者共同搭建的集生产、经营、消费为一体的电子商务平台。三者之间可以转化，大家相互服务，相互支持，你中有我，我中有你，真正形成一个利益共同体。

(7) B2M 模式

B2M 相对于 B2B、B2C、C2C 的电子商务模式而言，根本的区别在于目标客户群的性质不同，另三者的目标客户群都是作为一种消费者的身份出现，而 B2M 所针对的客户群是该企业或者该产品的销售者或者为其工作者，而不是最终消费者。

(8) M2C 模式

M2C 是针对于 B2M 的电子商务模式而出现的延伸概念。B2M 环节中，企业通过网络平台发布该企业的产品或者服务，职业经理人通过网络获取该企业的产品或者服务信息，并且为该企业提供产品销售或者企业服务，企业通过经理人的服务达到销售产品或者获得服务的目的。

(9) BMC 模式

BMC 模式，B 为 Business，指企业；C 为 Customers，指消费者，终端；M 为 Medium，在这里指的是在企业与消费者之间搭建的一个空中的纽带与桥梁。它是一个多维的、可以无限转换的连接点，将网站与消费者、机构与终端、企业与渠道代理商，根据不同的需求有机、立体地结合，形成利益互动，打造共赢的一个大同的平台。比如太平洋直销网，就是这种模式。

### 7.4.5 在线旅游服务的运营模式

由于经营模式的不同，不同类型的在线旅游服务商有不同的价值提供范围，也有不同的运作方式和价值实现方式，主要可以分为在线旅游代理商平台、在线旅游直销平台、在线旅行服务搜索比价、旅游社交平台几类。

**1. 在线旅游代理商平台**

在线旅游代理商以旅游代理为基础，没有属于自己的产品，是通过代理的方式帮助供应商分销产品，从酒店和航空公司获取较低的折扣，交易完成后从中收取代理费用或者佣金。例如针对机票代理商，航空公司的机票代理费是 3%～5%；酒店市场中，在线旅游代理商根据出售的房间的间夜数量收取佣金，一般为房间价格的 10%～20%不等。代理商抓住了旅游行业中最能标准化的 3 个环节：机票、酒店和自由行，通过标准化流程的运作和销售量来提供比较有竞争力的产品和价格。这类代理商一般都拥有大量的会员，并且有较为完善的售后服务团队。该类代表有携程、艺龙、Expedia 等。

## 案例 1

**携程旅行网商务模式及经营特点分析**

携程旅行网(http://www.ctrip.com)创立于 1999 年，会员数量超过 2.5 亿，是一家提供酒店预订、机票预订、度假预订、商旅管理、特惠商户及旅游资讯等全方位旅行服务的在线旅行服务公司。它成功整合了高科技产业与传统旅行业，被誉为互联网与传统旅游无缝结合的典范。

携程旅行网总部设在中国上海，员工 30000 余人，目前公司已在北京、广州、深圳、成都、杭州、南京、厦门、重庆、青岛、沈阳、武汉、三亚、丽江、香港、南通 17 个城市设立分支机构，在南通设立服务联络中心。2010 年，携程旅行网战略投资台湾易游网和香港永安旅游，完成了两岸三地的布局。2014 年，投资途风旅行网，将触角延伸到北美洲。2003 年 12 月，携程网凭借稳定的业务发展和优异的盈利能力在美国纳斯达克成功上市。图 7-5所示为携程网的发展历程。

**1. 携程的核心优势**

(1) 服务规模化和资源规模化

携程拥有世界上最大的旅游业服务联络中心，拥有 1.2 万个座席，呼叫中心员工超过 10000 名。携程旅行网与全球 234 个国家和地区的 34.4 万多家酒店，覆盖国内国际的各大航空公司，近 20 家海外旅游局和 16 家国内旅游局等上下游资源方进行深入合作，还与超过 300 家金融机构和企事业单位达成合作。规模化的运营不仅为会员提供更多优质的旅行选择，还保障了服务的标准化，确保了服务质量，并降低了运营成本。

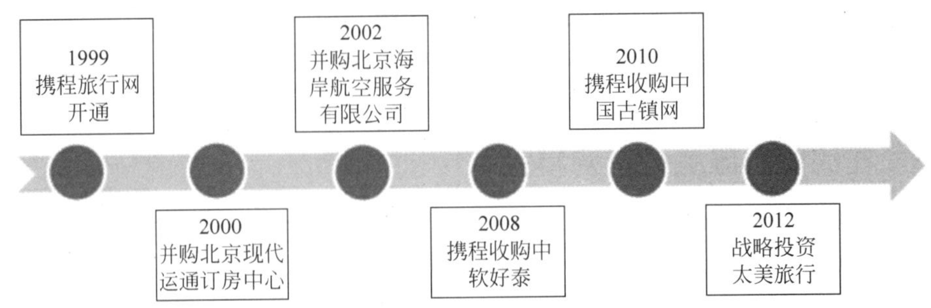


图 7-5 携程网的发展历程

(2) 重视技术进步、不断增强研发能力

携程建立了一整套现代化服务系统,包括:海外酒店预订新平台、国际机票预订平台、客户管理系统、房量管理系统、呼叫排队系统、订单处理系统、E-Booking 机票预订系统、服务质量监控系统等。2013 年携程发布"大拇指+水泥"策略,构建指尖上的旅行社,提供移动人群无缝的旅行服务体验。依靠这些先进的服务和管理系统,携程为会员提供更加便捷和高效的服务。

(3) 先进的管理和控制体系

将服务过程分割成多个环节,以细化的指标控制不同环节,并建立起一套测评体系。同时,将六西格玛体系运用于旅行业。目前,携程各项服务指标均已接近国际领先水平,服务质量和客户满意度也随之大幅提升。

**2. 携程的盈利情况和合作模式**

(1) 盈利情况

收取上游供应商的佣金,佣金收入是携程网最主要的收入来源。佣金主要来自酒店预订、机票预订、旅行社产品的销售、商务差旅等。在这些收入来源中,酒店预订佣金和机票预订佣金占主要部分。2012 年年度财务数据显示,在携程网 2012 年的营业收入构成中,酒店预订占到了 39%,机票预订占到了 38%,两项合计占到了携程网总营业收入的 3/4 以上(见图 7-6)。

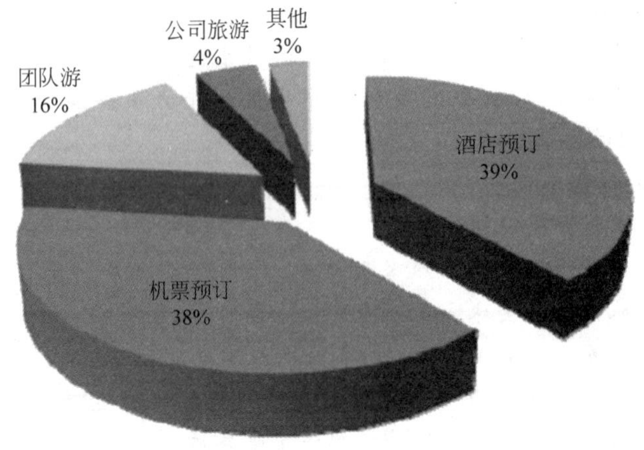


图 7-6 携程网 2012 年营业收入构成情况

携程的酒店预订业务和机票预订业务是携程网营业收入的两大支柱。2010—2012 年，酒店预订和机票预订占总营业收入的份额均在 40% 左右，也就是说酒店业务和机票业务占营业收入总额的 80% 左右。并且，从以下两个图表可以看出 2010—2012 年间酒店预订业务和机票预订业务呈现出稳定增长的趋势(见图 7-7 和图 7-8)。

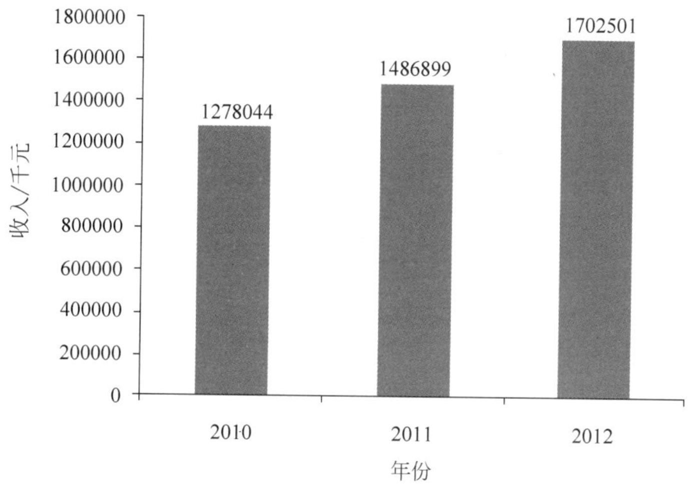


图 7-7　2010—2012 年携程酒店预订收入

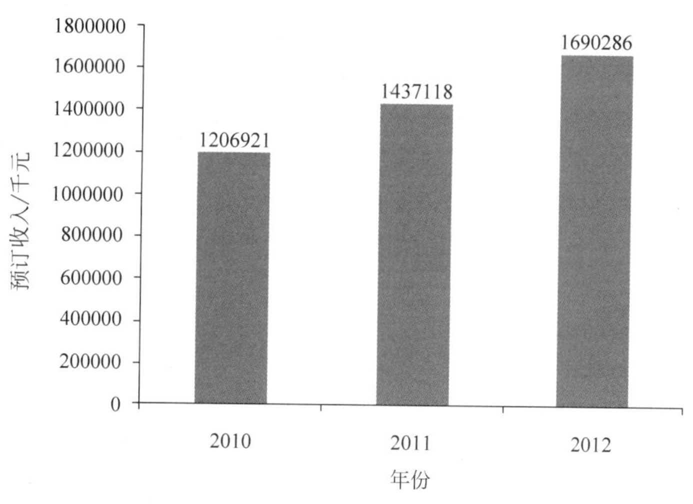


图 7-8　2010—2012 年携程机票预订收入

在携程的营业收入中占据较小份额但又不容忽视的就是旅行社、商业差旅和广告等服务。携程网的营业收入在过去的几年中保持着快速增长，2012 年相对于 2011 年增长 18.89%，2011 年比 2010 年增长 21.41%。净利润也保持着较快增长，2005 年为 2.2 亿元，2011 年增长到 10.76 亿元，2012 年略有下滑，为 7.14 亿元。净资产收益率虽然处于下降趋势，但仍然维持在较高水平。资产负债率也较为合理，说明公司的偿债能力较强，面临的财务风险较小。

(2) 利润来源和交易流程

酒店:佣金制度,按照星级的不同收取不同佣金。

交易流程:游客通过电话和网络向携程进行酒店预订,携程将订房信息反馈给酒店,酒店向旅客提供房间,旅客在酒店前台进行房费交付,酒店进行入住信息确认,按与携程签订的协议支付代理费。

机票:佣金制度,按3%收取,销售一张机票收取50元左右的佣金。

交易流程:游客通过电话和网络向携程进行机票预订,携程将机票预订信息反馈给航空公司,航空公司出票并送票,旅客向航空公司或票务代理支付票务费用,航空公司确认出票信息后按签订的协议向携程支付一定的代理费。

旅游度假:旅游中的酒店、机票预订代理费以及保险代理费,采用了盈利折扣返还和差价两种方式。

(3) 合作模式

代理商合作、网站合作(共建品牌栏目、信息查询服务、共建旅游频道、市场资源互换与推广)、服务供应方合作。

2011年,摩根士丹利发布投资者报告指出,携程2011年第一季度营收同比增30%至7.65亿元人民币,超出大摩预期。大摩将其股票评级为"增持",并建议携程继续实施多元化战略以进一步巩固市场地位。之后,携程一直在多元化的道路上努力着。2012年,春秋航空的产品在携程旅行网上线销售,携程不只与春秋一家航空公司合作,携程希望通过此举来让自己的服务更加多元化。可以看出,携程更像是一种服务型电子商务,在这个平台上流转的是信息与服务。

**3. 携程旅行社的经营和服务理念**

经营理念:秉持"以客户为中心"的原则,以团队间紧密无缝的合作机制、一丝不苟的敬业精神、真实诚信的合作理念,创造"多赢"伙伴式合作体系,从而共同创造最大价值。

服务理念:便捷(不让客户做重复的事)、周全(为客户做一切可能做到的事)、可靠(不让客户担一点心)、亲切(让客户听到我们的微笑)、专业(让客户感觉我们个个是专家)、真诚(全心全意地为客户着想)。

**4. 携程旅行网的客户构成情况**

(1) 分业务:目前,总交易量中一半以上都是客房预订业务,每天保持在1万多间的订房量。

(2) 分价值:客户构成中,88%属于商务客户,其中75%是"回头客"。对目标客户的描述以收入为标准,通常为商务人士或白领。对客户群有非常细致的判断和描述,包括年收入、年龄、家庭构成、教育背景等。据估算,携程的老客户中有相当一部分是股市赢家,所有股市赢家又是携程的潜在用户。这两类客户的交集,是携程产品设计考虑的重点。

(3) 分地区:北京、上海、深圳、广州四地客户占其总交易额的近70%。

(4) 分活跃度:目前,注册会员超过2.5亿。

**5. 业务拓展思路及手段**

(1) 在借鉴美国网络旅游服务电子商务模式基础上进行市场细分。携程最初借鉴美国网络旅游服务的电子商务模式,拟做有关旅游的网上百货超市。经过市场细分,选择了具有不需配送、不需库存、便于客人支付、利润率较为优厚等优势的酒店预订业。1999 年 11 月，正式开展酒店预订业务，酒店在线预订系统随后投入使用。

(2) 展开系列并购行动，迅速发展酒店预订业务。2000 年初，吸收传统订房中心商之行的总经理及其主要业务骨干加盟。10 月，收购国内最大订房中心现代运通公司，将传统和高科技手段融合起来。通过收购，使电话预订与网上预订相结合，发挥了最大效益。

(3) 凭借高增长成功融资。2000 年 11 月，在投资人紧缩银根的时候成功引入美国卡莱尔集团的第三笔投资 1200 万美元。投资者对携程的信心在于：其一，在中国的证券、教育、人才和旅行这 4 个.com 模式里，旅行显示出可行性；其二，携程在营业收入上实现了前两期融资计划书上的诺言，保持了每个月 30%的增长率，且增长势头强劲。同时，携程在后台支持方面打下坚实的基础，建立了服务优势。其中深层次的原因是：携程已由.com 逐渐发展成为一个以互联网为工具的酒店预订服务企业。

(4) 经营领域拓展到机票预订业务。2002 年 4 月，收购华北地区五大机票代理之一的北京海岸机票代理公司，随后其全国机票中央预订系统正式上马，送票业务覆盖 10 个城市。2003 年三四月份，以惊人的扩展速度陆续在全国 20 多个城市开通了送票服务。2004 年 5 月开始提供电子客票预订，目前电子客票的预订量已超过机票预订总量的 50%，超过了全球电子客票使用率 49%的平均比例，并接近欧美 60%的电子客票比例。

(5) 经营领域向旅游项目产品拓展。2004 年，在订房和订票的两块业务基础上，向旅游项目侧重，并把它培养成携程的第三块业务，如租车、各地旅游项目等。

**6. 携程旅行网业务经营特点**

(1) 选择落地经营业务模式。在全国各地以较低的折扣与众多酒店签订合约，并拿到了各大航空公司的低折扣机票。选择落地经营的业务模式，并通过建立 CRM、订单处理、质量分析、呼叫中心等信息系统不断完善自身的技术平台。

(2) 开发网络与传统产业相结合的商业盈利模式。形成并充分发挥信息化与传统产业融合的独特优势。一方面，运用互联网和其他高科技手段提升传统业务手段，实现需求信息的迅速集聚；另一方面，以传统业务的分销渠道、配送、呼叫中心作保障，满足现有需求，使需求信息迅速增加，进而实现良性发展态势。网络与传统产业的结合实质是信息集聚的广度、信息处理的速度和传统产业服务的深度相结合，实现了信息价值迅速增值。

(3) 采用“大规模订制”运作模式。在携程，客人打电话进来预订房间，他们所有的服务员的回答是标准化的，同时在标准化的基础上又是个性化的，他们称之为“大规模订制”。例如客人如果订过几次希尔顿酒店，他们会主动问“您是否还希望入住希尔顿”，客人就可以少说一句话。别小看客人少说的这一两句话，这对他们来说都是一个提升，都是一个与众不同的点。这就是把每一个运作流程规范系统化的结果。

(4) 强调有节制的创新模式。把主要的精力放在最能为公司产生效益的地方，即有节制的创新。其创新主要体现为在运作平台上最有效地整合资源，提供最好的服务，如成立全国规模的呼叫中心，在全国 200 个或 300 个城市提供预订酒店服务等。

(5) 通过六西格玛产品质量管理，实现业务发展。将六西格玛应用于预订服务，订单差错率从万分之四下降到万分之二，咨询准确率从98.11%提高至99.89%，订单回复速度从93.9%上升到99.9%。随着服务的提高，业务也迅速上升，酒店预订量从每月18万提高到目前的50万，机票预订从每月6万张迅速上升至目前的40万张。

**2. 在线旅游直销平台**

在线旅游直销平台是在线旅游服务商企业为供应商提供的一个展示平台，使供应商可以与消费者进行直接、深入的交流，同时也是一种可供买卖双方直接交易的平台。其特点在于省去代理商割让金中间环节，越来越受到直接供应商（如酒店、景区、航空公司等）的青睐。采用这种平台战略最知名的便是淘宝网，它为航空公司、酒店、景区、各类票务代理甚至旅行社提供了一个用于销售的平台，并收取一定的服务费用。这类平台收取的服务费并不高，但由于其开放性的特征而聚集了大量资源，从而拥有了庞大的客户群。目前多家航空公司已在淘宝平台上开设了官方旗舰店，通过机票直销提供更加低价的机票产品，此外众多机票代理商也已入驻淘宝，这些代理商规模大，可以从航空公司处获取很高的返点，因此在机票价格上也很具备竞争力。

## 案例2

### 淘宝网

2010年5月，淘宝网旅行频道成立，命名淘宝旅行，是淘宝网旗下的综合性旅游出行服务平台。淘宝旅行整合数千家机票代理商、航空公司、旅行社、旅行代理商资源，为旅游者提供国内机票/国际机票/酒店客栈/景点门票/国内国际度假旅游/签证（通行证）/旅游卡券/租车/邮轮等旅游产品的信息搜索、购买、售后服务的一站式解决方案。全程采用支付宝担保交易，安全、可靠、有保证。2014年10月，阿里巴巴集团宣布淘宝旅行的新品牌“去啊”，并启用新域名“alitrip.com”。淘宝网原“淘宝旅行”频道名称已换为“阿里旅行”。

(1) 阿里旅行特色

机票产品：和航空公司、机票代理商合作，量身定做适合机票行业的支付宝担保交易流程，保障资金安全的同时节省资金到账时间。无须买家确认收货，系统可自动判断票号是否有效，确认后将资金转入卖家账户，保证买卖双方资金安全。

目前淘宝旅行平台已有东方航空、深圳航空、中国联合航空、昆明航空、幸福航空5家航空公司开设了旗舰店，向会员直接提供机票预订服务，航班信息第一时间与航空公司航班信息同步，24小时支持快速自动出票，同样可使用支付宝进行在线交易。

旅游产品：沿用淘宝现有担保交易流程，买家确认收货以后，资金转入卖家账户，买家可对卖家服务做出评价。

特色客栈：平台拥有30000余家酒店、经济连锁、客栈、青年旅舍、个人公寓、家庭旅馆等。

旅行团购：淘宝旅行联合聚划算，推出了旅行团购服务。每天提供特价周边游、长线游、国际游等旅行信息。

(2) 阿里旅行盈利模式和合作模式

盈利模式为收取交易手续费，盈利点包括酒店预订、机票预订、旅游度假、旅游保险、在线广告、付费服务、虚拟平台租金。

合作模式：搜索框合作、搜索模块合作、分类导航栏合作、淘宝名站导航合作、名站购物合作、底部热门文字链合作、淘宝便民框合作。

整个淘宝有志于打造一个在线商圈。这是一个成长的路径，淘宝旅行从 2009 年仅一两个人开始，当年数据大概是 2 亿的交易额，今年年底可以做到 100 亿交易额。去年 5 月份淘旅行平台上线，今年的 3 月份团购业务上线，8 月份是手机客户端上线。

目前在淘宝旅行平台上的每一天大概是这样几组数据，机票 26000 张、酒店 20000 间、旅游 35000 笔。业务模型有一部分已搭建完，还有一部分还没有完成。

搭了 3 个模式：常规性 DIY、B2C、C2B 的频道，搭建一个社区的平台。

现在的运营结构：淘宝旅行的店铺已经完全上线，对外不再说是集市，除了店铺中可以卖很多东西，现在也做很多直连的项目，为所有的企业提供一个直销的频道。

淘宝旅行上的用户和整个淘宝全网的用户整个结构有一些不一样，在旅游板块中是有行业的特点和使用的人群不一样，性别的比例和淘宝的全网也不一样，女性多于男性，地区的分布主要是渤海湾、长江三角洲、西南等。

淘宝旅行朝着一个开放的平台开放一些资源，包括 7 个方面：数据、店铺、商品（通过淘宝的联盟）、用户、产品（ISV 引入）、交易（OPNE 的 ID 和 ALIPAIY）、服务器。

平台上已经开始进入一些企业级的用户。如中青旅，在这个平台产生的全年交易额过 5000 万元，现在正在植入的是南航。

无限业务：淘宝将现有的业务推翻了，希望做一些和别人不一样的。目前在淘宝旅行上的团购平台放了一个比较经典的案例——中青旅的马尔代夫，这个产品一开始做得非常成功，现在基本上每月都有一个六日的马尔代夫旅游。

### 3. 在线旅游比价搜索平台

比价搜索类平台采用的是“谷歌＋携程”式的搜索引擎技术手段，通过庞大的智能比价系统，将各类网站上的产品及价格信息展现给消费者，帮助用户收集、比较和处理旅行产品数据的有效工具。当消费者决定选择并预订旅游产品时，势必有需求要对多家供应商的产品进行比较和比价，这时比较搜索平台就会成为消费者与各类单项旅游产品供应商（如酒店、景区、航空公司等）、各类代理商以及各旅行社之间的桥梁。该类平台收取的费用不会很高，在推广产品的同时也为供应商的网站提供了额外的流量，对于供应商而言是一个引流的入口。该类代表有去哪儿、酷讯、Kayak。

## 案例 3

### 去哪儿网的商业模式分析

(1) 去哪儿网发展历程

2013 年 11 月 1 日，去哪儿开曼岛有限公司（Qunar. com）正式在美国纽约证券交易所纳斯达克上市，首日的良好表现以及路演以来投资者对公司的狂热验证了这个被称为拥有国内最多用户的在线旅游网站的垂直搜索电子商务模式的成功。

2005年5月份，Frederick Demopoulos、庄辰超和Douglas Khoo三人共同设立了Qunar.com，提供在线旅游搜索服务，公司注册在庄辰超的私人名下。2006年3月份，公司成立VIE（可变利益实体），即"北京趣拿信息技术有限公司"，从事互联网信息服务等业务。2006年7月份，去哪儿开曼岛有限公司（Qunar Cayman Isls Limited）在开曼群岛注册成立。2006年10月份，去哪儿开曼岛有限公司设立WFOE（外商独资企业），即"北京趣拿软件技术有限公司"（Beijing Qunar Software Technology Co.，Ltd.）。2010年10月份去哪儿开曼岛有限公司在香港设立Queen's Road Investment Management Limited以及香港去哪儿网股份有限公司（Qunar. HK Co.，Limited），均为去哪儿开曼岛有限公司的全资子公司。2011年3月份，通过一份股权转让协议，WFOE（即"北京趣拿软件技术有限公司"）全部股权转让至QunarHK（香港去哪儿网股份有限公司）名下，WFOE成为去哪儿开曼岛有限公司的间接全资子公司。综上所述，公司通过VIE运营Qunar.com以及在中国从事相关在线旅游服务等业务，然后通过WFOE与VIE及其控股股东一系列合约实际控制VIE。

从2006年起，公司一共有三轮股权融资，分别出售26513257股获得250万美元、出售24828360股获得840万美元以及出售11750990股获得1400万美元。2011年7月份，百度控股有限公司注资3.06亿美元获得公司181402116份普通股，交易完成后，且经过一系列股份转让和调整，VIE的股权结构为百度持股60%，庄辰超持股40%。

去哪儿网提供用户搜索第三方在线旅游网站或者服务提供商的机票、酒店、旅行行程包或其他旅游产品，进行价格等系列排序以达到满足用户搜索比对旅游产品的需求。去哪儿网的用户从2010年的7170万人增至2012年的1.873亿人，截至2013年6月底，其网络用户增至2.032亿人；在移动用户端方面，2012年去哪儿网移动端用户达到2190万人，截至2013年6月底，移动端用户达到3960万人。

（2）去哪儿网业务分析

去哪儿网的运营收入主要来自3个方面：第一是服务收入，按照旅游服务提供商通过去哪儿网而实际成交的金额或者通过去哪儿网带来的单击来收取一定比例的费用。第二是网页广告收入。第三是其他类型的收入，包括2011年开始的团购旅游产品的代理销售收入以及从2011下半年开始的第三方支付服务提供商的佣金收入，另外还包括Google支付给公司的文字链接单击收入（此业务在2010年12月停止）。

从过去三年公司业务收入构成结构来看，服务收入占据着主要的比重，过去三年占比均达到82%以上，是公司主要的收入来源。公司的服务收入可以分为在线服务收入和移动端服务收入，通过不同的渠道将客户与旅游服务提供商有效地连接并促成交易完成，服务业务的收费按照CPC（cost per click；cost per thous click-through，单击成本模式）或者CPS（cost per sale，实际销售量成本模式）的方式计量。可通过跟踪每千条查询收入值的变化掌握系统将查询数转化成销售收入的效率高低。网页服务收入2011年达到2.16亿元，同比增长107.09%；2012年达到3.96亿元，同比增长83.49%；2013年上半年收入为2.65亿元，同比增长59.86%。

去哪儿网的移动端应用在2010年7月份推出市场，但是收费开始于2012年的6月份。自2012年三季度以来移动端服务收入增长强劲，特别是移动端机票服务收入每季度成倍增长，但是在今年二季度移动端机票服务收入环比增长17.78%，增速出现下滑，而移动端酒店服务收入今年二季度环比几乎持平，增速亦下滑明显。2012年移动端服务收入实现1737.5万元，2013年上半年实现收入4215万元。

服务业务的收入确认可以采用单击成本模式(CPC)或者实际销售量成本模式(CPS)来确认收入。目前去哪儿网采用的仍是传统的CPC模式，其收入占比从2010年至2012年分别为93.42%、85.74%和79.48%，占据主体地位，但是其占比逐年下降，逐步取代的是更为合理也更适合去哪儿网的发展的CPS模式。

服务收入中机票服务收入占比最大，也是去哪儿网最具优势的业务板块。2012年机票服务收入为3.07亿元，占服务收入比重达72.87%，比重较上年下滑了近6个百分点。与此相对应的是酒店服务收入达到1.08亿元，占服务收入比重达到25.61%，比重较上年增长近5个百分点；其他类型的服务收入也达到638.2万元，占比达到1.51%，比重增长超过1个百分点。

网页广告收入是公司第二大收入来源。2012年公司拥有广告客户164家，同比增长5.8%，每家客户平均广告费用为28.46万元，同比增长32.31%；2013年上半年是105家，同比增长3.96%，每家客户平均广告费用为24.58万元，同比增长32.86%。

其他类型的收入中，主要是团购产品的代销收入以及部分第三方支付服务提供商的服务费用收入。

去哪儿网以提供在线旅游产品搜索服务为中心，并开始在产业链上逐步扩展，提供在线交易、产品代销等在线旅游服务。综上所述，去哪儿网最大的业务收入来自在线机票预订服务收入，在线机票预订具备标准化程度高以及信息透明等特点，同时客户对机票的价格敏感性较高，这也是去哪儿网最具优势的业务。但是，随着航空公司直销力度的加强，以及同业竞争的加强，利润的空间也在不断压缩。而酒店预订市场相对区域分散而且差异性大，标准化程度较低，酒店市场的复杂性造成了去哪儿网的酒店在线预订成交额低于其标准化产品机票预订。

根据艾瑞咨询的数据显示，2012年在线旅游市场交易规模的61%由机票预订构成，23.3%由酒店预订构成。在线机票预订成交额由2009年的454亿元增长至2012年的1042亿元，复合增长率达32.3%；在线酒店预订交易额由2009年的128亿元增长至2012年的397亿元，复合增长率达45.8%。与美国比较，51%的美国机票由在线交易完成，31%的酒店交易在线完成，而根据中国的数据，2011年机票预订和酒店预订在线成交额分别仅占比21.2%和12.4%，成长空间仍然较大。

去哪儿网一方面加大了酒店的促销力度，旨在加大酒店预订市场占有率，这一块业务的增长也比较明显；去哪儿网也在旅游度假产品如景区门票、旅行社产品等增加了产品搜索服务。另外，移动端应用是被视为增长空间最大的一块业务，随着移动应用的不断普及，去哪儿网移动旅游预订服务具备高增长预期，目前，去哪儿网的移动应用处于较领先地位，根据中国互联网信息中心的一项调查，42.3%的人最常使用去哪儿网的移动端应用产品，位列在线旅游服务商排名第一位。

(3) 去哪儿网运营分析

去哪儿网营业成本主要由数据收集成本、带宽和服务器成本、折旧以及营业税金和附加费用构成。从2010年至2012年，数据采集成本由占营业收入的7.6%下降至5.5%；带宽和服务器成本由占营业收入的2.9%下降至1.9%；折旧占营业收入的比重由0.9%增长至1.2%；营业税金和附加由占营业收入的5.7%增长至8%。公司业务成本主要来自人工、硬件及维护成本，其商业模式也决定了公司的高毛利率水平，2013年上半年毛利率水平达到85.72%的高点，较去年同期的80.36%增长了5个百分点以上。

在费用支出方面，公司运营费用支出主要在营销、产品开发以及管理费用方面。公司运营费用支出的50%左右是销售和营销支出，40%左右是产品开发支出，另外10%左右是管理费用，从中长期看，营销费用支出的占比有所下滑，产品开发的支出费用占比在上升，管理费用支出的占比则相对稳定。

公司的营销费用主要包括了在线营销费用、营销团队的人工支出和奖金福利以及其他广告促销费用；产品开发费用主要包括了发展和改进网站技术所需的人工支出以及产品开发部门的办公租金和其他相关支出；管理费用则包括人工支出和管理相关费用，第三方专业服务提供机构的费用支出以及办公租金等。

去哪儿网较高的运营费用及支出使得净利润处于亏损状态，根据美国会计准则U.S. GAAP，2010年至2012年公司净利润分别为－437.4万元、－4595.1万元、－9111.3万元；2013年上半年公司亏损1692.5万元。然而按照非美国会计准则Non-GAAP，在费用中剔除掉股票期权等相关支出费用(share-based compensation expenses)以及与百度提供免费用户流量相关的非现金支出项目等，那么调整后的净利润2010年至2012年分别为46万元、－986.5万元、－5725.7万元；2013年上半年则盈利38.2万元。

**4. 旅游社交平台**

在当今这个社交媒体的时代，社交平台受到越来越多出行者的关注与好评。旅游社交平台为用户提供了酒店和目的地点评参考，主要为旅行者提供开放性的交流和分享平台，增加用户互动和访问量。游客可以通过当地人或者有过真实体验的旅游者获得更有意义和价值的出行信息，比如各类旅游窍门、性价比高的单项产品、个性化的建议等。同时旅游者的评价与分享也是自身旅游的一种延续，也会为其他更多的旅行社提供更多的出行参考信息。这类社交平台一般通过赚取成交佣金和广告收入来盈利。该类代表有蚂蜂窝、穷游网、到到网。

## 案例4

### 穷游网和蚂蜂窝

穷游网是中国一家运用互联网电子信息技术，提供跨国多目的地(以海外为主)的中文旅游资讯和在线增值服务提供商。网站2004年诞生于德国中国留学生宿舍里，2008

年正式成立公司运营，倡导以“节省费用”的方式自助旅行，提供关于旅行目的地、交通及住宿等资讯服务，并通过酒店、机票等佣金获取收入。为消费能力强且追求旅游品味和质量的全球旅游者提供旅游一站式服务。网站的服务宗旨是“改变亿万中国人的旅行观念，提高亿万中国人的旅行质量”。

蚂蜂窝是一个相互协作、共同分享的旅游出行平台，为旅游爱好者提供精彩的路书攻略，收录了全球各地86550个精彩旅行目的地，提供各种旅行资讯，包括目的地介绍、精美照片、游记、交通、美食、购物等信息。为旅游爱好者提供交流平台，结伴出游，交流摄影，寻找爱旅游和有共同爱好的朋友，一起分享旅行的乐趣。

在传统在线旅游网站的基础上加入了社区网络，使得用户可以实时地进行交流和分享。在交流分享的基础上，攻略社区类旅游网站进一步加入商业预订因素，从而获取预订佣金收入，这是这一类网站的普遍模式。

穷游网的商业模式是：首先由用户生成海量旅游分享信息，以此来吸引用户访问，穷游网借助客户资源优势为用户提供廉价的旅游资源；然后用户通过穷游网平台预订酒店、机票等，穷游网从中可以获取预订佣金收入，交易完成并且结束旅游后，用户进一步丰富旅游攻略（详见图7-9）。

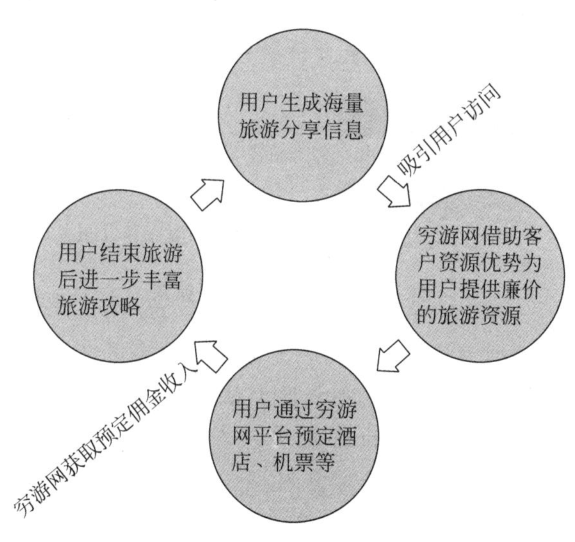


图7-9　穷游网的商业模式

2013年7月份，阿里集团宣布战略投资穷游网，这为穷游网带来了新的机会和挑战。阿里集团之前已经拥有淘宝旅行，我们预测在战略投资穷游网之后，阿里集团的淘宝旅行与穷游网会进行融合。阿里—穷游的商业模式可能会变化为“社区＋搜索＋电子商务”的模式，也就是在原先模式的基础上加入了电子商务的环节，以发挥阿里集团支付宝的第三方支付优势（见图7-10）。

蚂蜂窝与穷游网的商业模式类似。蚂蜂窝的核心产品是旅游攻略，攻略中的照片和文字信息都来自真实旅行用户的反馈评价。攻略里边涵盖了旅行中食、住、行、游、购、娱、出入境等重要信息，还有用户旅行的真实体验评价。在攻略分享的基础上，蚂蜂窝为

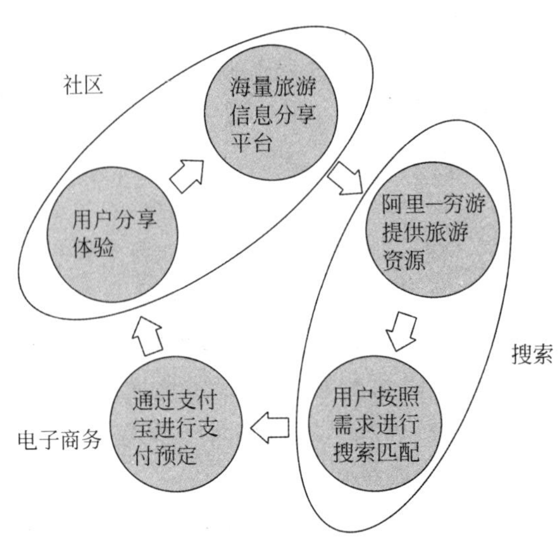


图 7-10　阿里收购穷游网后商业模式的变化

用户提供旅游产品的在线预订服务，并且从中盈利。广告收入和佣金收入是蚂蜂窝的主要收入来源，其中广告收入主要是推广相关企业和机构的品牌与产品获得收益，佣金收入主要是为 OTA 提供酒店、机票预订平台获取佣金(见图 7-11)。

广告收入

推广相关企业和机构的品牌与产品，获得收益

为OTA提供酒店、机票预订平台，从中获得佣金

图 7-11　蚂蜂窝的盈利模式

对于攻略社区类旅游网站来说，提供丰富多彩的内容并不是其发展的目的，网站的生存与发展最关键的还是盈利，所以攻略社区类旅游网站未来的成败还是在于如何将内容转化为销售，打通内容与销售之间的桥梁。

以蚂蜂窝为例，在介绍住宿的攻略文章内，融入了酒店销售的板块，链接直接跳到产品对应的目标网站，如携程、艺龙。实用信息与销售的结合大大增强，非常实用。蚂蜂窝已经初步做到了“内容＋互动＋分享→流量→交易→盈利”一条龙。未来如何进一步将内容与销售结合在一起，将是一个重要的发展方向。

## 7.5　基于在线旅游的旅游综合服务发展趋势

### 7.5.1　并购与收购的热潮仍会继续

2014 年上半年国内在线旅游融资金额超 50 亿元，其数量已经与 2013 年全年基本持平。2015 年可谓在线旅游行业风生水起的一年，大量资本的涌入以及行业巨头企业大规

模投资并购事件频繁发生。亿欧网根据中国 O2O 产业图谱盘点了 2015 年上半年在线旅游行业获得融资的一些企业。

表 7-1　亿欧网 2015 年 HI 国内旅游 O2O 行业融资盘点

| 序号 | 时间 | 企业名称 | 融资金额 | 轮次 |
|---|---|---|---|---|
| 1 | 2015 年 1 月 | 珀丽酒店 | 收购珠海立洲度假酒店 | |
| 2 | 2015 年 1 月 | 亚朵 | 3000 万美元 | B |
| 3 | 2015 年 1 月 | 花间堂 | 不详 | |
| 4 | 2015 年 1 月 | 布拉旅行 | 300 万元 | 天使 |
| 5 | 2015 年 1 月 | 别样红 | 6000 万元 | A |
| 6 | 2015 年 1 月 | 游谱 | 百万元 | 天使 |
| 7 | 2015 年 1 月 | 澳乐网 | 千万元人民币 | A |
| 8 | 2015 年 1 月 | 万达 | 31.2 亿元建酒店综合体 | A |
| 9 | 2015 年 2 月 | 中信雅墨半岛酒店 | 2776 万元 | 众筹 |
| 10 | 2015 年 2 月 | 游心旅行 | 千万美元 | A |
| 11 | 2015 年 2 月 | 免签精选游 | 600 万元 | 天使 |
| 12 | 2015 年 2 月 | 哲人酒店 | 3000 万元 | A |
| 13 | 2015 年 3 月 | 蚂蜂窝 | 2 亿元 | C |
| 14 | 2015 年 3 月 | 行者 | 500 万人民币 | Pre-A |
| 15 | 2015 年 3 月 | 度假客 | 千万元人民币 | |
| 16 | 2015 年 3 月 | 辛巴达 | 千万元人民币 | A |
| 17 | 2015 年 3 月 | 悦洋度假 | 百万美元 | A |
| 18 | 2015 年 3 月 | 首旅 | 510 万设立首旅寒舍酒店 | |
| 19 | 2015 年 4 月 | 力行网 | 250 万元 | 天使 |
| 20 | 2015 年 4 月 | 安美数字 | 2 亿元 | 不详 |
| 21 | 2015 年 4 月 | 会玩 | 2000 万元 | Pre-A |
| 22 | 2015 年 5 月 | 携程 | 4 亿美元控股艺龙 37.6%股权 | |
| 23 | 2015 年 5 月 | 布丁 | 不详 | C |
| 24 | 2015 年 5 月 | 童玩儿 | 500 万元 | 天使 |
| 25 | 2015 年 6 月 | 偶们亲子出行 | 5000 万人民币 | A |
| 26 | 2015 年 6 月 | 驴妈妈 | 5 亿元 | |
| 27 | 2015 年 6 月 | 腾邦国际 | 15.98 亿元建 OTA 业务 | 出资 |
| 28 | 2015 年 6 月 | 同程 | 确认万达投资意向 | 不详 |
| 29 | 2015 年 6 月 | 去哪儿 | 5 亿美元 | A+ |
| 30 | 2015 年 6 月 | 如家 | 私有化 | B+ |
| 31 | 2015 年 6 月 | 海玩网 | 千万美元 | B 轮 |
| 32 | 2015 年 6 月 | 票管家 | 3000 万元 | Pre-A |
| 33 | 2015 年 6 月 | 芝麻游 | 5000 万元 | A |
| 34 | 2015 年 6 月 | 自驾中国 | 500 万元 | 天使 |
| 35 | 2015 年 6 月 | Klook 客路 | 150 万美元 | 天使 |
| 36 | 2015 年 6 月 | 走着旅行 | 5146 万元 | A |
| 37 | 2015 年 6 月 | 途家网 | 2.5 亿美元 | 不详 |

(资料来源:亿欧网,根据中国 O2O 产业图谱整理)

**1. 1月19号目的地旅游网站澳乐网获戈壁千万元投资**

2015年1月19号专注于境外自助游目的地服务预订的澳乐网近期宣布，其已经完成千万元A轮融资，投资方为戈壁投资。该笔资金现已全部到位，将用于完善澳乐网当前运营的旅游目的地服务及拓展更多的旅游目的地；成立至今澳乐网已实现连续盈利。

**2. 1月26日游谱获百万天使投资**

2015年1月26日游谱旅行宣布获得经纬创投数百万人民币投资。游谱旅行推出个性化行程规划的概念，其整合旅行专家来制作专业PGC内容、建立丰富的行程数据库、采集出境旅行者的个性化需求，以智能演算法来生成个性化量身定制的行程，再辅以行程规划师协助改进。

**3. 2月2日游心旅行完成A轮融资，并已并购五星汇**

2015年2月2日，游心旅行正式宣布完成A轮千万美元融资，目前公司估值已达到1亿美元；并成功并购高端在线旅游服务平台五星汇。主打中高端人群的定制旅行平台。心旅行着眼于将传统旅行元素、新兴元素、达人特色元素等以轻量化的方式进行互联网整合，让旅行更随心、更独特，着重满足用户的个性化需求。

**4. 2月3日，免签精选游获平安创投600万元天使轮融资**

上线于2014年8月的免签精选游Tripvip.cn，正式对外宣布平安创投600万人民币的天使轮融资完成。免签精选游定位白领中产阶级出境自由行业务，目标客户与平安的金融客户有高度重合。此轮融资后，免签精选游将会借助平安集团内部资源整合为客户提供多种业务渠道支持，免签精选游还会在旅游电商支付模式创新上做出尝试。

**5. 3月30日辛巴达获千万元A轮融资**

2015年3月30日创办于2012年专注于出境旅行定制服务的辛巴达旅行网已完成千万级人民币A轮融资。辛巴达通过用户行为画像和大数据分析将用户的定制需求搜集并精准化提交给线下服务的海外目的地供应商，以平台方，进行批量化的运营、批量化的管理，并从B端和C端的交易中提取服务费。

**6. 3月26日蚂蜂窝完成C轮融资，Expedia创始人参与**

3月25日，蚂蜂窝旅行网宣布完成新一轮融资，至此已累计融资逾亿美元。此轮投资由高瓴资本、Coatue、CoBuilder、启明创投共同参与，华兴资本担任C轮融资的独家财务顾问。其中Expedia的创始人Rich Barton也参与了对蚂蜂窝的C轮投资。

**7. 5月22日，携程耗资4亿美元收购艺龙37.6%的股份**

2015年5月22日携程耗资4亿美元收购了艺龙37.6%的股份，交易后艺龙网估值达10.6亿美元，比艺龙前一个交易日的价格溢价约50%。交易完成后，铂涛集团持股约22.3%，Luxuriant Holdings Limited持股3.72%。

**8. 6月1日驴妈妈获得锦江国际集团5亿元战略投资**

2015年6月1日驴妈妈旅游网获得锦江国际集团5亿元战略投资。驴妈妈旅游网以自助游为核心的综合性OTA，提供周边游、国内游、出境游、商旅定制游等各种休闲度假产品的预订。锦江资本的注入将助力景域集团打造成中国最大的旅游O2O一站式产业链集团。

**9. 6月2日腾邦国际募集15.98亿元用于OTA业务四大平台建设**

2015年6月2日腾邦国际发布定增预案，拟向实际控制人钟百胜在内的5名特定对象募集资金总额不超过 15.98 亿元用于 OTA 业务四大平台建设。亿欧网了解到腾邦国际此次定增方案是对大旅游生态圈的互联网化，既是套现手段，又可提升旅游生态圈黏性。

**10. 6 月 2 日去哪儿获得银湖 5 亿美元战略投资**

2015 年 6 月 2 日去哪儿与银湖等投资机构达成投资协议，银湖将投资 5 亿美元，占去哪儿 2%的优先无担保可换股票据，价格是 55 美元每 ADS。银湖已投资 3.3 亿美元，剩下的 1.7 亿美元由另一投资人贡献，去哪儿网将利用资本继续扩大其移动业务发展，进一步提高技术能力。

**11. 6 月 18 日，途家网完成 2.5 亿美元融资**

中国旅游业分享经济的代表企业度假租赁 O2O 网站途家网于 2015 年 6 月 18 日被爆称其已完成新一轮融资，金额达 2.5 亿美元。融资后途家网估值将超过 10 亿美元。据了解此次投资由前摩根士丹利分析师季卫东运营的全明星投资基金（All-Stars Investment Ltd.）牵头，总额约 2.5 亿美元的筹资活动，与此同时途家网现有投资者携程继续增资。

**12. 6 月 25 日同程确认万达投资意向并启动 A 股上市**

同程旅游于 6 月 25 日宣布正式启动 A 股上市计划，其负责人表示同程旅游快速发展得到了多家资本的关注和青睐，包括万达、腾讯等在内的诸多投资人对公司新一轮的融资表达了明确的意向，所有投资人也将全力支持同程旅游在中国资本市场独立 IPO。

关于资本大规模进驻在线旅游行业，亿欧网特意采访了曾投资过多家在线旅游行业创业企业的戈壁创投合伙人蒋涛，蒋涛表示整个在线旅游行业很大，同时机会也是巨大的，从整体来讲国内在线旅游的渗透率还有很大的晋升空间。“互联网女皇”报告中也列出全球市值最高的 15 个互联网公司，其中有 4 个中国公司上榜，分别是 BAT 和京东，而对照美国的公司有一家 Priceline，至少未来国内在线旅游行业做的不会比 Priceline 差。旅游行业在一定程度上和人口密切相关，因此在国内存在非常大的机会，相信国内在线旅游行业肯定会出现几百亿美元的规模。

业内人士表示，在可以预见的 3～5 年内，在资本的推动下，在线旅游行业的阵营将更加清晰。如今的在线旅游行业，谁能真正控制上游资源，谁就是最后的赢家。然而，控制并非一家独大的垄断与打压，合作共赢才是发展的主题。

### 7.5.2　争夺互联网金融市场

正当大家以为在线旅游服务商仅仅是靠价格战抢占市场之时，近年来各大在线旅游企业已经慢慢渗透到金融服务领域，并且进程愈加快速，姿态愈加高调。

携程近两年成立了金融事业部，并先后推出“携程宝”和“程涨宝”两款预付卡理财产品。“携程宝”是携程于 2013 年起推出的礼品卡优惠套餐产品，拥有“任我行”和“任我游”两个系列，每个系列分别包含“90 天”、“180 天”及“月月返”三款产品。“程涨宝”则是携程在 2014 年推出的第二款预付费卡理财产品，设 90 天、180 天两种封闭期，用户可根据自身情况，选择合适的产品；期满后，根据携程股票走势与所购礼品卡类型，获得相应的返利赠送。两款产品的收益均是返到相应的“礼品卡”里，本息均不能赎回。

2014 年 10 月，阿里高调宣布淘宝旅行更名为“去啊”，并推出“酒店后付”与“用户缘”

两项产品。“酒店后付”产品是指用户无须在酒店前台交纳押金或者刷预授权，待用户退房后，房费将自动从入住用户的支付宝账户中扣除。“用户缘”是指用户使用余额宝购买“去啊”的旅行产品后，所付款项将在余额宝账户中变为冻结状态，直到“确认收货”之前，消费者都可持续享受这笔钱带来的余额宝收益。

“拿去花”产品是2015年7月去哪儿网与“闪白条”共同开发推出的旅行消费分期金融服务，是一款基于去哪儿平台的旅游消费金融产品，用户只需在平台上填写申请信息，激活后可领取并使用最高2万元的“拿去花”额度，享受“先消费，后还款”服务。用户可享受最长30天免息期，并可选择3期、6期、9期、12期四档分期还款服务，分期手续费低于信用卡分期费率。目前“拿去花”仅支持国内机票和度假旅行消费。

2015年8月，途牛旅游网全面开放分期出游服务。途牛宣布正式上线旅游分期付款业务——“首付出发”，总计预授信额度达70亿元。其金融事业部负责人表示，首批公测名额超过百万，通过该批次“首付出发”资格审核的用户，最高可获2.5万元信用额度。获得“首付出发”信用额度的途牛会员，可在线购买出境游、邮轮、牛人专线、国内自助游产品。

在线旅游服务商在经历了“烧钱”模式的价格大战后，利润纷纷受挫，势必要寻找新的赢利点。目前越来越多的年轻人成为旅游的主力消费群体，而旅游业尤其是出境游业务，客单价还是相对较高，会给年轻人带来一定的压力，因此“分期付款”的需求量会很大。在线旅游服务商纷纷推出的“先消费、后还款”产品，正好满足了年轻消费群体的需求，势必吸引更多的消费者，从而带来收益。

同时，如果在线旅游服务商可以涉足旅游上下游产业链的各个环节，就能获得更多的话语权，而不用完全依赖供应商来获得，比如上游资源中的保险业务。保险业务虽然单价低，但是利润非常高，如果在线旅游企业能获得相关资质牌照，就不需要再通过代理公司出售旅游保险，这种直接经营势必会获得巨大的利润。

同时，在银行降息的时候，在线旅游企业们推出的类理财型产品，纷纷给出较为可观的利息，也会不断吸引部分消费者购买这种旅游预付款产品。从根本上说，这类预付款产品，可以使在线旅游企业在短期内获得大量预收款，于是这些企业就可以利用这些预收资金进行投资、金融借贷或其他业务，从而为企业带来不菲的收益。近几年，随着百度、阿里、腾讯、京东等互联网巨头先后涉足金融领域，使互联网金融得以迅速发展。此前消费金融更多的运用在车贷、房贷中。据相关统计数据显示，我国未来几年消费信贷市场规模将维持在20%以上的年复合增长率，到2020年消费信贷规模将超过35万亿元。在如此利好的环境下，随着旅游行业的不断升温，旅游互联网金融作为消费金融市场的一部分，在未来势必将有很大的发展空间。

因此可以预测，在线旅游服务企业在互联网金融服务领域的商战，才刚刚打响。

### 7.5.3 在线旅游进入OTA后竞争时代

OTA前竞争时代是以产品、价格为导向，随着价格的逐渐透明、消费者的不断成熟，OTA后竞争时代将以服务体验为根本。未来在线旅游服务商的制胜点，是要看目的地资源的把控能力，谁能在酒店、票务、交通、景区等实体资源上有更大的布局力度，谁就能最终赢得市场。掌控资源最有效的策略便是直接采购。

早在 2013 年年底，携程就在北美成立了第一家海外分公司，联合加拿大旅游机构以及航空公司推出直航、滑雪等产品。2014 年 8 月，韩国海外分公司宣布成立。据携程官方数据称，其境外分公司与客户服务机构已覆盖韩国、日本、中国台湾、中国香港、马尔代夫、夏威夷等地。而截至 2015 年 8 月，途牛在全国开设的区域服务中心已达 120 家，仅年内新增数目就达到 45 家。途牛在公布 2015 年第二季度财政报告的同时，也宣布收购了五洲行旅行社，该旅行社是中国最大的中东、非洲旅游产品批发商；而在 3 月份，途牛就已经收购了两家具备台湾游资质的旅行社。在线旅游服务商通过收购上游产品批发商，可以缩短供应链条，最终提升本企业的毛利率，为企业带来最大收益；通过布局旅游目的地，更好地拓展服务落地能力，从而可以掌握企业自身的命运。

此外，当在线旅游加快直采、布局上游资源的同时，传统旅行社也已展开应对措施，纷纷加紧布局线上渠道，以摆脱对线上销售平台的依赖。例如拥有乌镇这种知名景区以及多家酒店的中青旅，旗下遨游网的知名度正赶追携程等巨头，而一直专注于旅游批发业务的众信，也在力推旗下的悠哉旅游网。可以预计，在度假旅游市场的抢占将成为必然趋势，无论是各个在线旅游服务商之间，还是线上企业与线下企业之间，未来必会打响种种争夺大战。

## 7.6　在线旅游服务电子商务案例①

全球在线旅游公司(OTA)经过多年发展，已经形成较为成熟的商业模式，各大巨头跑马圈地，格局初现，这两篇文章就梳理出全球按市值(截至 2014 年 2 月 14 日)排出全球十大在线旅游公司，并突出介绍简要情况及主要商业模式。

**1. Priceline——客户反向定价，在线旅游 C2B 模式开创者**

Priceline 由美国传奇企业家 Jay Walker 创立于 1998 年，总部位于康涅狄格州诺沃克市，1999 年在纳斯达克(NASDAQ：PCLN)上市，截至 2013 年 12 月 31 日全球员工 9400 人。Priceline 旗下包括 booking. com、agoda. com、priceline. com、rentalcars. com、Kayak. com 四个品牌，向全球用户提供酒店、机票、租车、旅游打包产品等在线预订服务。Priceline 是在线旅游 C2B 商业模式开创者，它为买卖双方提供一个信息平台，以便交易，同时提取一定佣金。对希望按照某一种住宿条件或某指定品牌入住的客人，Priceline 也提供传统的酒店预订服务，但消费者可以根据图片、说明、地图和客户评论来做出选择，并且按照公布的价格付款。但是 Priceline 所创立的"Name Your Own Price"模式(客户反向定价)自创立以来一直是其竞争优势，艺龙后来推出的"酒店杀价"模式与其有异曲同工之妙，但更结合中国实际情况。Priceline 市值 658.30 亿美元，排名全球第一。

**2. TripAdvisor——全球最受欢迎的旅游社区和旅游评论网站，以打造社区为中心**

TripAdvisor 于 2000 年 2 月由 Stephen Kafue 创建，总部位于美国马萨诸塞州牛顿市。之前属于 Expedia 旗下的子公司，2011 年 12 月 20 日拆分后以代码 TRIP 在纳斯达克独立上市。

---

① 世界十大在线旅游(OTA)公司盘点.亿欧网 http://www.iyiou.com/p/550/.

TripAdvisor 是全球最大最受欢迎的旅游社区，以为旅行者提供酒店评论、酒店受欢迎程度索引、高级酒店选择工具、酒店房价比价搜索以及社会化的旅途图片分享和在线驴友交流等服务为核心内容。TripAdvisor 免费向用户提供大部分旅游内容，围绕内容、用户建立社区，鼓励用户分享、创造内容，逐步形成以内容和用户为核心的旅游社区，主要收入靠商业广告。TripAdvisor 旗下拥有 17 个旅游品牌：TripAdvisor、Airfarewatchdog、Booking Buddy、Cruise Critic、Family Vacation Critic、FlipKey、Holiday Lettings、Holiday Watchdog、Independent Traveler、OneTime、SeatGuru、SmarterTravel、Tingo、SniqueAway、Travel Library、TravelPod、VirtualTourist 和 Kuxun. cn，在全世界 33 个国家开有站点，中国网站叫猫途鹰。市值 142.20 亿美元，世界排名第二。

**3. Expedia——代理＋批发商模式为主，业务庞杂，品牌多元化**

Expedia 1996 年诞生于微软，总部在华盛顿州贝尔维尤，由 Richard Barton 和 Lloyd Frink 两位微软前高级主管创办。Expedia 最初是一个供旅游者在线查询和预订旅游产品的网站，1999 年从微软分拆出来在纳斯达克独立上市。截至 2013 年 12 月 31 日在全球 30 多个国家拥有 14000 多名员工。

Expedia 是一家在线旅游产品预订服务商，它自己并不提供旅游产品，主要靠"代理＋批发商"模式来销售旅游产品供应商的产品并获取佣金。佣金的获取方式可以是 Expedia 以供应商规定的价格出售产品后按一定比例收取，这就叫代理(agency)模式；也可以是 Expedia 从供应商那以固定的价格获取产品，然后赚取销售差价，这叫批发商(merchant)模式，所不同的是后者使 Expedia 拥有产品定价权。

Expedia 旗下拥有 Expedia. com、Hotels. com、Hotwire. com、Expedia Affiliate Network、Classic Vacations、Expedia Local Expert、Egencia、Expedia CruiseShipCenters、eLong 和 Venere 等品牌，而且旗下品牌多元化发展，涵盖酒店、机票、租车、豪华游轮、活动、目的地旅游服务、商旅服务及旅游媒体服务，业务庞杂。Expedia 市值 100.03 亿美元，世界排名第三。

**4. 携程旅行网——OTA(在线旅游)＋传统旅游，转型"手指＋水泥"**

携程旅行网由梁建章、沈南鹏、季琦和范敏创立于 1999 年，是中国最大的在线旅游公司，总部在上海。携程于 2003 年 12 月 9 日在美国纳斯达克上市(股票代码：CTRP)。携程共有四大产品线：机票、酒店、旅游度假、商旅。但从模式上来看，携程又分为 OTA(在线旅游)和传统旅游。携程"鼠标＋水泥"模式：携程构筑了网站、会员体系以及庞大呼叫中心为基础的运营模式。"鼠标"是指呼叫中心员工为客人在网上实现酒店和机票的预订；而"水泥"是指携程负责线下销售、商旅管理等业务的线下团队。另外携程地面产品有团队游、一日游、接送机、导游服务及票券类服务。

2013 年 2 月 21 日，梁建章重返携程并提出了"手指＋水泥"的理论。携程开始在产品移动端预订 APP 打造、旅游信息移动端展示、开放平台合作等旅游大数据应用研究方面开始全面转型。市值 59.31 亿美元，世界排名第四。

**5. HomeAway——全球最大的假日房屋租赁在线服务提供商"民宿一哥"**

HomeAway 由 Sharples 和 Carl Shepherd 创立于 2005 年 2 月，总部位于美国得克萨斯州奥斯汀，是目前全球最大的假日房屋租赁在线服务提供商，2011 年 6 月 30 日在纳斯达克挂牌上市(股票代码 AWAY)。HomeAway 创立后通过创始投资并购了五个世界领先的度假租赁网站，目前旗下拥有包括 HomeAway. com，VRBO. com，VacationRentals. com，HomeAway. co. uk ，OwnersDirect. co. uk ， HomeAway. de ，Abritel. fr，Homelidays. com，HomeAway. es，Toprural . es，AlugueTemporada . com. br，HomeAway. com. au，Stayz. com. au，Bookabach. co. nz 和 travclmob. com 等十几种语言的三十多个网站。截至 2013 年底，HomeAway 在全世界 18 个国家拥有 1400 多名员工，在全球 190 个国家拥有超过 89 万个假日租赁房源，被称为"民宿一哥"。

HomeAway 的运营模式是通过在互联网上建立平台，旅游地业主可以通过此平台把自己的不动产发布到网上供游客临时租赁，这样可以把业主的房产空闲时间价值充分发挥出来。HomeAway 则通过收取房源信息发布费及相应增值服务获得收入，根据其提交的 SEC 文件，HomeAway 大部分营收来自房屋信息展示收费。

除此之外，HomeAway 在其网站上也出售广告，与第三方合作，采取收入分成模式来增加公司营收来源和完善用户体验。HomeAway 也向游客提供信用卡商业账户，旅游保险，房屋损坏保护，退税等服务。HomeAway 还与诸多在线旅游公司合作，将一些待租赁的房屋及相关信息推荐给他们，然后参与收入分成或者直接收取一定费用。截至 2014 年 2 月 14 日 15:59 分(美国东部时间)，市值 38.5 亿美元，排名世界第五位。

**6. 去哪儿——从旅游垂直搜索、平台到 TTS**

去哪儿于 2005 年 5 月由庄辰超与戴福瑞(Fritz Demopoulos)、道格拉斯(Douglas Khoo)共同创立，总部位于北京，2013 年 11 月 1 日(美国东部时间)在纳斯达克上市(交易代码:QUNR)。作为中国第一个旅游搜索引擎，去哪儿为旅游者提供国内外机票、酒店、度假和签证服务的深度搜索，帮助中国旅游者做出更好的旅行选择。

去哪儿网(QUNR)成立之初是一家纯旅游搜索公司，它将各大小 OTA 销售的机票、酒店信息汇集到其网站上，让用户可以很方便地找到低价的机票、酒店产品以及冷门产品信息，之后又引入航空公司和酒店官方网站直接在上面销售产品。随着接入的产品越来越多，吸引的用户也不断增长，去哪儿就可以向那些 OTA 网站收一些流量导入费用，也就是我们通常所说的 CPC 单击付费收入，去哪儿变成了一个旅游产品平台。为了提升用户体验，截留用户，去哪儿引入了 TTS 系统，让用户能够在去哪儿的网站内完成下单和支付的环节，这样一方面让预订过程本身的流程简化了，优化了用户体验；另一方面又可以在此基础上引进担保机制更好地防止欺骗用户的行为发生。市值 35.84 亿美元，排名世界第六位。

**7. Kayak——旅游产品精专搜索技术服务商**

Kayak 由 Expedia、Travelocity 和 Orbitz 曾经的创始人 Steve Hafner 和 Paul English 于 2004 年 12 月联合创办，2012 年 1 月在纳斯达克上市(股票代码 KYAK)，2012 年 8 月被 Priceline 收购，但保持独立运营。Kayak 开始称旅游搜索公司，2004 年 8 月被改名为 Kayak 软件公司。

而 Kayak 是一家典型的技术驱动型公司，不仅拥有强大的在线搜索技术，而且在旅游搜索、比价的用户界面方面拥有着诸多的创新；Kayak 所开发的多款手机和平板电脑应用也高居各大应用商店的榜首。如今 Kayak 已经是美国领先的旅游搜索引擎，除了航班和酒店预订服务以外，还提供度假和租车服务。Kayak 的搜索功能非常齐全，包括跨城市搜索、灵活日期搜索、周末搜索，并提供大量过滤工具。Kayak 和国内的旅游垂直搜索网站去哪儿和酷讯相比，特点在于精专，而国内的是横向发展。市值 15.70 亿美元，排名世界第七位。

**8. Orbitz——携程对标，旅游 OTA 大数据试水者**

Orbitz Worldwide 是由美国五大航空公司于 2001 年成立的在线预订网站。2004 年被 Cendant 收购后扩张成为一家全球知名的在线旅行网站，现在的经营模式类似于携程。2007 年 7 月 Orbitz 分拆独立上市；GDS 巨头 Travelport 持有 Orbitz 48%的股份。Orbitz 总部位于伊利诺伊州芝加哥花旗集团附近的西城中心。Orbitz 于 2007 年 7 月首次公开募股（IPO）在纽约证券交易所上市。Orbitz 其他在线旅游公司包括 Cheap Tickets、美国的 the Away Network、欧洲的 ebookers、总部位于悉尼的 Hotel Club 和 Ratesto Go。

Orbitz Worldwide 产品包括机票、酒店、租车、游轮、度假套餐等旅游产品的搜索预订、旅游产品预订及行程规划等。Orbitz 2014 年 2 月在其旗下网站 labs. orbitz. com 发布了一系列数据可视化工具，这套工具有 10 个，Orbitz 将它们称为旅游终极体验的趋势和利器。包括：酒店推荐工具、目的地热点图、游客类型量身定制图、机票搜索模型、酒店房价热点地图、酒店预订日期价格图、每周酒店日价图、季节酒店价格趋势图、大赛酒店查找器和大赛航班查找器。目的是试水大数据，提高用户体验和服务智能化水平，为进一步 O2O 做好铺垫。市值 9.69 亿美元，排名世界第八位。

**9. MakeMyTrip——印度最大的在线旅游公司，印度的携程**

MakeMyTrip 由 Deep Kalra 创立于 2000 年，总部位于印度古尔冈。从中国市场的角度来看，MakeMyTrip 被很多人称做“印度的携程”；从美国市场的角度来看，MakeMyTrip 被很多人称做“印度的 Expedia”。发展之初 MakeMyTrip 定位在主要以服务海外印度侨民为主要客户群，于 2010 年 8 月 12 日登陆纳斯达克（股票代码：MMYT），由于互联网泡沫和美国“9·11”事件，该公司业务最初进展不顺，资金消耗殆尽。2004 年前后，随着本地廉价航空公司在印度首次投入运营，MakeMyTrip 才在旅游市场获得了立足之地。MakeMyTrip 提供的产品包括机票、酒店、包裹、火车票、汽车票、汽车租赁和旅游配套服务，如旅游保险、签证办理等。旗下包括 hoteltravel. com、makemytrip. ae、makemytrip. com. sg 等。市值 9.50 亿美元，排名世界第九位。

**10. Travelzoo——美国在线旅游信息服务+top20 精选特惠**

Travelzoo1998 年 10 月由做过贝塔斯曼团体的记者的 Ralph Battle 投资 1 万美元创建，2003 年 12 月 Travelzoo 在纳斯达克上市（代码：TZOO），总部在纽约。Travelzoo 实际上是一家旅游信息服务商，业务核心是每周从全球数以千计的旅行社、旅游产品提供商、酒店及航空公司推出的最新优惠中，精心挑选最值得推荐的旅游产品推荐，并向订户发送 top20 精选限时旅游情报。Travelzoo 拥有一支两百多人的专家团队，他们称之为“制作人”（producer），负责搜索、审核、提炼及测试以发现并确认最优惠的旅游产品报价并通过电子邮件每周三发给自己的用户。Travelzoo 旗下 fly. com 的比价模式类似于去哪儿网（Qunar. com）；此外还涉足了团购业务。市值 3.53 亿美元，世界排名第十位。

# 第8章

# 基于移动终端的旅游电子商务

近年来，旅游产品多样化趋势明显，随着广大游客消费水平的不断提高，散客自由行越来越常见，随着智能手机的普及和移动互联网的快速发展，移动应用已经成为人们日常生活中不可或缺的一部分。在移动网络支持下，越来越多的游客借助移动应用进行搜索检索、获取信息，完成完整的支付、实地消费等过程，并进行评价与分享。本章从移动终端的角度对基于旅游综合服务提供商的电子商务的基本内涵、依托基础、环节与特点、场景与发展模式、展望等方面进行分析和探讨。

## 8.1 移动终端电子商务概述

### 8.1.1 移动终端电子商务的基本概念

移动终端或移动通信终端是指可以在移动中使用的计算机设备，涵盖手机、笔记本、平板电脑、POS机、智能穿戴设备、车载电脑等多种终端设备。一般情况下移动终端是指手机或者具有多种应用功能的智能手机以及平板电脑。①

移动终端是指如智能手机、平板电脑、掌上电脑等便于携带和移动的智能化电子设备。这类设备普遍具有智能分析核心、能够呈现图像和影像的4～9寸屏幕、能够提供语音和音乐播放的扬声器等，以及最为重要的对移动网络的支持，新近兴起的近场通信以及支付功能。

### 8.1.2 基于移动终端的旅游电子商务的基本内涵与特点

喻爽璇(2013)从传统电子商务与移动电子商务的对比入手，着重分析了移动电子商务的发展趋势即移动终端的机会。② 牟少霞(2014)则从移动终端本身出发，重点研究了移动电子商务的发展模式问题。③ 郭零兵(2005)在《移动电子商务在生态旅游中的应用模式研究》中，对移动端的旅游电子商务，特别是生态旅游的应用模式做了深入的探讨研究。④

基于移动终端的旅游电子商务是指围绕游客需求，企业通过智能手机、平板电脑等

---

① 移动终端，http://baike.haosou.com/doc/5766927-5979695.html.

② 喻爽璇.移动电子商务的发展趋势之——移动终端的机会[J].现代商业，2013(19).

③ 牟少霞.基于智能终端的移动电子商务商业模式研究[D].济南：山东师范大学，2014.

④ 郭零兵.移动电子商务在生态旅游中的应用模式研究[D].长沙：中南林学院，2005.

移动终端，利用移动互联网、物联网和卫星定位等技术，实现移动过程中的食、住、行、游、购、娱等旅游服务的电子商务和延伸的关联服务功能。

基于移动终端的旅游电子商务特点主要表现在服务和管理两个方面：在服务方面，以游客、消费者自身携带的电子设备为主，通过移动网络或自身无线网络建设的支持，以及开发应用等方式，为游客提供实时的信息查询、预订、支付、评价等功能。在管理层面，则是更多采用研发专属硬件的形式，实现对电子商务过程的管理、数据采集与统计分析。

## 8.2 移动终端旅游电子商务的基础

### 8.2.1 硬件基础

#### 1. 智能手机、平板电脑

智能手机和小尺寸平板电脑作为目前最常见和普及的智能移动终端设备，在日常生活和旅游出行中，经常是人们全程不离手的陪伴者。此类设备以其高效率处理器、摄照相设备、网络模块、显示屏和扬声器等具体硬件功能，成为旅游电子商务在旅途中或移动端的重要依托媒介和基础。

随着操作系统和处理器的不断升级，越来越多户外应用的强大功能需求得到了支持。如对实时数据的记录处理，整合线上线下的资源，乃至更多程序演算。更大的显示屏和自带扬声器，让电商环节中的信息查询、检索、共享更加便利和丰富。此类设备最大的优势在于其可扩展性和扩展的便捷性。因为如 IOS、Android、Windows 10 等系统具有稳定且开放的安装环境，很多功能和应用都可以简单通过互联网进行增减。这给需求众多且具有强烈个性要求的旅游电子商务提供了一片沃土和基础支持。

#### 2. 移动网络环境

随着 2013 年 12 月 14 日工信部向中国电信、中国移动和中国联通正式发放 4G 牌照，我国电信产业正式进入了 4G 时代，更快的移动网络速度、更高的覆盖率和更加实惠的计费方式逐渐走进人们生活。这同时让移动端的电子商务服务水平得到大幅提升。不论检索信息的速度还是呈现内容的丰富程度都得到升级优化，并可以保障安全稳定的支付结算流程。

越来越多的公共免费网络渐趋规范和安全。其中包含政府公共信息服务和基础设施建设的投入，也涵盖了运营商和旅游相关产业的合作性网络服务。这给基于移动终端的旅游电子商务提供了一个日渐良好的移动网络环境。

#### 3. 可穿戴设备

可穿戴设备已经出现了数年，但逐步进入主流视野是从 2015 年开始的。更多人尝试使用手表、项链、健康监测耳机等可穿戴智能设备。可穿戴设备在整个旅游的智慧化提升过程中必将扮演重要角色，而在移动旅游电子商务中则主要以随身资讯平台和支付工具的形象出现。

随身的资讯平台是指能够通过如屏幕、震动、声音等方式获取实时资讯。如智能手表等可以通过更小但更随身的显示屏幕，获取旅游产品和服务的信息，完成信息检索获取、交流咨询、预订、支付等一系列的功能;并可以通过 NFC、iBeacon 等具有类似作用的近距离信息传输协议,完成支付或身份认证等功能。

以极具代表性的苹果智能手表为例,在与智能手机进行配对后,便完成了数据信息的同步以及移动网络的连接。在出发前进行旅游预订和规划时,可以将具体线路和重要坐标等信息同步到智能手表上,随时查询和记录行程。在旅游中的支付和消费环节,智能手表可以作为移动支付的识别器,通过与支持的支付基础设施进行简单操作,进行移动验证和支付。同时大量的服务消费和虚拟产品都可以通过苹果系统的 Passbook 应用,实现票务、消费凭证等的统一整合,此功能在手表的应用性和便捷性显然优于智能手机。

**4. 近场通信协议、移动支付功能**

近场通信协议通常指 NFC 协议,此处代指能够完成近距离无线通信、支付、验证的一类协议统称,如 NFC、iBeacon 等。既可以通过移动设备和对应机器的近距离的识别,完成身份的认证、电子门票和服务等的验证,也可以进行支付等资金结算功能。

而且较于此前如 RFID 等射频通信技术容易受环境影响和限制,NFC 更加稳定和便捷。另外区别于蓝牙技术和 WIFI 等,NFC 能够应用的范围更广,成本价格更加低廉,近距离的识别等应用场景针对性更强。

**5. 卫星定位功能**

卫星定位功能主要依托于美国 GPS 卫星导航系统、中国北斗系统、欧洲伽利略系统等定位服务卫星系统,通过至少四颗卫星与终端设备的信号判断游客所在经纬度和海拔高度,结合 LBS 服务和多种电子地图,对游客周边景点、消费点和结算服务点等进行推荐和导览。

卫星定位功能往往应用于与线路规划、导航、授时等相关的功能,在包括汽车导航、船舶远洋导航、飞机航路导航、地面车辆跟踪、城市智能交通管理、紧急救生、野外探险等诸多领域发挥着重要作用。

在智能终端上的应用方面,结合具体旅游综合服务应用程序,卫星定位功能可以让游客的信息检索查询更加有针对性,可以针对所在国家选择语言和时区,通过城市、街道的定位提供更加准确的周边信息。

### 8.2.2　软件基础

**1. 综合旅游在线服务 APP**

当前,很多综合服务类网站都针对移动终端的操作系统进行了应用研发,并结合手机等硬件的网络服务与卫星定位功能,将游客所在位置同周边地理信息综合分析,提供包括餐饮、住宿、娱乐等方面的具体信息,如名单、价格、位置等;并可以进一步进行预订和支付结算,如图 8-1 所示。

**2. 生活服务类 APP**

生活服务类 APP 类同综合旅游 APP,但更加侧重于本地游客和居民的综合生活服务需求,多加入了一些如同城服务、物物交换、二手买卖等内容,同时也涉及景区票务、餐饮等的资讯发布和检索,并一定程度上具有预订、支付的功能,如图 8-2 所示。

图 8-1 综合旅游在线服务 APP

图 8-2 生活服务类 APP

### 3. 酒店专属电商 APP(预订、登记、房卡、客房服务消费、家具智能控制)

高档连锁酒店和大型酒店集团一般都具有可以支持查询、预订、支付等功能的官网页面，在移动端 APP 的制作和微信微博平台建设方面也走在前列，如图 8-3 所示，目前很大一批酒店专属的 APP 可以完成网页版的绝大部分功能，并且可结合设备的定位服务和 LBS 服务，进行导航和周边推荐。

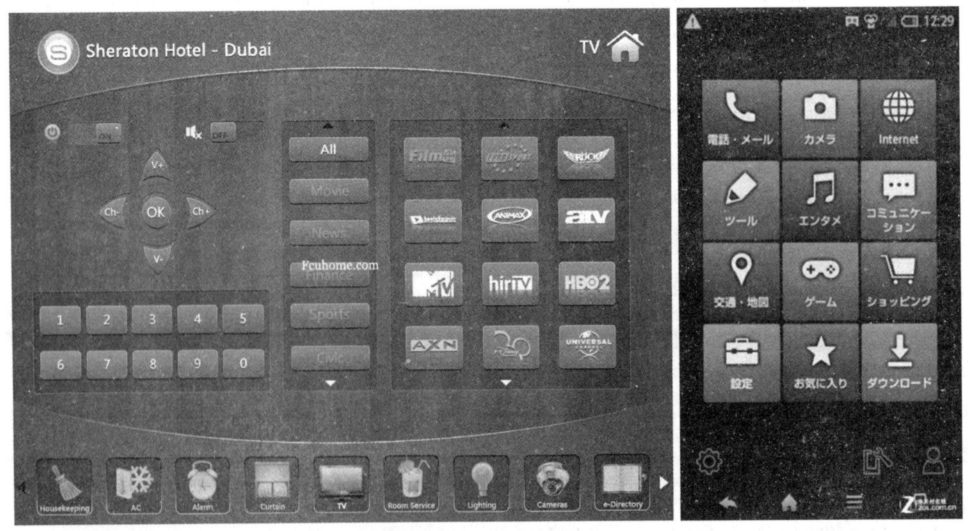


图 8-3 酒店专属电商 APP

很多智能穿戴设备，特别是智能手表等高配置穿戴设备的涌现，也让酒店企业的新争夺点转移至智能房卡、智能设施控制等方面。移动支付和在线支付也为客房服务结算等提供了新平台、新思路。

**4. 景区内服务与电商 APP(餐饮等服务的消费和结算、旅游基础设施和景点的导览)**

景区是服务提供和旅游资源的空间结合体,因而其结算流程和空间分布能够在一定的逻辑中耦合。通过统一的专属 APP 进行的引导性导览和消费流程整合,则凸显了线上线下结合的优势,给景区在经营管理中提供更好的流程与模式。

**5. 票务网站移动应用(景区票务预订)**

票务业务在此主要指景区、赛事、文化演出及活动等,一些典型票务网站先后建立并不断更新着移动端的应用 APP。其功能不乏前期检索、推介、预订及支付等传统流程,并且在一定程度上更突出了其与定位服务和电子地图等的结合性。如影院、景区等事先录入并不断更新的 POI 点,在嵌入报价、票务信息甚至选座、选时等方面更细致,实现了游客在旅途中的选购和支付。

**6. 机票专项移动端电商 APP(信息检索、预订支付、电子机票)**

机票的移动端电子商务模式同景区票务类似,可以满足游客在旅途中的检索、预订、支付和电子票务功能。机票的价格和供需关系变化较快,因此结合了智能终端设备的预订方式可以提供具有时效性和准确性的票务信息,方便游客权衡和选购。在登机等具体环节中,通过 NFC 等近场通信协议可以提高效率,节省游客时间,降低机场人力等成本,如图 8-4 所示。

图 8-4　机票预订 APP

**7. 各种具体业务的网页浏览器版本**

当前,大多数消费者习惯通过较全面和安全的专项业务 APP 进行业务办理和支付结算,但仍有一部分消费者选择通过手机等终端的网页版进行相关业务操作。目前在住宿旅游交通和餐饮购物等方面的主流企业和第三方服务商,都基本做到了根据用户设备类型,自动跳转至电脑版网页或者移动版网页。虽然一些情况下排版和显示的丰富度会受到一定限制,但阅读的便捷度、资料呈现所需流量和网速要求都得到了控制,方便了在户外或旅途中的游客通过网页浏览器办理业务。

**8. 在线支付结算应用(网银平台或第三方支付平台)**

支付和结算业务由于其安全性和保密性的严格要求,一般体现为银行的网上银行业务、电子邮汇业务、第三方在线支付平台等有安全保障的形式。其中网银和第三方支付平台已经在智能手机和平板电脑中得到普及和广泛接受。

## 8.3 基于移动终端的旅游电子商务的环节与特点

根据游客在旅途中的不同阶段,游客在旅游电子商务活动中对移动终端的利用过程可以划分为:出发前、旅途中和抵达后 3 个环节,如图 8-5 所示。其中在游客出发前主要包含了对相关信息的检索和预订等内容;在旅途中一般涵盖在线的支付结算等电子商务活动;在抵达目的地后既包含了对此前所预订支付的旅游产品与服务的兑换、消费,也包括了一些实地移动支付的内容,以及对旅游产品及活动的评价与分享过程。

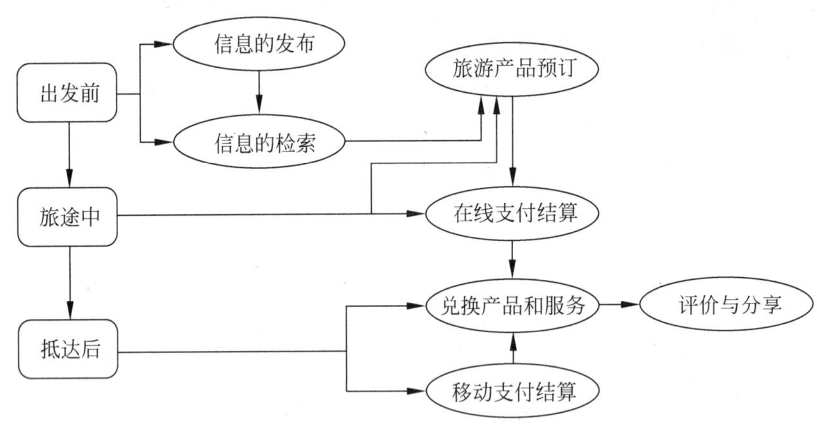


图 8-5 移动端旅游电商流程示意图

### 8.3.1 游客出发前——信息发布和检索

**1. 信息发布**

旅游电子商务的信息发布在移动终端和网页的方式基本一致,但受限于屏幕尺寸、终端数据处理能力、移动网络环境、系统兼容性支持性等多方原因,所发布信息的排版、图片影音文件大小等受到一定限制。

随着信息化基础设施建设的不断推广,在生活和旅游中人们所能够获取的信息内容也得以不断丰富。这给移动端的旅游查询和预订活动都提供了更好的环境支持。

此处所指的信息发布既包含了旅游服务提供商对旅游讯息的发布，也包含了游客对个人旅游需求和个人信息的发布。其中旅游信息的提供方主要包含政府、旅游相关企业以及移动互联网时代独具代表性的 UGC、PGC 和 OGC 等个性化旅游信息发布。政府和相关管理部门所发布的旅游信息具有官方性、重大性和规范性的特点，以通告和时政要闻为主。景区及其他旅游相关企业所发布的旅游信息相对侧重经济属性，以旅游产品的介绍和预订信息为主。其他互联网原创旅游信息发布则凸显了其贴近生活的真实性与细致入微的特点，其中 UGC 主要为普通游客用户自行撰写的博客、游记等内容；PGC 凸显了其专业性的身份和内行深入的视角与分析；OGC 则以职业化的媒体编辑能力对信息内容有着深入的整理与塑造，彰显了其职业程度。

**2. 信息检索与呈现**

对于移动终端的旅游信息而言，最重要的是让游客更加方便快捷地获取到所需要的内容。这既与电脑网页版的条件筛选、关键词检索等相一致，也需要结合移动终端特性进行深化突出。移动设备最能够凸显的优势是对游客自身所在位置的确定，结合精准定位服务，可以在电子地图和旅游地理信息系统的多重资料比对中，将更加具有代表性和针对性的旅游产品及服务推荐给使用者。可穿戴智能设备也将健康、运动等新的资源方面拉入人们视野。

更加智慧的旅游电子商务就是要通过对游客信息和公共信息的综合分析判断，更好地帮助游客进行交易和决策，如图 8-6 所示。

图 8-6　旅游信息检索

### 8.3.2 游客旅途中——交易的在线支付

移动在线支付是指基于安全网络协议和在线支付平台，将网上银行和第三方的在线支付业务通过手机、平板电脑等终端设备来完成，并结合密码保护、多重验证、指纹识别等方式对其安全性和便捷性进行升级。因此对移动终端的稳定性和安全性要求较高，在硬件配置上则不需要过高的性能，如图 8-7 所示。

图 8-7 第三方支付平台移动端 APP

移动端的在线支付对于网络环境也有一定的要求。支付过程涉及资金业务，需要稳定的网络支持，避免因支付中断导致的重复或异常情况。在网速方面不需要太高速度，但对安全性有着严格要求。目前，运营商提供的移动无线网络服务安全性高于公共 WIFI 等家庭以外的网络环境。在移动网页支付中同样需要 HTTPS 等安全协议保障，APP 应用的支付则更多通过软件和系统安全保护措施。

使用习惯和系统完整对整个支付环节的安全有着较大影响。通常对于游客而言过多的现金是不安全的，但在线支付可以通过线上的预订支付，将实体交易简化为“兑换”过程；另外，结合移动支付等方式弥补实体交易的空缺，也极大程度上减少了大宗现金交易的安全隐患。

### 8.3.3 游客抵达后——移动支付与消费过程

**1. 移动支付**

移动支付是指通过移动终端对旅游实体产品和服务进行支付结算。主要表现为利用手机屏幕显示二维码、数字验证码以及近场通信支付等方式。

在利用二维码支付时，更多是通过具体软件的支付和验证流程，以生成的二维码的保密性为支付验证信息，通过手机屏幕的显示和对应扫描设备，实现支付确认。数字验证码方式更加传统，即在运营商提供的短信等消息中包含多位数验证码，支付平台通过此类方式实现对订单和支付的确认。相比二维码方式，短信验证码更加具有危险性。

而利用如 NFC、iBeacon 等技术的近距离无线支付则具备了便捷性和安全性的特点。如 Apple Pay 的支付流程就是通过硬件设备的安全识别，完成支付信息确认和结算。目前在大型主题乐园中，园方的智能手环很多都实现了实体消费中的支付，以便游客不用总携带现金和银行卡，提高游客体验。在很多儿童主题乐园的手环中还设置了消费限额等机制，能够从消费的品种和额度上避免儿童群体随意花费。在一些演出定制等活动中，手环所存储的游客个人信息也可以通过扫描识别的方式，提供更加个性化的服务和产品选择。

**2. 旅游产品、服务的移动在线提供和消费过程**

除了电子门票等兑换性质的移动端旅游电子商务消费外，还有很多其他旅游产品和服务都能通过移动终端的特性使其过程更加便捷和有针对性。由于虚拟消费的对象都是旅游概念或体验产品及服务，因而整体过程呈现出对一些活动资格的承诺和预先购买的兑换形式。

由于整个过程是在线上或通过第三方平台的移动交易，其资金的流向都有着清晰地记录和监管，对于商户和游客而言都具有较高的安全性。基于用户体验至上的互联网思维，线上线下相统一的消费方式也给了消费者更多的选择和尊重，游客以旅游过程的感受为依据，消费结束后在在线服务提供商处对旅游产品各方面进行评价和评级，并可以结合自身社交平台进行分享或推介。

### 8.3.4　旅游结束后的分享、评价等过程

此环节并不是旅游电子商务的核心内容，但作为广大游客、消费者所喜闻乐见的游玩环节，对于移动终端和相关支持设备的依赖性较强。除了在旅行途中各具体游玩过程后的信息分享和评价，也涉及整体的线路评价与产品使用体验评价。评价主要分为价值体验的自我评价和旅游信息平台等的公开评价两种。自我评价主要以体验日志、攻略、社交平台信息共享为表现形式，旅游信息的公开评价则侧重于对线上产品及服务的评价，这是移动端旅游电商的重要落脚点，如图 8-8 所示。

## 8.4　基于移动端旅游电子商务的旅游综合服务发展趋势

### 8.4.1　更加注重以游客需求为核心的查询、预订、结算过程

在游客出发前，往往需要对旅游活动的诸多细节进行规划和预订。如今移动终端设备不断发展，旅游电子商务各业务环节的联系更加紧密，更加注重以游客的需求为出发点进行信息的发布和整合。

游客在日常生活工作中对某一旅游吸引物或具体内容产生兴趣，具有旅游消费的需求和意向，不需要再按照食、住、行、游、购、娱等标准亲自进行分项的查询预订，也不必从

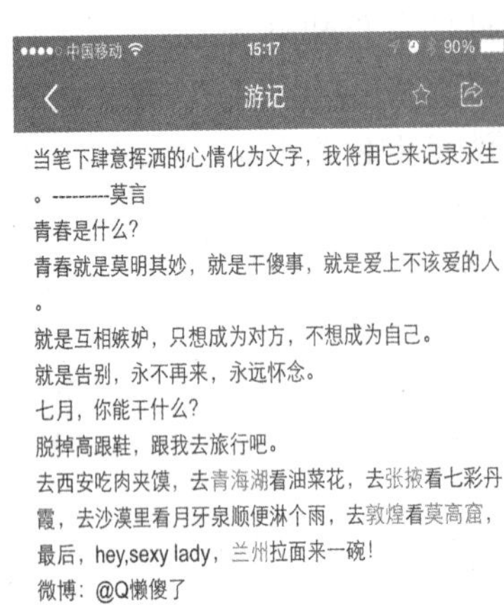

图 8-8 旅游评价与分享

传统的既有线路套餐中选择，或从一定受限的范围内进行搭配组合。

携程网、去哪儿网等综合旅游服务提供商，既包含大量成熟的旅游线路和产品组合，也包含餐饮、交通等具体服务的单独预订。少量的高端旅游内容可以按照游客的喜好、意愿对酒店设施、餐品、景点等细节内容进行调整和定制，但是仍需要游客专程前往线上线下的综合旅游服务商处进行线路设计与定制。更加合理的查询预订环节应不受各单独业务与综合提供商等的区分影响，与整个旅游相关的任何一个细微元素都可以作为接入口，如天气、故事、新闻等——应通过广泛的合作，回归游客需求而非将旅游活动强制割裂成诸多部分、环节。

如游客在对一首歌曲或历史故事进行搜索了解时，可以以其中的主题景区或关键词进行推送，在不需要跳转网页、不影响使用者原本意图的情况下，推荐旅游线路组合与相关服务信息。以最短的时间、最小的影响、最准确的信息指向性，将游客旅游需求发掘出来。当游客想要获取更加丰富的信息或进行支付结算时，可以跳转至旅游综合服务商或支付平台的网站，以保障安全高效的电子商务预订结算过程。

其中的发展模式可以以旅游产品为核心，以具体业务量为量化依据，类似 API 接口等信息推广模式，将各生活服务资源同旅游信息平台紧密联系起来，在各个旅游周边服务网站设置便捷、安全的信息接口和支付途径，以最终订单量等为结算的依据。

### 8.4.2 以智能手机为核心设备的产业发展趋势带来便捷的移动服务与体验

智能手机的普及，给人们生活中诸多方面都带来了翻天覆地的变化。作为使用频率最高、应用场景最广泛的智能终端设备，智能手机在旅游电子商务的发展中无疑走向了核心的位置。移动旅游电子商务的信息获取、预订结算、消费凭证乃至分享评价都以手机为核心，通过多种方式与其他周边设备进行交互使用，并保障信息和财产的安全。

如游客在出发前将旅行的资讯和细节存储在手机中随时查看，将一些消费凭证和订单信息以手机为媒介进行验证兑换，代表性的有传统的景区电子门票二维码兑换、预购实物商品的领取以及虚拟商品或服务的消费等。在交通途中通过同网络和蓝牙设备的连接实现信息共享，在移动支付时以手机为安全验证的载体等，逐渐实现智能终端的真正意义。

### 8.4.3 多种移动设备在性能方面的趋近利于行业标准化发展

智能手机和平板电脑作为旅游电子商务所依托的移动终端设备中的代表，二者在发展线路上相互借鉴和交融。智能手机将屏幕逐渐由 4 寸提升至 5～7 寸，平板电脑也有着迷你平板的重要支系。大屏设备越发轻薄，且系统的稳定性和图形处理能力等都有着长足进步，这令下一阶段基于移动终端的旅游电子商务在信息发布的丰富度和检索便捷度上都有着十足的期待。

当曲面可折叠屏幕、防水机身等问题都不再困扰游客时，在线旅游服务供应商可以将 5～7 寸的智能终端发挥其最大的综合作用，能够以最适当的重量与屏幕显示能力相结合，让游客在户外或旅途中清晰直观地了解到旅游产品信息和周边服务内容。同时相对统一的尺寸、性能标准，也可以让智能应用方更加便捷准确地进行设计研发，为游客跨设备使用提供了前提。

移动端的旅游电子商务核心在于智能应用的功能实现，而更高水准的硬件性能则对 APP 的服务呈现有着重要基础保障。标准化一直是旅游行业不可不提的问题，新兴的移动在线旅游领域也同样面临着信息推广、结算安全等问题，这与硬件设备的标准化也是密不可分的。

在出发前或旅途中的场景下，游客以智能手机为核心设备，实时了解到自身位置和周边服务信息，可以避免过多的现金结算，同时将个人信息以安全协议方式交付服务商，避免不必要的泄露问题。各景区或餐饮娱乐设施的智能设备也可以通过游客授权与手机连接，获取网络服务和实时信息推广。

### 8.4.4 多屏互动技术的日趋成熟带来便捷的旅游信息处理与共享

多屏互动一直是近年来智能设备领域的重要课题，对于旅游电子商务而言，一个更加流畅、完整的多屏间信息共享和流程衔接无疑会大大提升体验感和实际意义。

游客在通过电脑等传统形式旅游电子商务进行整个策划、消费过程时，难免会由于种种原因没能直接完成全部过程，如信息的筛选检索、订单的修改、确认以及后续很多操作都有可能在移动终端和电脑界面多次切换。这主要是软件或网页内部的信息不共享，即在不同设备登录同一账号进行的信息同步，往往具有一定实效延迟或不兼容的问题。随着多屏互动的不断开放和改进，将会有更多更加简便和安全的方式或新理念，发挥出更大的便捷性和灵活性。

如现在已经实现的：游客入住智能酒店后，以自身的智能手机为核心设备，通过蓝牙或 DirectWLAN 等点对点的接入方式，将酒店硬件设施的控制器集合至智能手机端，并通过网页或专属 APP 应用进行操控，十分简单方便。而更加便捷的多屏互动方式一般需要与酒店的电视、电脑相连接，可以通过手机端的 DLNA 推送功能，将所要查看或处理的图文影音资源推送至显示设备，获取跨屏幕的休闲或办公享受。另一种镜面投影方式，则主要依托于 AirPlay 或 Miracast 功能，将智能手机的显示画面实时无线投影到大屏设备上，可以在商旅活动中实现文稿的演示，或实现家庭游客的影院需求。

更多此类场景所要求的技术环境并不高新，大多智能手机都能实现至少一种以上多屏互动的功能。主要差距在于酒店、会场、景区等的硬件基础，这也与经营发展模式的革新密不可分。大多景区以求稳为主，较少进行整体基础设施特别是旅游信息化设施的更新换代。如今是游客体验性至上的时代，更多的智能交互性体验给游客带来的不仅是心情的愉悦，更是在社交传媒推广方面的重要帮助。在自媒体盛行的今天，旅游相关产业不仅需要主动通过广告、宣传等方式推广自己，也必须重视游客的评价与分享，而多屏互动功能在一定程度上可以增加游客体验感与舒适便捷程度，为此的基础设施投入也是值得的。

### 8.4.5 近场通信协议让移动端旅游电子商务的结算更加便捷与安全

以 NFC 和 iBeacon 为代表的近场通信技术，目前已经在智能家居、音箱等领域有了一定的普及。主流手机和平板电脑也大多有所配备。但在旅游行业相关景区、酒店、餐饮等消费和结算处的普及则不够全面，并且在支付方面仍处于探索过程，其安全保障不十分完备。随着如 Apple Watch 等现象级的终端产品的问世和推广，旅游业及社会各层面对终端移动支付的关注度一定会大大增加，如果能够有更多的配套功能设施在旅游过程中普及，NFC 等扫描和支付的功能一定会有更多发展。

以 Apple Pay 为例，作为全球著名的 IT 公司，其移动支付功能在很多西方国家都逐步得到了推广和普及。当游客在景区内游览时，通过手机终端获取了相关实体产品或资源的位置，在实时导览的协助下到达，路途中已经完成了预订和支付，便可通过传统的二维码或验证码换取实体商品或服务。同时，也可以在实体店面通过手机、手表等设备进行实体识别，完成交易支付。这在一些特定主题公园尤其适用。如水上乐园普遍采用的防水磁卡便是早期较为成熟的应用，近年迪士尼乐园通过将近场通信识别技术制成专门的手环，实现了电子门票、酒店门卡、身份识别、消费结算等诸多功能的集成，既给游客带来了方便和安全，也利于景区客流控制与分析管理。今天的发展方向无疑是手环等设备与游客自身设备的联动，包括网络功能、拍照乃至账户的充值等。

该发展模式主要以实体实地的旅游交易为核心，以近场通信等协议为技术依托，在服务或产品提供方与消费者都具备硬件支持的情况下，完成安全、便捷地订购、结算过程，并在交易方和交易平台间按约定比例进行钱款的分收。通常游客可以通过手机或设备既有的安全验证和生物识别技术对用户身份进行验证，从而避免了烦琐的二次密码设置，也无须担心无密码的支付安全问题。此类模式的问题则主要体现在以下两点：一是硬件普及率低、费用高；二是手续费用普遍较高。

区别于已经较成熟的二维码、验证码支付方式，近场协议拥有更高的安全性和相对更便捷的使用体验。不同于前两者只需要显示屏显示，NFC 等至少要有专门的识别设备，并且在维护和使用上也相对更复杂，这都对其推广和普及有所限制。此外在手续费方面，一般的第三方移动支付平台多利用到账快、减免手续费等噱头吸引资金和消费者的使用，但由于技术垄断等原因，在诸多国家特别是我国，此类近场移动支付普遍要收取多于银行部门的手续费用，这也在一定程度上限制了其发展。

### 8.4.6　可穿戴设备的兴起带来旅游电子商务的形态创新

智能手机等传统终端的普及令整个旅游信息化进程得到极大推进，近两年来可穿戴设备的出现和兴起也将在一定程度上引起移动旅游电商等的一次革新。

智能手表、手环、耳机、项链等设备，能够将游客信息记录或发送至相关部门，对客源群体特性进行分析，从而更加有针对性地进行旅游电子商务活动及推广。比如健康层面，在个人隐私和安全得到保障的前提下，通过对用户共享的健康健身数据的分析，可以在旅游信息呈现上进行有针对性的筛选和推送。利用运动手环、耳机、项链等对心率、脉搏、步数等的检测数据，可以对游客的身体状况、年龄、生活节奏等进行初步判断，之后结合旅游 APP 账户所填写的身份信息，主动为游客提供最适合的旅游产品。

智能手表等更加智能化的可穿戴终端设备，往往能够记录地理位置信息，并可以在穿戴端运行应用，实现一些灵巧而便捷的功能。例如 Apple Watch 的地图导览客户端，除了常规的地图和周边信息查询功能外，在线路导览方面则采取了“转向指示”的逐级显示策略，充分规避手表屏幕小的劣势，彰显其随身佩戴的便捷性和声音、震动的灵敏优势，通过语音、震动和简笔指向符号，最简单及时地实现定位和导览功能。一些旅游产品的订单内容，则可以同日历、备忘录等相结合，对游客的行程和相关已购产品进行便捷提醒。

结合新兴的近场通信协议，通过穿戴设备自身的识别硬件，在酒店、景区等实体消费时完成支付结算步骤，省去了对现金、银行卡乃至手机的需求，在很多特定场景下凸显了其优势。

总体而言，可穿戴设备大多仍需要结合智能手机为核心的发展模式，但是可穿戴设备的出现让旅游的外延与生活服务边界进一步融合。旅游是一种生活方式，在智能终端特别是可穿戴设备逐步走入旅游的如今，旅游电子商务的范围也不再单纯是对机票、酒店、门票等的预订和结算过程，其范围从游客出发前的主动推广推荐一直延展到整个旅游活动结束后的信息共享与评价。可穿戴设备带来的如健康领域、运动领域、实时管家提醒等内容是对移动端旅游电商的新的要求，需要各个服务提供商不仅要更加联动、整合，也要充分利用用户的公开信息和数据，更加细分市场，进行更有针对性的推送和推广。

## 迪士尼旅游乐园的移动终端应用

——迪士尼 MyMagic+的智慧旅游服务系统[①]

从 2013 年 3 月起，美国迪士尼斥资近 10 亿美元研发的 MyMagic+智慧旅游服务系统，在佛罗里达奥兰多的沃尔特迪士尼世界度假区(Walt Disney World Resort)开始测试和试点。

用户通过佩戴输入信用卡信息的橡皮材质手环，通过轻触终端，能够轻松实现购买功能和登记入住、房卡等功能。目前在迪士尼世界主题公园和迪士尼商业区(Downtown Disney area)均可以购买到魔术手环。这个采用可穿戴技术的服务系统可以用来收集游客数据，同时对人流进行监控，以此在主题乐园的游园体验上带来颠覆性的变革。

在 MyMagic+的服务系统中，整合了网站、手机应用和 MagicBands 智能腕带，通过这三部分的协调工作，来实现对游客在迪士尼乐园中的动态监测。

其中 MagicBands，是智慧服务系统中最关键的部分，不仅可以让游客提前数月通过网站或手机应用预订门票和制定游园行程，还能够储存门票信息、酒店钥匙、信用卡信息，以及在迪士尼乐园中任何可以接受触碰的感应器的信息。

MagicBands 内置了 RFID 芯片(无线射频识别)，迪士尼可用它来远距离追踪游客在园区内的行走轨迹，这些芯片是 MyMagic+服务系统能否成功的关键所在。它同时也承载了近距离的触碰支付、预订、检票等功能。远、近距离的综合覆盖，构成了 MyMagic+服务系统。而 MyMagic+服务系统提供的大数据和实时数据，则能够辅助迪士尼相关部分进行决策制定。例如何时何处增加更多员工，餐厅应该补充哪些配送食物等。同时园区在系统支持下，可以将餐厅、游乐骑乘设备的实时信息推送给游客，方便他们等位。

当然有不少体验者发现识别终端并非完美，例如数据显示，20%的时间这些识别终端不工作，而且目前系统工作并非很完善，背后支持网络系统，经常出现各式各样的系统故障，影响人们的体验。也有不少人对魔术手环的风险提出了质疑。例如许多人有一种恐慌，认为如同活动在一个处处布满监视的系统中。

当然这个斥资 8 亿～10 亿美元的 MyMagic+智慧旅游服务系统，开启了景区智慧管理的新篇章。该系统将为中国国内的小尺度园区，特别是主题公园的智慧旅游实践提供一个非常现实的案例。

---

① 品橙旅游，《迪士尼 MyMagic+智慧旅游服务系统》，2014 年 4 月 15 日。

# 第 9 章

# 未来与展望

数据显示，2014 年中国在线旅游市场交易规模达 2772.9 亿元，比 2013 年增长 27.1%，增速保持平稳。预计 2017 年在线旅游市场规模将达到 4650.1 亿元，复合增长率为 20.5%。随着信息技术的不断发展和消费者需求的多样化，基于旅游综合业务的电子商务呈现出广义化、多元化、多样性、关联度强等特点，并朝着标准化、规范化、社交化、一键式、延展性等方向发展，尤其是"互联网＋旅游业"将进一步将旅游电子商务推向新的发展阶段。

## 9.1 新技术的发展及其在旅游业中的应用

从旅游电子商务扩展到基于旅游综合业务的电子商务，得益于新技术的发明与应用，主要有移动互联网技术、云计算技术、物联网技术、大数据技术、虚拟现实技术、定位导航技术等，这些技术手段不仅改变着旅游者的消费习惯，也改变着旅游电子商务的供给主体和供给方式。

### 9.1.1 移动互联网与旅游业

所谓移动电子商务就是指手机、掌上电脑、笔记本电脑等移动通信设备与无线上网技术结合所构成的一个电子商务体系。简而言之，移动互联网就是将移动通信和互联网二者结合起来，成为一体。它是指互联网的技术、平台、商业模式和应用与移动通信技术结合并实践的活动的总称。4G 时代的开启以及移动终端设备的凸显必将为移动互联网的发展注入巨大的能量。

移动互联网是移动和互联网融合的产物，继承了移动随时、随地、随身以及互联网分享、开放、互动的优势，是整合二者优势的"升级版本"，即运营商提供无线接入，互联网企业提供各种成熟的应用。①

旅游业的空间移动需求与移动互联网形成天然的契合，一方面，旅游者需要在旅途中借助互联网查询信息、预订产品、分享经验等。另一方面，旅游企业可以充分利用移动互联网，让客户不受时空限制，随时了解各种商品和服务，随时与商户联络、交易、获得服务。这种服务模式正逐渐被大众所接受，并且成为一种主流消费方式，让在线旅游企业也逐渐将重心由互联网转移到移动互联网。

① 移动互联网，http://baike.haosou.com/doc/334562-354374.html.

2009年，去哪儿网开始涉足无线业务，2010年组建无线团队，布局移动旅游开发业，2013年成立无线事业部。在经历了2010年PC客户端应用覆盖全无线移动平台的信息年，2011年机票酒店业务支持多家银行在线快捷支付的交易年，2012年与航空公司、连锁酒店集团和其他在线应用合作共赢的开放年之后，2012年9月，去哪儿旅行APP（以下简称"去哪儿旅行"）正式上线。2013年去哪儿网不断丰富一站式平台，并形成全公司共同发力无线的氛围，根据大数据分析和研究用户需求不断研发新的技术和产品，为创新年。2014年，去哪儿网宣布"全员无线"战略，精简业务：将去哪儿旅行APP上的所有业务聚焦在开发机票、酒店、火车票、车车板块上，而攻略、旅行时景、旅游度假、门票等业务都交给相应的业务部门。去哪儿旅行APP主要涵盖查询功能，包括机票、酒店、火车票、度假产品、景区门票和签证的查询；预订功能，包括机票、酒店、度假产品、景区门票、签证和打车接送机的预订；支付功能，支持123家借记卡和136家信用卡的在线支付；分享功能，包括旅行时景、当地人、攻略等特色服务，满足用户分享、社交的需求，支持文字点评、图片上传和旅行攻略分享。

## 9.1.2 云计算技术与旅游业

云计算(cloud computing)是一种基于互联网的计算方式，通过这种方式，共享的软硬件资源和信息可以按需提供给计算机和其他设备。典型的云计算提供商往往提供通用的网络业务应用，可以通过浏览器等软件或者其他Web服务来访问，软件和数据都存储在服务器上。而云计算服务通常提供通用的通过浏览器访问的在线商业应用，软件和数据可存储在数据中心。[①]

云计算作为一个覆盖全球的趋势，如今，市场竞争正日益加剧，无论是亚马逊、微软、谷歌、IBM等跨国巨头，还是国内BAT以及诸如七牛云、青云、Ucloud等垂直领域云服务提供商，都在加速步伐抢占云计算市场份额。与此同时，在可以预见的未来，任何终端，包括一块手表、一台空气净化器甚至一根拐杖，最终可能都需要连接到互联网。[②] 由此出现了中云网(http://www.china-cloud.com)这样的门户网站。

国内云计算产品已经有阿里云、百度云、腾讯云这些大牌互联网企业的数据产品。大型互联网企业对于云产品给予了充分的支持：阿里云联合30家风投发布"创客+"计划，提供从开发组件、分发推广、办公场地、前后期投资到云服务资源的系列创业扶持，并且实现融资10亿元；2015年6月，腾讯云以1亿元扶持创业者。借助"云+计划"，腾讯云除了扶持创业者之外，还将针对政企用户推出相应的云服务策略，在游戏、社交网络等业务上积累了丰富的运营经验。此外，市场还孵化出一些小型互联网企业，如北京讯奥科技有限公司等。

在散客占据市场主体的当下，游客对于信息的需求达到前所未有的高标准，主要表现在：信息需求量大、关联性强、及时高效、精准度高等。在此背景下，云计算和旅游业的

---

① 云计算，http://baike.haosou.com/doc/580575-614558.html.

② 腾讯云加码1亿元扶持创业者，有钱就可以任性吗？http://www.china-cloud.com/yunzixun/yunjisuanxinwen/20150618_46655.html.

结合是经济发展的必然，信息的共享为越来越多的人和行业提供了快速、便捷的服务。云计算的应用不仅为旅游业的发展提供了技术支持，更孵化出了丰富多样的旅游关联产业，延伸了旅游产业链。

### 9.1.3 物联网技术与旅游业

物联网是利用局部网络或互联网等通信技术，把传感器、控制器、机器、人员和物等通过新的方式联在一起，形成人与物、物与物相联，实现信息化、远程管理控制和智能化的网络。[①] 和传统的互联网相比，物联网有其鲜明的特征。

首先，它是各种感知技术的广泛应用。物联网上部署了海量的多种类型传感器，每个传感器都是一个信息源，不同类别的传感器所捕获的信息内容和信息格式不同。传感器获得的数据具有实时性，按一定的频率周期性地采集环境信息，不断更新数据。

其次，它是一种建立在互联网上的泛在网络。物联网技术的重要基础和核心仍是互联网，通过各种有线和无线网络与互联网融合，将物体的信息实时准确地传递出去。物联网的传感器定时采集的信息需要通过网络传输，由于其数量极其庞大，形成了海量信息，在传输过程中，为了保障数据的正确性和及时性，必须适应各种异构网络和协议。

最后，物联网不仅仅提供了传感器的连接，其本身也具有智能处理的能力，能够对物体实施智能控制。物联网将传感器和智能处理相结合，利用云计算、模式识别等各种智能技术，扩充其应用领域。从传感器获得的海量信息中分析、加工和处理出有意义的数据，以适应不同用户的不同需求，发现新的应用领域和应用模式。

Gartner 预测，2020 年可接入网络的物体数量将会达到 250 亿个。这个数据公布之后，又有多家企业针对物联网推出了新系统，例如三星的 Artik、华为的 LiteOS 以及谷歌的 Brillo。这些新系统将会让更多我们每天使用的物体接入互联网，从而让物联网更加丰富。同时也出现了 http://www.50cnnet.com 之类的物联网门户网站。

物联网在智慧旅游建设过程中的用途主要表现在以下 3 个方面[②]：

**1. 更好地为旅游者服务**

旅游者是旅游活动的主体，随着旅游者消费行为不断成熟，旅游者对旅游信息、旅游体验等的需求不断增高，物联网能有针对性地为旅游者提供综合信息查询、在线预订、行程规划、线路选择等服务，为旅游者出行前提供充分的信息参考和选择。如某旅游者要去北京游玩 4 天，预算为 5000 元，那么只需要在网上输入旅游形式（如跟团、自驾游、商务游等）、旅游目的地、欲花费金额、交通方式、吃住环境等关键字，系统则会自动生成若干种选择，旅游者只需根据自己的喜好和需求选择其中一种即可。

物联网强大的信息储存和处理功能可以使旅游产业链上的食、住、行、游、购、娱等相关信息实现互联互通，为旅游者整个旅游活动提供“全程式”的服务，如餐饮、住宿、娱乐、购物的资讯信息查询与订购，列车、航班时刻表及票价查询与订购，景区线路信息，景区实时人流量，医疗服务等日常的旅游信息服务。在参观游览过程中，还可以为旅游者提

---

① 物联网，http://baike.haosou.com/doc/5327834-5563006.html.

② 物联网在现代旅游业发展中的应用初探，http://www.docin.com/p-657197542.html.

供智能化的导览服务，借助精准的定位技术，结合旅游者的个人喜好，通过文字、图片、声音、视频等多种形式，生动详细地为旅游者展示景区内的自然风光、人文景观，完善的旅游基础设施、项目以及多姿多彩的民俗民风，同时可以开启语音导游服务，为旅游者提供详细的讲解，给旅游者带来丰富的旅游体验。

旅游活动结束后，可以为旅游者发表景点评论、攻略、分享旅游过程中的感受提供便捷、及时的渠道。借助 Web 2.0 技术、旅游网站、论坛、微博等互动平台，可以实现旅游者之间、旅游者与旅游企业之间、旅游者与管理部门之间的互动沟通，以及对旅游过程中的旅游投诉进行及时处理等。

**2. 改变旅游企业运营方式，加快信息化建设**

旅游企业为旅游者提供旅游资源信息和相关服务，同时也接受旅游管理部门的监督管理。物联网能聚合 IT 资源与存储、计算能力，形成一定范围内的虚拟资源池，实现旅游企业信息化的集约建设，按照旅游者的需求提供相关服务。同时通过供应链、企业资源管理、在线营销、在线订购等专业化服务系统，可为旅游企业提供基于网络共享的软件和硬件的应用服务，有效降低中小型旅游企业利用信息化手段开展经营活动的资源和技术障碍，提升旅游企业信息化建设和服务效率。

物联网以其强大的网络渠道作为营销的载体，针对其服务的客户群体的特征组织相应的在线旅游营销活动，提高营销内容的辐射力和影响力，降低企业的运营成本。对客户进行细分，建立客户忠诚度，管理旅游产品目录，为客户提供量身定制的个性化旅游产品和服务，满足其个性化的需求，改变旅游服务的增值化方向，建立新的竞争优势。

**3. 有利于实现科学的旅游行业管理**

旅游管理部门具有经济调节、市场监管、公共服务和社会管理的职能。在物联网技术的支持下，旅游管理部门将实现传统旅游管理方式向现代管理方式转变。旅游管理部门可以实现更加及时的监管；可以更好地维持旅游秩序，有效处理旅游服务质量问题，实现与交通、卫生、公安等部门的信息共享和协作；旅游创新系统加强了旅游管理部门、旅游者、旅游企业和旅游景区的联系，高效整合了旅游资源，实现科学的旅游管理。此外，物联网技术的运用将进一步推进旅游电子政务的建设，实现区域间的互联互通，提高各地各级旅游管理部门的办公自动化水平，提高行政效率，降低行政成本；为公众提供畅通的旅游投诉和评价反馈渠道，强化对旅游市场的运行监测，提升对旅游市场主体的服务能力和管理能力，实现对旅游资源的监控保护与智能化管理，提高旅游宏观决策的有效性和科学性。

### 9.1.4 大数据与旅游业

自 2012 年起，“大数据”成为全球热门的互联网热词，被用来描述和定义信息爆炸时代产生的海量数据。大数据或称巨量资料，指的是需要新处理模式才能具有更强的决策力、洞察力和流程优化能力的海量、高增长率和多样化的信息资产。① 大数据的核心在于为客户挖掘数据中蕴藏的价值，而不是软硬件的堆砌。

---

① 大数据，http://baike.haosou.com/doc/5374131-5610149.html.

大数据有 4 个层面：第一，数据体量巨大。从 TB 级别，跃升到 PB 级别。第二，数据类型繁多。主要有网络日志、视频、图片、地理位置信息等。第三，价值密度低。以视频为例，连续不间断监控过程中，可能有用的数据仅仅有一两秒。第四，处理速度快。以上特点所以归纳为 4 个"V"——Volume、Variety、Value、Velocity。

数据不仅是一种工具，也是一种战略、世界观和文化，它将带来一场社会变革。大数据正在开启一个新的未知空间，要养成大数据意识，激发大数据智慧。"大数据"之大，并不仅仅在于其容量之大，更多的意义在于人类可以"分析和使用"的数据在大量增加，通过这些数据集的交换、整合和分析，人类可以发现新的知识，创造新的价值，知识的边界在不断延伸。

首先，国外网站 Hopper 通过"大数据"技术的应用，为游客提供最佳的旅游景点推荐。截至 2012 年 8 月底，Hopper 已经抓取了"超过 5 亿页旅游数据"。除 Hopper 外，社交旅游网站 Tripl、酒店整合搜索引擎 De-alAngel、酒店声誉管理公司 Ol-ery、基于互动式地图的一站式旅游解决方案 Georama、有关餐厅质量检验的数据收集平台 HD-Scores、行程记录和体验分享平台 Esplorio 等均已在"大数据"应用领域开始了一定的尝试。

随着"大数据"的应用热潮，国内旅游行业也开始重视"大数据"的应用。"智游啦"是一家基于"大数据"挖掘、为游客提供"微攻略"的旅行规划服务网站。只要游客单击想要去的地方，在门户网站上便会自动弹出相关的食、住、行、游、购、娱产品，这些产品不是简单的列表，而是基于网络评价的好坏筛选出来的精品。除"智游啦"之外，携程、艺龙、去哪儿等平台型旅游企业也已经开始应用"大数据"，改进自己的产品体系，为企业发展提供数据支持。①

## 9.1.5 人工智能与旅游业

人工智能(artificial intelligence，AI)是研究如何应用机器来模拟人类某些智能行为的基本理论、方法和技术，涉及知识表示、自动推理和搜索方法、机器学习和知识获取、知识处理系统、自然语言理解、计算机视觉、智能机器人、自动程序设计等方面的研究内容。目前已经被广泛应用于机器人、决策系统、控制系统以及仿真系统中。

人工智能涵盖由机器、系统实现的与人类智能有关的各种行为及思维活动，如判断、推理、证明、识别、感知、理解、通信、设计、思考、规划、学习和问题求解等。人工智能技术涵盖人工智能基本概论、问题状态与搜索、知识表示、机器人学等核心内容，还包括机器学习、数据挖掘、智能体、自然语言处理、语音处理、知识库系统、神经网络、遗传算法等领域。

人工智能在旅游业中的应用，从服务主体来看，人工智能技术为游客提供了更丰富、更真实的旅游信息及旅游体验，为旅游服务提供者和代理商提供了更科学、更合理的旅游服务模式和旅游决策模式，为旅游监管部门提供了更高效、更准确的监管手段。

**1. 人工智能技术提升游客体验度**

在信息大爆炸时代，数据挖掘、机器学习、搜索等人工智能技术实现了文字、图片、音

---

① 大数据时代旅游业如何利用，http://news.xinhuanet.com/info/2013-05/07/c_132362924.htm.

频、视频等多种形式信息的自动处理、分析、提取和呈现。这使得用户可以更加精准地获得所需要的信息，如关于旅游目的地的综合介绍、游客评论的景区推荐、个性化行程定制、途中基于位置的信息服务等。这些服务主要表现为旅游信息精准推送、自助导游导览、标识翻译软件、智能语音助手等，可提升游客的体验度。

**2. 人工智能技术促进旅游产业发展**

人工智能技术在企业中有着广泛的应用，成为很多商业决策系统的技术核心，如利用预测模型、推理等技术对旅游需求进行分析、提供决策支持等。对于景区、酒店等旅游服务商而言，人工智能技术还提供了新的管理与服务方式，如人脸识别、环境感知、自动监控系统等，改变了传统旅游企业的业务流程和模式，推动旅游业朝着更加高效、智能的方向发展。

**3. 人工智能优化旅游监督管理模式**

人工智能技术在政府内部管理和外部监管与服务中，同样具有重要的应用价值。上下级政府之间、平级政府之间、政府内部以及政府与外部的信息采集与上报、行政审批都可以通过人工智能得到快速处理。这种处理时效性更强、成本更低、准确度更高、资料更加丰富、保存时间更长。

## 9.2 基于综合服务提供商的旅游电子商务发展趋势

随着新技术在旅游业中的应用，一方面，一些传统旅游企业借助新技术实现转型升级，开展更多关联性业务；另一方面，市场上孵化出众多的电子商务服务企业，推动旅游业的发展。未来，基于综合服务提供商的旅游电子商务发展将呈现标准化、规范化、社交化、移动性、平台化和延展性趋势。

### 9.2.1 服务供给的标准化与规范化

当前，在线旅游预订中，机票、酒店、租车等单项旅游产品的标准化建设相对比较丰富，这主要得益于单项旅游产品相对比较容易量化并且国家已经出台了传统的旅游标准和规范，如《国家涉外饭店星级的划分及评定》、《中国国家 A 级景区建设标准》、《导游服务质量》、《旅游服务基础术语》、《内河旅游船星级的划分及评定》、《游乐园(场)安全和服务质量》。旅游业行业标准有：《星级饭店客房用品质量与配备要求》、《旅行社国内旅游服务质量要求》、《旅游汽车服务质量》、《旅游饭店用公共信息图形符号》等。

但是，对于在线旅游行业，由于旅游业务模式、服务流程等方面与传统旅游企业存在较大差异，传统旅游服务标准与规范并不完全适用于在线旅游。在线旅行社市场，缺乏相应的规范约束，迫切需要规范化监管。2014 年 7 月 1 日，经国家旅游局批准实施了《旅行社产品第三方网络交易平台经营和服务要求》。这一标准对于规范在线旅行社的经营具有重要意义，代表着旅游信息化的标准化建设已经提上日程。但是旅游其他在线领域尚处于空白阶段，而综合性的在线旅游业标准规范更是空缺，因此更加需要有效约束和规范关联旅游服务提供商的行为。

未来，随着在线旅游市场的不断庞大，旅游电子商务应朝着更加规范与标准化的方向发展。旅游综合服务提供商以及各类旅游消费者的市场行为进行规范势在必行，这主要表现在不同服务提供商之间的后台衔接与交换的标准化与规范化。在企业之间，旅游的信息系统之间实现互联互通，这在宏观层面需要有良好的外部环境，需要借助法律法规、规范指导进行环境净化；在微观层面，企业之间的信息合作需要有统一的数据格式和接口标准，以实现信息传输与共享的便捷化。

### 9.2.2 社交便捷化

旅游电子商务与传统旅游服务的最大区别即在于它通过双向交流的互动作用提供各种个性化的定制服务。旅行者的亲身体验对于其他旅行者如何安排自己的行程具有非常大的参考价值。所以，当前游客与企业之间、游客与游客之间、游客与旅游管理部门的社交往往成为关注的重点，而在基于旅游综合服务提供商的旅游电子商务中，涉及主体更加多样，社交网络更加复杂。

另一方面，各社交主体之间的交流都是在单一平面上两两对接交流。主要有：游客与游客交流，如蚂蜂窝旅游网、驴妈妈旅游网；企业与旅游者之间的交流，如企业官方微博、微信公众账号；游客与旅游管理部门之间的交流，如政府官方微博、微信公众账号。但是随着旅游服务供应商中更多主体的加入，需要各主体在同一社交平台上。因此，社交需要打破单一平面，实现跨多领域的综合性社交，即实现旅游者、旅游企业、关联企业、其他企业、旅游管理部门和其他机构组织在同一平台上的实时沟通。

除此之外，在基于旅游综合服务提供商的旅游电子商务中，社交的内容和模式不断多样化。如基于位置服务的推荐式社交：引导用户分享他们真实的旅行体验，尤其是针对旅行中的每个环节，如酒店、景点、餐厅等，并且通过结构化平台、高效的检索方式，将这些信息呈现给旅行者。旅行者选定旅行目的地后，这些信息将帮助他们制定详细的旅游计划，比如，入住哪家酒店，如何在有限时间内游览整个城市等。

### 9.2.3 移动性

随着智能手机的迅速普及与旅游产业的发展，电子商务产业迎来了又一次产业革新，那便是移动互联网终端的升级。比起网络预订，App最大的优势在于可实现随时预订，并且“与位置相关”，“当即决策”既是用户需求，也渐成用户习惯。在一次有关智能手机和其他移动设备用户的调查中，超过半数的人在预订时已经离开家，正在前往目的地的路上。这是数据统计反映出来的趋势。未来几年，旅游电子商务发展首先必须是在移动端。去哪儿网等旅游网站已经在App运营中取得了不错的成绩。

其次，基于旅游综合服务提供商的旅游电子商务强调信息的重要性，这与散客时代，游客信息量与质的需求分不开，而随着移动终端的普及和应用的丰富性，游客借助移动手段实现更多的信息获取、对比、交易等活动。客观上要求不同终端之间信息的衔接与互通，实现信息的实时无缝对接。

携程的全站搜索（网站＋App）已经能够实现绝大部分产品和主要纬度的站内搜索，比如按照商圈、品牌、酒店名等提供酒店搜索，通过景点名称和主题进行门票搜索等。另外优质原创的点评内容会引来更多的用户点评，即UGC内容（user generated content，用户生产内容),这对于PC端和Mobile端的SEO(search engine optimization,搜索引擎优化)大有好处,可以引来很多长尾的自然搜索流量。

同一个用户,当他在PC上使用一个网站进行行程规划时,往往是提前很多天进行,并做价格比较,也会花很多时间看点评,但不会马上预订。这些搜索行为和点评阅读行为的背后反映的就是真实用户的出行规划意图。但是在Mobile端,很多预订是即时发生的,用户没有时间和耐心做大量的阅读和判断,携程聪明的地方就是应用同一用户的行为数据在Mobile端做精准推荐,这样可以有效提升转化率。

### 9.2.4 平台化

互联网让创造在线平台成为可能,这些在线平台允许企业从外部创造新的资源。在传统商务方式在缩紧供应和商业运作的同时,平台化正逐步成为一个拥有外部协同供应者的生态系统。平台化建设是指利用互联网的方式,将企业重新组建成一个让生产者和消费者直接相连的平台,颠覆性地实现企业信息资源的无障碍互通和资源共享。

平台的形式可以让企业利用外部人才来创造出产品,相较于体制内所能创造的产品来说,更为丰富和多样。然而当前,旅游电子商务平台建设相对零散,各类基础性平台建设不够齐全和完备。不仅各个层面上的旅游电子商务平台相对封闭,而且旅游业电子商务平台与其他领域的电子商务平台之间缺乏关联和互通。同时,平台的不同终端(PC端、移动端和外部宣传营销服务终端等)相互之间的信息难以实现同步。因此,未来基于综合旅游服务商的旅游电子商务应该朝着平台化发展,打造各基础性、通用性平台,从而实现各类形式终端的同步服务。同时,利用大数据等技术,围绕游客需求,提供多项产品和服务,并在此基础上,延伸产品和服务的范畴,打造关联性、综合性服务。

### 9.2.5 延展性

新技术的应用和游客需求的多样性将旅游电子商务推向更为全面性、系统性的方向,旅游电子商务呈现出前所未有的发展,这种延展性将更多的服务提供商联系起来,其中包括旅游企业,也包括旅游关联企业和其他类型企业。围绕游客需求,提供全方位的产品和服务。

基于旅游综合服务提供商的电子商务的延展性主要表现在两个方面:第一,在服务内容方面,由单纯的信息发布、网络营销向全方位交易服务发展,实现集线路预订、团队组合、交费、服务监控、投诉管理于一体的"一站式"服务。第二,在服务范围方面,将集中面向中小型旅游企业提供网络整合营销平台,体现互联网在资源整合方面的优势。①

由于技术不断向前发展,而消费者群体(游客)的需求也在不断变化,未来,旅游电子商务的范畴将不断扩大,旅游业将实现与更多更广阔的领域的协作,而企业业务流程和运作模式等方面都会出现更多的形式。归纳总结如下:

**1. 旅游业冲破产业界限,与更多产业实现电子商务领域的融合发展**

当前,任何一个产业都不能"闭关锁国"、单独发展,都需要与其他产业的合作。产业

---

① 浅析中国旅游电子商务发展现状、趋势分析及对策,http://wenku.baidu.com/view/590a9e1f55270722192ef71d.html.

之间的融合是顺应时代发展、满足产业发展自身需求的必然趋势。旅游业作为一个综合性产业，本身就与110多个产业相关联。在基于旅游综合服务提供商的电子商务中，旅游业与信息技术产业、金融业、文化业等更多的产业实现融合发展，在产品内容、服务模式、渠道媒介、电子交易等方面相互推动、共同发展。

**2. 交易模式的变化不断更新着传统企业的业务流程，孵化更多创新运营模式**

在基于旅游综合服务提供商的旅游电子商务发展过程中，传统的B2B、B2C、C2B、B2G等运营模式过于单一，市场上出现更多的交易模式，如O2O、X2O、BOB等。创新的旅游电子商务运营模式将电子商务以及实业运作中的品牌运营、店铺运营、移动运营、数据运营、渠道运营五大运营功能板块升级和落地，从而实现"品牌塑造＋平台展示＋立体分销＋数据指导＋新媒体营销＋智能仓储＋金融结算"一体化的供应链管理。

**3. 产品与服务的形态更加多样化和个性化**

随着时代的发展和生活水平的提高，人们的旅游消费观念和模式已经变化。很多游客不再满足于游览传统景点，而是希望通过旅游达到放松身心或者通过深度游来增长见闻的目的。出游选择日渐个性化，旅游消费也呈现出多元化的拓展趋势，于是顺应市场，推陈出新，提供高品质的、差异化的旅游产品也就成了旅游企业发展的必然趋势。

游客出游需求和出游方式已从传统的观光旅游向休闲旅游、度假旅游、乡村旅游、深度游等多种旅游形态转变。人们的旅游消费动机和出游方式多样化、出游时间分散化，对旅行社服务的要求越来越高。因此，应调整产品结构，满足游客特质化需求，推动旅游企业寻求更大空间，提供全面性、综合性、个性化、定制化的产品和服务。

## 9.3　"互联网＋旅游业"

### 9.3.1　"互联网＋"的含义

2012年11月14日，易观国际董事长兼CEO于扬先生在"易观第五届移动互联网博览会"上首次提出"互联网＋"理念。腾讯董事会主席兼CEO马化腾也提到："互联网加一个传统行业，意味着什么呢？其实是代表了一种能力，或者是一种外在资源和环境，对这个行业的一种提升。因此，'互联网＋'是一个趋势，加的是传统的各行各业。"李克强总理在十二届全国人大三次会议上的政府工作报告中提出的"互联网＋"也就具有了更丰富、更深刻、更富时代特征的内涵。

"互联网＋"计划，意在强化互联网与传统行业的融合，提升中国经济的核心竞争力。把以互联网为载体、线上线下互动的新兴消费搞得红红火火。

"互联网＋"就是利用互联网的平台，利用信息通信技术，把互联网和包括传统行业在内的各行各业结合起来，在新的领域创造一种新的生态。①

"互联网＋"的本质是传统产业的在线化、数据化。只有商品、人和交易行为迁移到互联网上，才能实现"在线化"；只有"在线"才能形成"活的"数据，被即时调用和挖掘。在

① 刘书艳. 谁能站到"互联网＋"风口上. 中华工商时报，2015.

线数据可以随时随地在产业上下游、协作主体之间以最低的成本流动和交换。数据只有流动起来，其价值才能得以最大限度地发挥。

对于“互联网＋”，国家发改委的一份报告对其做了明确阐释：“互联网＋”代表一种新的经济形态，即充分发挥互联网在生产要素配置中的优化和集成作用，将互联网的创新成果深度融合于经济社会各领域之中，提高实体经济的创新力和生产力，形成更广泛的以互联网为基础设施和实现工具的经济发展新形态。

**1. “互联网＋”是一种能力**

在“势在·必行——2015‘互联网＋中国’峰会”上，腾讯董事会主席兼首席执行官马化腾指出：实际上，互联网本身是一个技术工具，是一种传输管道，“互联网＋”则是一种能力，而产生这种能力的能源是什么？是因为“＋”而激活的“信息能源”。互联网不是对传统产业的替代和颠覆，而是传统助力器。

**2. “互联网＋”是一种融合和提升——信息化促进工业化的提升版**

通俗来说，“互联网 ＋”就是“互联网 ＋各个行业”，但这并不是简单的两者相加，而是利用信息通信技术以及互联网平台，让互联网与各个行业进行深度融合，创造新的发展生态。

**3. “互联网＋”是一种趋势**

“互联网＋”体现着未来发展的方式，主要表现在4个方面：第一，政府推动“互联网＋”的落实；第二，“互联网＋”服务商崛起，更多企业开始关注这一领域，投入这一领域；第三，“互联网＋”职业培训兴起；第四，O2O成为“互联网＋”企业首选的运营模式。

**4. “互联网＋”是一种思维方式、一种理念、一种模式**

最早提出互联网思维的是360公司董事长周鸿祎。互联网思维就是在(移动)互联网、大数据、云计算等科技不断发展的背景下，对市场、用户、产品、企业价值链乃至整个商业生态进行重新审视的思考方式，提倡“用户至上、体验为王、单点突破、颠覆创新”。

在今天这个时代背景下，需要强化旅游业的互联网思维。对于管理而言，所有工作的启动源于想法，有了想法才能触动思维，最后才能改变行为。重视与轻视一念间，带来的结果却是完全不同。

## 9.3.2 旅游业为何需要“互联网＋”

2015年“互联网＋”行动计划将为互联网与包括医疗、教育、物流、金融、旅游等在内的传统行业各个领域的融合发展提供更大的空间，将培育更多的新兴产业和新兴业态，旅游业也是其中的重要主体之一。

**1. 需求主体变化**

80后、90后已经成为消费的主力军，他们是随着互联网成长起来的一代人，他们的脑海中深深地扎入互联网的DNA。他们已经形成了基于网络的线上消费习惯，其需要更多表现出：需要更多自主权、操作更加便捷、信息更对称。这些需求都是当前旅游市场没有很好满足的，需要借助“互联网＋”时代力量实现。

**2. 当前传统旅游业存在的问题**

当前，虽然旅游业在接待人次和旅游收入上已经取得重要成绩，但是除了实力较弱、特色产品开发不够，传统旅游业态在互联网时代正面临越来越严峻的挑战。企业外部：OTA强势介入，淘宝、京东等电商平台也在寻求分一杯羹；散客出游需求变化迅速并带有强烈的个性化。企业内部：传统旅游企业的发展缺乏特色，产品单一并且同质化现象严重，旅游经营模式陈旧。

**3. 互联网时代旅游业面临的严峻考验**

第一，传统的营销模式需要改变。传统的营销方式需要与时俱进。要高度重视互联网。第二，传统的宣传方式要改变。传统的高炮广告、车站广告、LED等固定广告作用正在逐步弱化。手机终端的飞速发展将改变我们的生活，互联网广告已然成为时代急先锋。除了团购网站、微信、官网、OTA等，网络时代宣传还需要全方面的网络包装。第三，用大数据工具来提升用户体验感。“互联网＋”思维落实到旅游管理过程中就是用数据说话，用互联网大数据来更深入了解客人，增加与客人的接触点，从而有针对性地进行用户体验的整改工作。第四，互联网市场是旅游经营管理的重中之重。第五，针对互联网时代的消费特点，订制旅游产品。这就要求首先关注大数据分析，收集OTA客人的消费喜好，关注他们的消费心理，据此来制定管理策略。在“互联网＋”的背景下，需要结合游客的特点来订制酒店、度假、自由行等产品。

### 9.3.3 “互联网＋”对于旅游业的优化

**1. 促进各界协同打造旅游O2O服务体系**

旅游是一个跨110个行业的复杂体系，各个相关行业领域创新可以尝试应用于旅游业。其中最典型的就是新科技在旅游交易中的应用。

**2. 实现基于旅游服务的各环节的无缝衔接**

一方面，把PC端时代割裂的线上、线下联系到一起，把互联网科技与传统行业联系到一起，方便了人们的生活；另一方面，由此产生的大数据则进一步完善了企业的生产与服务行为，最终反哺整个社会经济活动。例如，以大众点评网为出发点的生活服务与旅游服务衔接，以“机加酒”的旅行社服务与酒店服务的衔接。

**3. 实现旅游业智慧化**

对于传统旅游业而言，走“互联网＋”的发展道路能够助力智慧旅游的发展，主要表现在以下几方面：其一，内部管理上，借助互联网力量进行集中采购、生产、传播，同时减少中间环节，提高工作效率。其二，对客服务上，打通与用户的互动通道，以提升用户体验，实现用户价值最大化。

**4. 实现旅游企业专业化**

“互联网＋”旅游市场上，各类旅游企业实现错位发展，充分利用自身优势，在实现线上线下经营内容和模式不同的基础上，寻找市场需求空白点，实现企业间的差异化发展。

互联网思维的核心其实就是用户思维。其一，对中小旅行社而言，互联网时代，专业化是最大竞争优势。其二，服务一站式：围绕用户需求提供一站式服务。其三，角色差异化：各旅游企业要抓住机遇，主动借助电商的技术平台和网络优势发展壮大自己，进入大旅游电商的批发网络，做零售服务商。

**5. 实现1＋1＞2的效益**

李克强提出的“互联网＋”实际上是创新2.0下的互联网发展新形态、新业态，是知识社会创新 2.0 推动下的互联网形态演进。新一代信息技术的发展催生了创新 2.0,而创新 2.0 又反过来作用于新一代信息技术形态的形成与发展,重塑了物联网、云计算、社会计算、大数据等新一代信息技术的新形态。旅游涉及的产业链环节众多,涵盖“食、住、行、游、购、娱”,互联网的渗透将全面影响在线旅游的产业形态和发展速度。“互联网+”最大的效力在其渗透性,尤其结合长久以来较为传统的行业,其带来的效率提升和产业变革不容小觑。

旅游者自由行趋势的特点是追求社交化、移动化、个性化、深度化。但这些需求仅仅通过旅游业传统的服务方式和产品提供方式是无法快速高效地满足的。

旅游 O2O 的发展无疑是契合新一代游客的大方向,它大大丰富了在线旅游的内涵,使其早已不再仅仅是线上订酒店、订票,线下享受服务这一简单的模式了。用户享受的不再是割裂开来的线上或者线下的服务,而是 1+1>2 的服务效应,在更多元的服务场景中,拥有线上线下碰撞而产生的新服务。机票、酒店、门票等标准化产品的服务较为单一且彼此割裂,在互联网没有充分发展的时期,这些服务体系缺陷并未充分显现出来,但“互联网+”的发展将改变这一局面。

以移动化为主要特点的“互联网+”的应用给旅游行业搭建了新的、爆发式的服务场景。例如利用手机语音,可以给境外游用户提供在线翻译产品;利用 LBS 地理位置信息服务,可以给用户提供餐厅、酒店、景点、线路导航服务;利用手机的随身便携,可以给用户提供及时的社交服务。通过搭建多样性的场景是拓宽服务的一种重要形式。

### 9.3.4 “互联网+旅游业”相关案例

**1. “互联网+旅游” 百度直达号发起“丝路之旅计划”**

通过百度直达号实现丝绸之路沿线各大景点直达“互联网+”,从而推进丝绸之路经济带的发展。当天,西安、敦煌、兰州作为第一批沿线旅游城市率先加入。

用户只要打开手机百度/移动搜索输入“@丝路之旅”就能一键直达沿线旅游城市的直达号,景区景点门票、酒店预订、查询路线等服务均可在此实现。

五一小长假期间,百度直达号出票占到了敦煌鸣沙山月牙泉景区线上销售的 60%。通过丝路之旅,敦煌的莫高窟、鸣沙山、阳关、玉门关等诸多景区已经实现了实时视频直播、景区门票购买、酒店预订、景点导航等便捷功能。群英会现场,敦煌旅游还特别设置了一个体验区,进行“1 分钱体验敦煌旅游虚拟票”活动,让现场商户也体验了一把通过百度直达号订票的便捷服务。

从 2014 年 9 月推出直达号以来,全国已有超过 70 万商户加入百度直达号。桂林、西湖、韩国等国内外热门旅游目的地纷纷加入,已让直达号成为“互联网+旅游”转型的最强有力平台。

**2. 旅行社“互联网+”的典型案例**

先来认识一下当前旅行社局势:国家旅游局公布的数据,2014 年由旅行社组织的国内游人数占全年国内出游总人数的 3.6%,出境游中 65%的客源不是由传统的旅行社提供服务。

(1) 中青旅发布“遨游网＋”战略计划

2015 年 3 月 20 日，A 股上市公司中青旅发布“遨游网＋”战略计划，提出新的旅游行业 O2O 发展思路，就是利用互联网技术和传统旅行社专业服务能力的整合，把中青旅以及全国 2 万多家传统旅行社、全球范围内数千种的地接服务、亿万旅游消费者动员起来，以此挖掘潜在性的消费需求。

可以说，中青旅在两会后的及时发布，在概念上抢了先机。但其实各大旅行社以及在线旅游企业都没少在“互联网＋”的框架内做文章。传统旅行社加入电商大战、发力移动端，频频摆出一副拥抱互联网的架势。OTA 们也纷纷选择平台化战略，依靠传统旅行社的服务和产品达到共赢的局面。近日，几大在线旅游企业接连发布财报，除了携程在去年有所盈利外，其他各家均以亏损收场。当在线旅游圈拼杀得刺刀见红之时，线上与线下的融合显得更加迫切。OTA 们的融资总有用完的那一天，传统旅行社的销售渠道也需要互联网的帮助。未来，旅游圈内的“互联网＋”还应该是更加多元、多维度的，不仅仅局限于旅行社、OTA，酒店、航空等各个细分市场都可以加入这场大戏，共同打造出一个全新的旅游生态系统。

(2) 海外旅业：向右 O2O——掌旅通(http://w.517best.com)

掌旅通微店借助遍布全国近 4000 家门店的线下实力，旗帜鲜明地直指旅游 O2O。再加上去哪儿网于 2014 年底对旅游百事通的战略投资，更被业内认为是朝着 O2O 发展的标志性事件。

掌旅通微店上线后，游客可以通过微信、微博等常用社交工具比以往更加轻易地看到旅游百事通的身影，当遇到疑问无法通过页面文字解释的时候，微店上的电话号码一键拨通，及时就能解决。想要订购产品也很方便，借助移动支付就能完成。而这一切，不仅契合了游客的消费习惯，也将门店的服务体系自然地引入其中，很好地将其价值最大化应用——正是这样一种做法，旅游百事通得以打造出更高的知名度，也成功地用品牌背书了掌旅通的商业模式。

上线不到一年，掌旅通开通终端数已超过 6 万个，平均每 6 分钟就有 1 个掌旅通微店上线，成功交易订单已超过 12.5 万个，成功出游人数 75 万，金额突破 8 亿元。

(3) 海外旅业：向左 B2B——旅景科技(http://www.trvl.cn)

首先，旅景平台已经与很多旅游 B2B 平台明显区分开了。2014 年 5 月，旅景上线，以“开放、免费、公平”为其运营原则，这样的原则目前还没有第二家旅游 B2B 在施行。更多的平台要么收取门槛费，要么缴纳保证金，要么资金截留……这无疑进一步降低传统旅游业本就微薄的利润。市场是公平的，B2B 平台给供需两端提供了武器，实现了抱团作战的可能，但并非万能，也不是唯一。用户也会比较分析各家的优劣得失，平台要想长期发展，增强品牌认可度以及用户黏性才是当务之急。作为业界的后起之秀，旅景在过去一年的时间里，坚持贯彻了这样的互联网发展思路，目前已成功吸纳超过 4500 个认证卖家、19000 个注册买家，产品峰值高达 30000 条。

分析其发展路径不难发现，旅景一直在积极联络供需两端，帮助其推出更多更好的产品，以适应市场的碎片化需求。这是在以往市场情况下没多少人愿意做的事情，因为固有的产品一直都能卖，还能有一个不错的价格，为什么要推新品，浪费推广费和渠道费，简直是吃力不讨好。

其次，有了好的产品，还需要尽可能去掉所有传递价值的中间环节，给大家一个买得起的价格。旅景平台就担当了这样一个角色，利用互联网低成本、高效率、高渗透率的特性，也尽量运用社交媒体的传播能力进行推广，帮助供应端把价格降到更低，再推送给门店端，吸引其买得更多，最终让这些物美价廉的产品越来越频繁地推向市场，实现销售的量级比原来更大。

最后，旅景平台给供需两端的用户提供了更多更高品质的后续服务，比如打造了完整的支付保障体系以及即将上线的信用体系，通过高品质的服务来实现自身的盈利。

这就是"互联网＋"为旅游 B2B 领域带来的一个最核心的变化——改变陈旧的商业模式。

更重要的是，海外旅业集团已经从当年专注于单一、垂直的旅游向综合性旅游企业的方向生长：向右 O2O，向左 B2B，左右互搏之间，于上下游两端同时发力，这是来自互联网基因对于传统旅游企业的影响；而海外旅业的基因在于对产品、渠道、服务的管控，弥补了互联网基因的不足。

**3. 酒店"互联网＋"的典型案例**

(1) 阿里巴巴正式发布"未来酒店"战略

3 月 30 日，阿里巴巴正式发布"未来酒店"战略，打造基于信用基础上的新型在线旅游服务平台，通过蚂蚁金服旗下的芝麻信用、支付宝等直接提供信用入住及支付宝结算。据阿里巴巴航旅事业群总裁李少华介绍，未来用户通过"未来酒店"计划，可以先入住后付款，无须担保零押金，离店时也无须排队，只需把门卡放到前台，系统会自动从用户的支付宝账户里扣除房费。这无疑是互联网公司在互联网旅游领域又一次大胆的尝试。

(2) 尚客优的"优划算"平台计划

尚客优经过六年的发展，旗下尚客优快捷酒店、骏怡酒店、尚客优精选酒店等酒店品牌的全国门店已达 1138 家，分店布局覆盖了全国除港澳台地区之外的所有省份和直辖市，每天服务客流量达 6 万余人次。如何将强大的线下门店网络、物流网络与用户资源盘活？善用互联网思维的尚客优推出了"优划算"平台计划，联合宝乐迪 KTV，餐饮、休闲、娱乐等生活服务类商户，布局生活服务类 O2O 业务，打造"互联网＋"核动力。

以强大的线下服务网络为基础，以移动端为载体，以大数据为依据，"优划算"平台是集商旅服务和生活服务为一体的跨业态资源整合营销平台。平台会员营销数据库会收集和积累会员消费信息，分析会员消费习惯，并根据会员的消费喜好和需求为其推送相应的促销信息，让会员消费得更加省心、称心。

(3) 东呈"云酒店"：轻、连、聚

东呈 2014 年就积极与微信合作，成为了第一批微信卡包落地的连锁酒店企业。消费者通过彼此转让电子优惠券，就可以实现订房。这除了让预订入口变得更轻便快捷，同时也有助于由会员拉动潜在会员，形成一个自我生长的会员体系。此外，东呈还推出了微信 WIFI 功能，客人通过微信 WIFI 进入欢迎页面，即可享受各种"微服务"，包括预留房、晚退房、远程退房、客房清洁及维修等。

酒店服务的提升应以客人的需求为导向，只有让他们感觉到快捷和方便，才是真正有意义的。东呈集团“云酒店”概念的三大特点是:“轻”、“连”、“聚”。所谓“轻”,即是轻入口。酒店官方 APP 存在下载耗时、耗流量、占内存、易被删除等缺点,东呈更注重与消费者重度使用的大平台进行合作,让预订和服务入口尽量轻便、直接。客人通过微信公众号、微信卡包、微信连 WIFI、支付宝服务窗、百度直达号和手机官网等各个途径,都可以轻松实现酒店查询和预订,方便不同客户的手机使用习惯。“轻”也代表着服务的去中心化。因为轻,所以反应更快速。目前东呈的微信服务号已实现与整个酒店生态链的 IT 系统和关键职能岗位的打通。无论入住客人是否在酒店里,只要在微信号上用语音或文字“发号施令”,例如发出“晚点退房”、“打扫房间”等,云端就实时运算,将信息推送给对应的系统或者服务人员,判断其订单状态并做出服务响应。这种 P2P 式的响应模式去除了烦琐的中转流程,快速而高效。

“云酒店”的“轻”和“连”,彼此是相辅相成的。“轻”强调为客人高效、快速地服务。“连”则是东呈结合自身与 BAT 等大数据平台各自优势,所决定的发力方向。东呈依靠几大数据平台的连接,逐步将运作从现在的大数据存储、大数据挖掘分析,提升到大数据预测的层面。一方面,通过打通内部 BI、CRM、PMS、客人在线评论等数据构建起了东呈自有的“私有云”;另一方面,通过和腾讯云、阿里云的合作,以及连接外部大数据平台,例如百度的百度大脑、百度预测等,汇集“公有云”数据;再通过微信企业号打通酒店生态链:会员、总部、IT 系统、分店员工、供应商等,形成“扩展云”。三云合一后,东呈逐步形成自己云端的“智慧大脑”。当会员在移动终端进行消费时,移动平台便可根据“私有云”、“公有云”以及“扩展云”的三方历史数据,结合大数据形成的会员画像、会员多标签化,发掘会员的潜在需求,提供准确的个性化服务。而后者,实质上由更多可供选择的产品与服务所打造,这也就意味着以酒店为体验平台,连接起更多的商家、品牌与消费者。据悉,东呈即将向自己的合作伙伴开放这一平台。

如果说“轻”和“连”为当下的 O2O 闭环奠定了渠道和数据基础,那么“聚”则体现了未来趋势——以便捷的技术以及消费者的社交驱动为基础,云酒店通过会员的消费和社交行为实现无限延伸和拓展。线下潜在顾客,通过扫描二维码或者酒店附近的微信 WIFI 信号进入手机服务页面,便可通过优惠活动轻松预订酒店并成为会员。通过在线上渠道和朋友间互赠、分享微信卡包、优惠券等利益,让老会员拉动新会员;并通过各种营销活动快速聚集会员,让会员体系像云一样汇聚、延伸;逐渐形成互联网模式下的泛会员,自生长网络。通过搭建微信公众号、订阅号等渠道,东呈实现对会员的零距离汇聚、沟通、服务和延伸。

# 参考文献


[1] 巫宁，杨路明. 旅游电子商务[M]. 北京：旅游教育出版社，2004：2-3.

[2] 杜文才. 旅游电子商务[M]. 北京：清华大学出版社，2006：3-4.

[3] 朱若男，辛江，刘娜. 旅游电子商务[M]. 北京：中国旅游出版社，2008：4.

[4] 董林峰. 旅游电子商务[M]. 天津：南开大学出版社，2009：2-3.

[5] 张浩宇，等. 旅游电子商务[M]. 北京：中国旅游出版社，2011：5-6.

[6] 周春林，王新宇，周其楼，等. 旅游电子商务教程[M]. 北京：旅游教育出版社，2013：2-4.

[7] 国外旅游电子商务的研究现状之一，http://smb. chinabyte. com/53/11851053. shtml.

[8] 杨路明. 现代旅游电子商务教程[M]. 北京：电子工业出版社，2007：19-21.

[9] 林南枝. 旅游经济学[J]. 天津：南开大学出版社，2011：36-38.

[10] 何翔. 我国旅游产业电子商务发展研究[D]. 北京：首都经济贸易大学，2013.

[11] 赵立群，梁露，李伟. 旅游电子商务[M]. 北京：清华大学出版社，2013：3.

[12] 巫宁，杨路明. 旅游电子商务理论与实务[M]. 北京：中国旅游出版社，2003：2.

[13] 杜文才，旅游电子商务[M]. 北京：清华大学出版社，2006：13.

[14] 周春林，王新宇，周其楼，等. 旅游电子商务教程[M]. 北京：旅游教育出版社，2013：1-11.

[15] BOB 模式，http://news. pf178. com/hyxw/hyfx/2014/0826/2095. html.

[16] 大旅游，http://baike. baidu. com/link?url=wM4S2I3gbXQEaKRXvZ4LK0t5_CjeN2wjUzVe5XZFgFatNgozo2iOUVEpd_oA4BK9oiQUOw7qChueXCAvOGXn3a.

[17] 众信旅游定向增发 28 亿　出境综合服务平台现雏形，http://cats. org. cn/xinwen/huiyuan/24670.

[18] 旅游住宿业，http://baike. haosou. com/doc/7537304-7811397. html.

[19] 朱若男，辛江，刘娜. 新视野教材——旅游电子商务[M]. 北京：中国旅游出版社，2008：166.

[20] 欧静. 国内酒店网络直销现状及对策分析[J]. 旅游纵览(下半月)，2014，11：101-102.

[21] 全球分销系统，好搜百科，http://baike. haosou. com/doc/6683205-6897105. html.

[22] 全球 GDS 酒店预订量正在回升，http://www. traveldaily. cn/article/68076.

[23] GDS 仍然是旅行代理预订酒店的主要渠道，http://www. traveldaily. cn/article/74912.

[24] 王浩旻，张忠能. 集团化酒店中央预订系统的设计框架[J]. 微型电脑应用，2005，5：24-26，66.

[25] 吴连强. 酒店前台管理信息系统的设计与实现[D]. 成都：电子科技大学，2012.

[26] 张润钢. 饭店业前沿问题[M]. 北京：中国旅游出版社，2003：170.

[27] 王广宇. 客户关系管理方法论[M]. 北京：清华大学出版社，2004.

[28] 环球旅讯：旅游 B2B 同业台——在线旅游爆发的催化剂，http://www. traveldaily. cn/article/85630.

[29] 旅行社呼叫中心解决方案，http://www. kingsuntech. com/cn/plus/23/201401/308. html.

[30] 旅游社呼叫中心解决方案——应用小灵呼订单工作流程，http://www. it9000. cn/solutions/callcenter/travel/agent. html.

[31] 王真慧，张佳. 旅行社实施电子商务经营管理模式创新探讨.

[32] Poon A. Tourism and information technologies [J]. Annals of Tourism Research, 1988, 15: 531-549.

[33] Buhalis D. eAirlines: strategic and tactical use of ICTs in the airline industry[J]. Information & Management, 2004, 41: 805-825.

[34] Doganis R. The Airline Business：Second edition [M]. London/New York：Routledge，2006.

[35] Buhalis D. ，Costa C. Tourism Business Frontiers. Consumers，products and industry[M]. Oxford：Elsevier，2006：181-190.

[36] Werthner H. Information and communication technologies (ICT)—tool for growth and employment in tourism. Abstract to Workshop 1 as part of the EU tourism ministers' conference in Vienna，20th-21st March 2006[R/OL]，2006[2006-03-21]. http://www. eu2006. at/includes/Download_Dokumente/Background_Information/WS1_EN_1_Abstract_ok. pdf.

[37] 新华社. 环球扫描——航协为纸机票重设大限[N]. 财经日报，2007-06-07(14).

[38] European Commission. ICT and e-Business in the Tourism Industry-ICT adoption and e-business activity in 2006[R/OL]，2006[2007-05-05]. http://www. ebusiness-watch. org/resources/tourism/SR08-2006_Tourism. pdf.

[39] 中国民航报. 海航：信息化托起又一轮朝阳[EB/OL]. 2002[2002-12-17]. http://finance. sina. com. cn/b/20021217/1307290982. shtml.

[40] 赵靖. 海航：信息化建设成为企业发展"秘密武器"[EB/OL]. 2006 [2006-08-28]. http://www. topoint. com. cn/Html/e/hkht/anli/20060828_anli_2941. html.

[41] 杨省贵，朱志愚. 电子商务在航空公司运营管理中的应用[J]. 改革与战略，2012(4)：50-53.

[42] 朱泽坤. 电子商务发展对航空机票销售模式的影响[J]. 物流工程与管理，2012(1)：130-133.

[43] 南方航空公司电子商务模式评价体系构建初探，http://news. carnoc. com/list/214/214945. html，2012-02-23.

[44] 香港航空微信公众账号上线"微信支付"，环球旅讯，http://www. traveldaily. cn/article/74466. htl，2013-09-23.

[45] 快钱手机支付助力山东航空手机订票平台"掌尚飞"，中金在线，http://finance. qq. com/a/20130419/005376. htm，2013-04-16.

[46] 中国论文网，原文地址：http://www. xzbu. com/8/view-4091589. html.

[47] 刘玉芝. 我国景区电子商务发展策略探析[J]. 电子技术研发，2012，9，15.

[48] 成都依诺信息技术有限公司网站.

[49] 搜狐旅游，http://travel. sohu. com/20140123/n394065509. shtml.

[50] 移动营销：旅游景区玩转微营销三部曲，http://www. ctcnn. com/html/2015-01-30/13387886. html.

[51] 马勇，周娟. 旅游目的地电子商务网络的构建与营销创新[J]；旅游学刊，2003(5).

[52] 烟台旅游再"触网"，www. shm. com. cn/ytrb/html/2014/11/04/content_3056902. htm.

[53] 天津旅游资讯网，www. tjtour. cn.

[54] 青海旅游资讯网，www. qh12301. com.

[55] 中国旅游诚信网，qualitytourism. cnta. gov. cn.

[56] 安徽旅游诚信网，www. ahlycx. cn.

[57] 烟台旅游资讯网，www. ytta. cn.

[58] 酷旅网，www. kulv. com.

[59] 洛阳旅游体验网，www. lyta. com. cn.

[60] 腾讯第三季度财报：净利润同比增长 46%，微信活跃用户同比增长 39%，http://www. huxiu. com/article/101325/1. html.

[61] 酷旅网扛目的地旅游电商大旗助跑山东，http://hunan. voc. com. cn/article/201408/201408071138015766. html.

[62] 酷旅网 CEO 李明儒：赢在视频营销，http://finance. chinanews. com/cj/2014/09/22/6614779. shtml.

[63] 都江堰市邀请景域集团共同打造"互联网＋目的地"全新模式，http://www. traveldaily. cn/article/91657.

[64] 曲慧梅，王松. 黑龙江省旅游电子商务的现状与发展对策研究[J]；北方经贸，2011(4).

[65] 李慧. 移动旅游商务发展格局探析[J]；中国管理信息化，2012(10).

[66] 曾小春，江沛沛. 我国旅游电子商务商业模式创新研究[C]//；经济发展与管理创新——全国经济管理院校工业技术学研究会第十届学术年会论文集，2010.

[67] Sue B. Marketing Tourism Destinations Online; Strategies for the Information Age World [J]. Tourism Management, 2001, 22(4):421-423.

[68] 中国互联网信息中心. 中国互联网络发展状况统计报告[R]. 北京：中国互联网信息中心，2013.

[69] 乔红艳. 省级旅游目的地门户网站建设与运营研究——以山东旅游门户网站为例[D]. 北京：首都经济贸易大学，2010.

[70] 李炳义. 新媒体在旅游目的地营销中的应用研究——以微博为例[J]. 开发研究，2014.

[71] 杨效忠，彭敏. 基于信息视角的旅游目的地微博内容分析——以山东、浙江、广西旅游局微博为例[C]//2013 中国旅游科学年会论文集，2013-04-01. 中国会议.

[72] 宋佳. "好客山东"旅游目的地营销模式研究[D]. 济南：山东大学，2010.

[73] 李荦荦. 国内旅游目的地营销系统运营研究——以大连旅游营销系统为例[D]. 上海：上海师范大学，2009.

[74] 去啊：一个在线旅游的"淘宝体"，可否击穿旅游业的金融链条？ http://www. huxiu. com/article/45534/1. html.

[75] 五种常见的电子商务模式对比，http://blog. sina. com. cn/s/blog_64e090b001016843. html.

[76] 去哪儿网的商业模式分析与在线旅游发展趋势，http://www. ctcnn. com/html/2013-11-20/1555569334. htm.

[77] 我国在线旅游服务商分析，http://www. tianinfo. com.

[78] 在线旅游服务商业模式的研究，http://www. doc88. com/p-3147534258626. html.

[79] 在线旅行服务概念分析与模式分类，http://www. docin. com/p-702555278. html.

[80] 在线旅游行业新形态，http://www. chinabgao. com/info/81395. html.

[81] 世界十大在线旅游(OTA)公司盘点，http://tech. meadin. com/eyx/98059_1. shtml.

[82] 亿欧网 2015H1 国内旅游 O2O 行业投融资大盘点，http://www. iyiou. com/p/18694? from=groupmessage&isappinstalled=0.

[83] 牟少霞. 基于智能终端的移动电子商务商业模式研究[D]. 济南：山东师范大学，2014.

[84] 喻爽璇. 移动电子商务的发展趋势之——移动终端的机会[J]. 现代商业，2013(19).

[85] 郭零兵. 移动电子商务在生态旅游中的应用模式研究[D]. 中南林学院，2005.

[86] 钱睿苏. Magic Band 正成为迪士尼乐园的"摇钱树"，http://www. traveldaily. cn/article/91150.

[87] 郑萃颖. 万豪和喜达屋要用 Apple Watch 改变酒店入住体验，http://www. jiemian. com/article/273030. html.

[88] 品橙旅游. 迪士尼 MyMagic＋智慧旅游服务系统，http://www. pinchain. com/article/6350.

[89] 移动互联网，http://baike. haosou. com/doc/334562-354374. html.

[90] 云计算，http://baike. haosou. com/doc/580575-614558. html.

[91] 腾讯云加码 1 亿元扶持创业者，有钱就可以任性吗？ http://www. china-cloud. com/yunzixun/yunjisuanxinwen/20150618_46655. html.

[92] 物联网,http://baike.haosou.com/doc/5327834-5563006.html.

[93] 物联网在现代旅游业发展中的应用初探,http://www.docin.com/p-657197542.html.

[94] 携程如何利用数据驱动产品和营销的创新? http://mp.weixin.qq.com/s?__biz=MTEzMzIzODIyMQ==&mid=206528849&idx=1&sn=9e1122bb77135242160 c89f61c5f1853&scene=1&key=af154fdc40fed003e535e72f94c840c89067b75729897e34c 4596b6e9d824af42dd8dda03e5adbe2f2ae1dbd4915a51b&ascene=1&uin=NzQxNTE5N jgw&devicetype=webwx&version=70000001&pass_ticket=r845TsW36Uz61yaKSg txgcL37aAK1yabgUfqoXWcfJfRvbe6lLczYhxqFWPrsvMh.

[95] 浅析中国旅游电子商务发展现状势分析及对策,http://wenku.baidu.com/view/590a9e1f55270722192ef71d.html.

[96] 刘书艳.谁能站到"互联网+"风口上[EB/OL].中华工商时报,2015.